WISSENSCHAFTLICHE BEITRÄGE AUS DEM TECTUM VERLAG

Reihe Sozialwissenschaften

WISSENSCHAFTLICHE BEITRÄGE
AUS DEM TECTUM VERLAG

Reihe Sozialwissenschaften

Band 39

Eva Flecken

Geschlecht:
Die kommunikative Wirklichkeit

Eine kommunikationstheoretische Kritik
der feministischen Theorie

Tectum Verlag

D6

Eva Flecken

Geschlecht: Die kommunikative Wirklichkeit.
Eine kommunikationstheoretische Kritik der feministischen Theorie

Wissenschaftliche Beiträge aus dem Tectum Verlag:
Reihe: Sozialwissenschaften; Bd. 39

Zugl.: Münster, Univ. Diss. 2010

ISBN: 978-3-8288-2474-4

ISSN: 1861-8049

Umschlagabbildung: © Kathrin Zahn

© Tectum Verlag Marburg, 2010

Besuchen Sie uns im Internet
www.tectum-verlag.de

Bibliografische Informationen der Deutschen Nationalbibliothek
Die Deutsche Nationalbibliothek verzeichnet diese Publikation in der
Deutschen Nationalbibliografie; detaillierte bibliografische Angaben
sind im Internet über http://dnb.ddb.de abrufbar.

"Realismus ist Quatsch."

(Alberto Giacometti)

Danksagung

Herzlichsten Dank an all jene Menschen, die mich bei diesem aufreibenden Projekt unterstützten. Der größte Dank gebührt Kathrin Zahn, der schlichtweg besten Korrekturleserin aller Zeiten. Sie hat nicht nur sprachlich verbessert. Sie hat Klarheit geschaffen.

Besonderen Dank an meinen klugen und hochgeschätzten Doktorvater Prof. Dr. Dr. h. c. Siegfried J. Schmidt. Seine Theorie auf das verminte Feld des Feminismus zu führen, war eine Freude und Ehre zugleich. Schön, dass er Interesse an diesem Experiment hatte und sein ‚Machen Sie mal Frau Flecken!' wird mir fehlen. Außerdem bin ich meinen Zweitgutachter und KoWi-Mentor der ersten Stunde Prof. Dr. Joachim Westerbarkey dankbar verbunden.

Vielen Dank an die FAZIT-STIFTUNG, ohne deren finanzielle Unterstützung diese Dissertation sicherlich nicht zustande gekommen wäre. Zudem bedanke ich mich bei dem ganzen Büro von Siegmund Ehrmann, MdB: Petra Piepenbring, Siegmund Ehrmann und Joachim Bühler. Die Selbstverständlichkeit und Bedingungslosigkeit, mit der ich unterstützt wurde, wird nicht in Vergessenheit geraten.

Liebevollen Dank an Hilde, Peter, Daniel Flecken und Hendrik Hagemann. Ihr stetiges Vertrauen hat einiges leichter gemacht und ihr Stolz zeigt mir immer wieder, dass mein akademischer Aus- und teilweise auch Höhenflug richtig war.

Freundschaftlichen Dank an Oliver Pellarin und Martin Krebbers. Unser Weg ist lang, mäandernd und sehr unterhaltsam. Wir werden ihn noch endlos gemeinsam weitergehen – sind ja schließlich auch Kollegen.

Eva J. Flecken   Berlin, im Juli 2010

Gliederung

1 Zu Beginn

"We do become,
what we practice being."
(West/Zimmerman 1991: 33)

"Auf diesem Bild sehen Sie sechs Menschen und eine Frau." So beschrieb mein ehemaliger Kunstlehrer, der nicht sonderlich im Verdacht stand, sich dem Machismo verschrieben zu haben, einmal ein Bild. Ob Versprecher oder Witz, hinter diesem Satz verbirgt sich eine grundlegende Annahme des Feminismus: Der Mann ist das Selbstverständliche und die Norm. Die Frau hingegen ist stets das Andere, das sich nur über und in Abgrenzung zum Mann offenbart.

Ob mein Kunstlehrer Simone de Beauvoir gelesen hat, vermag ich nicht zu sagen, doch sind die Parallelen zu ihrer feministischen Theorie augenscheinlich. In "Das andere Geschlecht" (französische Erstauflage "Le Deuxième Sexe" 1949, hier zitiert nach 2008) legt sie die Mechanismen dieser Konstellation ‚Mann = Mensch / Frau = das Andere' umfassend dar. Als Chronistin einer Geschlechterhistorie setzt sie durch ihre programmatischen und philosophischen Gedanken einen feministischen Meilenstein. Noch heute besitzen ihre Überlegungen zum Prozesscharakter von Geschlecht, die sich auf den Satz "Man kommt nicht als Frau zur Welt, man wird es." (ebd.: 334) bringen lassen, in der Geschlechterforschung höchste Relevanz. (Vgl. Konnertz 2005: 50ff.)

Trotz aller strukturellen Veränderungen und Weiterentwicklungen des Feminismus in den vergangenen vierzig Jahren sind feministische Forderungen noch immer ein Politikum. Gesellschaftspolitisch ist das Thema auch deshalb virulent, weil Diskussionen um Frauenquote, Elternzeit und Rabenmütter nicht verstummen, sondern immer wieder angefacht und bisweilen über prominente Multiplikatoren noch geschürt werden. Feministische Inhalte entwickeln sich weiter und verlagern teilweise auch ihre Schwerpunkte – Gleichberechtigung statt Bevorzugung –, doch büßen sie dadurch ihre gesellschaftspolitische Brisanz nicht ein. Es ist eine gesamtgesellschaftliche Diskussion, die zuweilen ausgesprochen normativ geführt wird.

Eine gute Nachricht ist, dass die feministische Theorie im wissenschaftlichen Diskurs ihren Platz ebenfalls gefunden hat. Die Wissenschaft reagiert, indem sie das interdisziplinäre Fach ‚Gender Studies' aufbaut und innerhalb etablierter Disziplinen Lehrstühle einrichtet, die sich mit Geschlechterfragen auseinandersetzen. Auch die Medien- und Kommunikationswissenschaft bildet nach und nach ein Gespür für geschlechtsspezifische Probleme aus. Frauen werden zum Gegenstand wissenschaftlicher Beobachtungen: Analysen zum Frauenbild in den Medien, zum Alltag von Journalistinnen, zum Verhältnis von Frauen und Werbung gibt es seit den siebziger Jahren. Anfangs geht es noch darum, den Blick überhaupt und erstmal(s) auf Frauen zu lenken.

Nach den anfänglich rein deskriptiven Untersuchungen entwickelt sich eine zunehmend theoretische Auseinandersetzung mit Geschlecht, welche die scheinbare Naturhaftigkeit von Geschlecht als Produkt eines sozialen Essentialisierungsprozesses entlarvt. Es gibt demnach weder eine Natur der Frau noch den typischen Mann. Daran anknüpfend postuliert die feministische Theorie die Dekonstruktion des Dualismus ‚Frau/Mann', wovon die gesellschaftlichen Strukturen allerdings heute noch genau so weit entfernt sind wie vor vierzig Jahren. Sicherlich sind einige der dualistischen Ordnungsmechanismen derart tradiert – man denke nur an die Separierung öffentlicher Toiletten oder der Umkleidekabinen im Schwimmbad –, dass sie schon aus pragmatischen Gründen bestehen bleiben.

Sprachwissenschaftlich und philosophisch bearbeiten die feministischen Theoretiker[1] das Feld der sozialen Konstruktion von Geschlecht. Postfeministen, wie Judith Butler, sehen in der Trias von Macht, Sexualität und Begehren die

---

[1] Zu Beginn sollte ich darauf aufmerksam machen, dass ich den patriarchalischen Sprachduktus anwende und auf ein politisch korrektes Gendering verzichte. Die ‚Innen'-Form scheint mir weder einen Gewinn an Ästhetik noch eine Steigerung des Lesevergnügens zu sein. Gewissermaßen als Kompromiss bemühe ich mich, nach der Devise ‚ladies first' zu

Ursache dafür, dass die hegemonialen, heterosexuellen Gesellschaftsstruktu-
ren überdauern und sich stetig stabilisieren. Psychoanalyse, Komparatistik,
Diskurstheorie, Erkenntnistheorie u.a. sind die Bausteine dieses interdiszipli-
nären Theoriefeldes. Das Ergebnis bleibt: Der alltägliche Geschlechterdualismus ist omnipräsent, funktioniert sozial ordnungsbildend und komplexitätsreduzierend. Bereits in den sechziger Jahren erforscht Harold Garfinkel Transsexualität und exzerpiert acht Merkmale zum Alltagsverständnis von Geschlecht:

1. Es gibt zwei, und nur zwei, Geschlechter.

2. Jemandes Geschlecht ist unveränderbar.

3. Genitalien sind wesentlich, um das Geschlecht zu bestimmen.

4. Wenn sich jemand auf zwei Geschlechter beruft, wird er nicht ernstge-
   nommen.

5. Es gibt kein Springen zwischen den Geschlechtern, außer im spieleri-
   schen Rahmen.

6. Jeder muss einem Geschlecht zugeordnet werden.

7. Die ‚Frau/Mann'-Dichotomie ist natürlich.

8. Das eine oder das andere Geschlecht zu sein, ist natürlich. (Vgl. Garfinkel 1967: 122ff.)

Zwischen alltäglichen Praktiken und theoretischer Konzeption von Geschlecht
besteht offenbar ein Spannungsfeld, das sich durch sämtliche Gesellschafts-
sowie alle individuellen Denk- und Wahrnehmungsprozesse zieht. Ein Phänomen, das sowohl eine soziale als auch individuelle, kognitive Dimension hat.
Wegweisende feministische Theoretiker zeigen dieses Spannungsfeld zwar
auf, doch lassen sie eine konsequente interdisziplinäre Verknüpfung vermissen. Zudem sind (post)feministische Konzepte, die mit subversiven Geschlechterstrategien arbeiten, häufig in einem normativen und postulierenden
Duktus verfasst (vgl. Eickelpasch/Rademacher 2004: 13). Dafür sensibilisiert,
ist es Anspruch dieser Promotionsarbeit, nicht in ein Politisieren zu verfallen

---

verfahren und nicht von Männern und Frauen, sondern stets von Frauen und Männern zu
schreiben.

und sich stattdessen durch begriffliche und konzeptionelle Interdisziplinarität der sozialen Dimension Geschlecht zu nähern.

Dabei bewegt sich dieses Dissertationsvorhaben auf soziologischem Terrain (Geschlechterforschung), bedient sich kultur- und kommunikationswissenschaftlicher Modelle (Identität, Kommunikation) und legt vor einem erkenntnistheoretischen Hintergrund (Konstruktivismus) die soziale Relevanz und den gesellschaftlich akzeptierten Spielraum der Kategorie Geschlecht offen.

Das Originale an dieser Arbeit lässt sich in zwei Punkten zusammenfassen: Zum ersten liegt bis zu diesem Zeitpunkt keine explizit kommunikationstheoretische Kritik an der feministischen Theorie vor. Dem Begriff und dem Konzept ‚Kommunikation' spürt die Geschlechterforschung bislang nicht systematisch nach. Zweitens fehlt der logische Folgeschritt, einen Theorietransfer von einem erkenntnistheoretischen Kommunikationsmodell in die Geschlechterforschung vorzunehmen. Ziel ist es also, ein Modell zu entwerfen, das Geschlecht eine kommunikationstheoretische Basis verleiht.

Der alte Geschlechterkampf, wie er öffentlichkeitswirksam seit der zweiten Hälfte des 20. Jahrhunderts geführt wird, erlebt seit einigen Jahren in Deutschland eine Renaissance.[2] Junge und neue Gesichter tauchen, nicht selten professionell inszeniert, auf und bestehen auf ihren Platz im Diskurs um das Geschlechterverhältnis.[3] Die Medienschaffenden entdecken das Thema (wieder), was sicherlich nicht zuletzt daran liegt, dass die neuen, noch immer überwiegend weiblichen, Gesichter häufig tele- und fotogen sind. Deutschlands vermutlich meinungsführendes Magazin Der Spiegel widmet dem ewig(gestrig)en Geschlechterstreit die Titelstory "Fünfzig Jahre Emanzipation

---

[2] Wobei sich der Feminismus heute neuen Herausforderungen stellen muss: Das gesellschaftliche Problem der Geschlechtergerechtigkeit gestaltet sich wesentlich vielschichtiger als noch vor wenigen Jahrzehnten. So muss ein politischer Feminismus die Probleme der Gleichstellung und Geschlechtergerechtigkeit umfassender schildern und die Lösungsstrategien komplexer gestalten. (Vgl. Flecken 2009)
[3] Junge Feministinnen distanzieren sich mitunter erheblich von den ausgerufenen Parolen Alice Schwarzers. Sie streben Gleichberechtigung mit den Männern und keine Kämpfe gegen sie an. Eine inhaltliche Diversifizierung im Diskurs um Emanzipation sowie eine kritische Auseinandersetzung mit den Feministinnen der ersten Generation in Deutschland ist dabei zu beobachten. (Vgl. Voigt 2008)

– Was vom Mann noch übrig ist" (Der Spiegel 26/2008) und der Artikel trägt die nicht weniger reißerische Überschrift "Halbe Männer ganze Frauen" (Demmer et. al 2008: 42ff.). Die Frage, wie es zu diesem Interesse kommt und woher der Sexappeal dieses Thema rührt, ist da legitim.

Neben den jungen hübschen Gesichtern einer neuen feministischen Welle, die in Deutschland zumindest medial zu beobachten ist, rührt das Thematisieren der Geschlechterdifferenz sicherlich auch daher, dass es einen altbekannten Streitpunkt bedient: Gene vs. Kultur, Veranlagung vs. Sozialisation. Weder Natur- noch Sozialwissenschaft werden müde, um dieses Verhältnis zu streiten. Scheinbar hat sich "[d]er Dualismus von Natur und Kultur (bzw. früher: von Natur und Geist) [...] institutionsgeschichtlich und diskursiv bewährt" (Weber 2000: 15). Besonders die naturwissenschaftlichen Vertreter bemühen sich, einen essentiellen Unterschied zwischen den Geschlechtern mit anatomischen, genetischen und endokrinologischen Kriterien zu begründen. Die Biologin und Medizinerin Louann Brizzedine steuerte dem Geschlechterdiskurs jüngst biologistische Argumente bei, die beispielsweise das "Balzverhalten der Männer" (im Interview mit Bemmer/Keller 2007:1) erklären und warum Frauen und Männer prinzipiell anders sind: in Ratio, Physis und Emotionen. Nach Meinung der US-Amerikanerin bestimmen Hormone das Individuum grundlegend und unumstößlich.

Problematisch ist dabei nicht nur, dass hiermit vermeintliche Eigenschaften als zwangsläufig bestimmt werden, sondern dass die Geschlechterhierarchie erneut eine definitive Daseinsberechtigung erhält. Ein naturalistischer Diskurs verfängt sich schnell in deterministischen Argumenten, beansprucht daraus ableitend Wahrheit und bietet die Möglichkeit zur ideologischen Inanspruchnahme.[4]

Mit diesen quasi-natürlichen Zuschreibungen von geschlechtlichen Eigenschaften geht noch eine andere vollständig intuitive Grundannahme einher: Es

---

[4] All dies wird von konstruktivistischer Seite unbedingt abgelehnt. Konstruktivisten betonen stets die Gefahr, die von vermeintlich wahren Aussagen ausgeht. Ein tiefes Misstrauen gegenüber Ideologien und Utopien ist dem Konstruktivismus zu eigen, da meist die "Überzeugung dahintersteht, man habe ein für allemal die Wahrheit gefunden [...]. In diesen Ideen ist

gibt Frauen und es gibt Männer. Eine Aussage von anscheinend höchster Plausibilität, "denn man kann Männer und Frauen ja sehen." (Nassehi 2003b: 81) Es ist bemerkenswert, dass sich bei dieser Aussage nicht mehr nur die sozialwissenschaftlichen Gemüter regen. Auch die Naturwissenschaftler folgen jenem deterministischen Geschlechterbild nicht mehr uneingeschränkt. So rücken die Neuroforscher Kirsten Jordan und Lutz Jäncke, als Botschafter biodeterministischer Konzeptionen, von der Geschlechterunterscheidung weiter ab. Sie waren auf der Suche nach eklatanten geschlechtlichen Differenzen und sahen sich enttäuscht: "Ich bin als Löwe gestartet und als Bettvorleger geendet." (Jäncke im Interview mit Bredow 2007: 144) Sie untersuchten die kortikalen Aktivitäten bei Aufgaben, für die dreidimensionale Objekte bewegt werden sollten, was als eine der kognitiven Leistungen gilt, "for which men have been shown to consistently outscore women" (Jordan et al. 2002: 2397). Tatsächlich stellen sie dabei fest, "that sexes use different strategies in solving mental rotation tasks" (ebd.): Männer, die über ein größeres Gehirn als Frauen verfügen, nutzen zur Bewältigung jener Aufgaben eine Hirnregion, Frauen aber zwei. Gleichwohl ziehen die Neuroforscher daraus nicht den Schluss, dass es sich dabei um einen Beweis für qua-gebürtige Unterschiede handelt. Denn ein weiteres neurobiologisches Ergebnis ist, dass jedes Gehirn lebenslang lernt und dabei nachweislich seine neuronalen Strukturen verändert. Eine Erkenntnis mit weitreichenden Konsequenzen, auch für den Geschlechterdiskurs.

Die Unterschiede, die im Mutterleib bereits erkennbar sind, sind keinesfalls ausschlaggebend, für die verschiedenen Problemlösungsstrategien von Frauen und Männern. Von Geburt an "gewinnt eine andere zutiefst menschliche Entwicklung rapide an Bedeutung: die Kultur." (Bredow: 2007: 143) Jungen und Mädchen werden im frühkindlichen Alter mit unterschiedlichen Anforderungen konfrontiert und entwickeln verschiedene Strategien der lebenswirklichen Praxis, die sich in neuronalen Strukturen festigen und so schließlich auch

---

immer die Ausrede enthalten, man dürfe demjenigen der eben nicht überzeugt ist, das eigene Denken [...] aufzwingen." (Watzlawick im Interview mit Pörksen 1995: 5)

auf Computertomographien sichtbar werden.[5] Der neurologische Geschlech-
tervergleich hinkt, "[d]a das Abbild ihrer, vielleicht unterschiedlichen, Gehir-
naktivität oder Struktur [.] nichts über die Ursache aus[sagt] – also ob dieses
biologische Phänomen wirklich vorgegeben ist oder die momentane Gehirn-
struktur kulturell bedingt ist." (Schmitz im Interview mit Feld 2006: 18) Das
Problem wird damit vom Kopf auf die Füße gestellt. Naturwissenschaftler wie
Jordan und Co. führen die biologischen Unterschiede auf sozialisatorische
Prozesse zurück. Das Verhältnis von Biologie und Sozialität erfährt eine Um-
deutung. Metaphorisch ausgedrückt: Nicht die Hardware bestimmt die Software, sondern die Software bestimmt die Hardware. Manche naturwissenschaftliche Studie kehrt Ursache und Wirkung um. Ein Paradigmenwechsel,
der nicht von der gesamten ‚scientific community' geteilt wird – das versteht
sich von selbst.

Dank dieser neuen Perspektive auf die Geschlechterkategorie bricht die quasi-
logische Annahme weg, dass Frauen per se anders sind als Männer. Sie können weniger gut einparken, dafür sind sie empathischer. Männer zeigen
handwerkliches und Frauen häusliches Geschick. (Vgl. von Blech 2003: 31)
Das mögen zutreffende Beobachtungen sein, es sind jedoch keine Konsequenzen biologischer Dispositionen. Die naturwissenschaftlich beobachtbaren
Unterschiede in Wesen und Anatomie der Geschlechter entziehen sich zunehmend biodeterministischer Argumentationen. Die Gruppe derjenigen Naturwissenschaftler, die sich vom Naturdeterminismus lösen, wächst. Generali-
sierungen zum Thema Geschlecht stehen sowohl für Sozial- als auch Naturwissenschaftler auf dünnem Eis – man kann das Eis sprichwörtlich schon
knacken hören.[6]

---

[5] Vermutlich könnte man außer jenen geschlechtsspezifischen Strategien auch noch eine
Reihe anderer ausmachen. Kinder unterschiedlicher Schichten sehen sich spezifischen Pro-
blemen ausgesetzt, so dass sie wahrscheinlich schichtspezifische Lösungsstrategien entwickeln. Die vermehrte Gewaltbereitschaft von Jugendlichen aus prekären Verhältnissen ist
ein Beispiel dafür. Wir sehen, wir haben es mit einer (kontingenten) Entscheidung des Beobachters zu tun, wie und ‚was' er beobachtet.
[6] Ein weiterer naturwissenschaftlicher Ansatz proklamiert, dass der Geschlechterunterschied
"is neither a natural quality embodied in individuals nor a cultural additive." (M'charek 2005:
88) Stattdessen wird die Geschlechterdistinktion im Kontext der Genetik beobachtet. Dieser
Ansatz bleibt genuin naturwissenschaftlich, rückt dennoch von den bekannten Argumenten

Neben der bekannten Debatte um den sozio-kulturellen und biologisch-genetischen Anteil der Geschlechtszugehörigkeit sieht sich die feministische Theorie permanent mit einem weiteren Thema konfrontiert: ihr Autologieproblem.

Das Autologieproblem besagt, dass der Beobachter Teil seiner Beobachtung ist, was auf Beobachtungsebene erster Ordnung ausgeblendet wird. Ein Beispiel ist die Kognitionswissenschaft, denn nur mit Hilfe neuronaler Strukturen, also mit Hilfe eines Gehirns, können andere neuronale Strukturen beobachtet, analysiert und ausgewertet werden. Es bedarf eines kognitiven Systems, um andere kognitive Systeme wahrzunehmen und zu beobachten. (Vgl. von Foerster 1993: 65)

Bei der Geschlechterforschung taucht das Autologieproblem an verschiedenen Fronten auf. In abgewandelter Form zeigt es sich im Unterscheidungsparadox, das in Kapitel 3.4 ausführlich vorgestellt wird. Zusammengefasst besagt es, dass die feministische Theorie eine Leitunterscheidung benötigt, die sie eigentlich dekonstruieren möchte. Damit steckt sie in einer Falle. Denn fordert sie Gleichberechtigung, so kann sie dies nur vor dem Hintergrund der Unterscheidung ‚Frau/Mann' tun, die laut radikalen Feministinnen, wie Judith Butler, überwunden werden muss. Zum Zweiten steckt der jeweilige Autor, hier die Autorin, in der eigenen Autologie gewissermaßen fest. Geschlechterforschung beobachtet etwas, was mit Selbstverständlichkeit und dem Nimbus der Natürlichkeit daherkommt: Geschlecht. Auch eine konstruktivistische Abhandlung beobachtet das, worüber sich jeder Beobachter identifiziert. Jeder Geschlechterforscher sieht sich mit der ‚Unhintergehbarkeit' der ureigenen Identitätskategorie Geschlecht konfrontiert. Das eigene Geschlecht ist stets präsent, so auch bei der Beobachtung von Geschlecht. Macht es einen Unterschied, ob sich der Beobachter Frau oder Mann nennt?

Ja, vermutlich macht es einen Unterschied, ob sich der Beobachter als weiblich oder männlich versteht. Der Beobachter ist der Schlüssel zur Beobachtung, denn es gibt keine Beobachtung ohne den Beobachter. Die einst stei-

---

ab und empfiehlt einen Blick auf die genetischen Grundlagen von Anatomie und Kultur. (Vgl. M'charek 2005)

nerne Wissenschaftsdoktrin der Objektivität, dass die "Eigenschaften des Beobachters [.] nicht in die Beobachtung eingehen" (von Foerster 1993: 63), ist
längst überwunden. Jeder Geschlechterforscher folgt identitätspolitisch dem
rigorosen Dualismus, sich entweder als Frau oder als Mann zu klassifizieren.
Das Geschlecht ist *der* "soziale Platzanweiser" (Knapp 1988: 263), der nur
einmal qua Geburt zugesprochen wird und von da an Wirkung zeigt.[7] Ob dies
nun auf Biologie oder Sozialität zurückzuführen ist, ist zunächst unerheblich.
Wesentlich ist, dass Geschlecht lebenslänglich seine Wirkungskraft entfaltet –
auch bei der wissenschaftlichen Beobachtung von Geschlecht. Gleichwohl
sind noch unzählige andere Kategorien, die ebenfalls beobachtungsrelevant
sind, zu nennen, denn "Beobachter sind untrennbar an ihre Beobachtungen
geknüpft" (Schmidt 1994b: 616) und umgekehrt. Ob Frau oder Mann, Schwarze oder Weiße, Linke oder Rechte, Junge oder Alte usw., all diese Unterscheidungen sind beobachtungsrelevant, und so muss der einen Kategorie
keinesfalls größere Bedeutung beigemessen werden als den anderen.[8]
Das Autologieproblem wird an verschiedenen Stellen dieser Arbeit aufgegriffen. Prinzipiell ist Autologie in der Geschlechterforschung keinesfalls bedeutender als bei jeder anderen Theoriebildung. Wir operieren stets "autologisch
und insofern zirkulär, als wir die Anforderungen an eine Theorie, die die Welt
und in ihr die Gesellschaft beschreibt, aus den Strukturen eben dieser Gesellschaft herleiten." (Luhmann 2005b: 25) Ob Geschlecht oder eine beliebige andere Kategorie im Zentrum der Untersuchung steht, ist unerheblich. Denn
letztlich "bezeichnet jede Beschreibung der Welt, die im autonomen System
verfasst wird, die Selbstreferenz als Punkt der Konvergenz von Selbstreferenz
und Fremdreferenz" (ebd.: 26) und ist folglich autologisch.

---

[7] Was keinesfalls nur biodeterministisch zu verstehen ist, wie in Kapitel 3.3.1 gezeigt wird.
[8] Vergleichende Studien nehmen sich der Aufgabe an, den Zusammenhang und das Verhältnis verschiedener sozialer Dimensionen zu beleuchten. Insbesondere gilt es, die "anderen *Achsen der Differenz*" (Rasse, Ethnizität, Klasse, Nation)" (Eickelpasch/Rademacher
2004: 95f; Hervorh. im Org.) herauszustellen (vgl. Müller 2003 sowie die verschiedenen Aufsätze in Rademacher/Wiechens 2001). Wie hitzig die Debatte um den Zusammenhang von
Ethnie und Geschlecht ist, belegen die Ausführungen von Mark Terkessidis beispielhaft. Für
ihn haben sich Konservative und Feministen gegen Muslime verbündet und führen nun gemeinsam einen feministischen Kreuzzug. (Vgl. Terkessidis 2007)

Bevor sich die Arbeit mit der feministischen Theorie auseinandersetzt, wird noch ein weiteres Problem der feministischen Theorie vorangestellt: ihr Verhältnis zu den Themen ‚Leiblichkeit' und ‚Körper'. Hierin steckt die erkenntnistheoretische Schwierigkeit von Natur und Kultur. Wie das Verständnis von Körper sein muss, um diese Diskrepanz nicht fortwährend mitzuführen, wird als ‚Königsweg' für diese Arbeit aufgezeigt (s. Kap. 2).

Anschließend beginnt der erste Teil (s. Kap. 3) mit der Vorstellung einzelner Strömungen der Geschlechterforschung. Bei einer kommunikationstheoretischen Arbeit sollten die Ansätze, die sich kommunikationswissenschaftlich nennen, nicht fehlen, gleichwohl nehmen sie keinen all zu großen Raum ein, da es sich hier vor allem um empirische Geschlechterforschung handelt, die publizistik- und medienwissenschaftliche Fragen stellt. Dann wird es zunehmend erkenntnistheoretisch, denn es wird die Genese der feministischen Theorie nachgezeichnet. Die ausgewählten Ansätze werden nach einer Vorstellung jeweils auf ihren kommunikationswissenschaftlichen Gehalt hin abgeklopft. Folglich kritisiere ich stets mit Blick auf die zugrundeliegenden Kommunikationskonzepte und die erkenntnistheoretischen Basisannahmen. Nach einer ausführlichen Vorstellung und Kritik kommunikationswissenschaftlicher Geschlechterforschung sowie feministischer Ansätze stelle ich im zweiten Teil (s. Kap. 4) ein erkenntnistheoretisches Modell von Kommunikation mit seinen Basiskonzepten und seinen grundlegenden Begriffen vor. Hiermit wird der Grundstein für den anschließenden Theorietransfer gelegt. Nachdem die basalen Mechanismen und Modi des gewählten Kommunikationsmodells dargelegt sind, sollen ebenjene in die feministischen Überlegungen implementiert werden. Dieser dritte Teil (s. Kap 5) ist der Theorietransfer zwischen feministischer Theorie und Kommunikationstheorie. So soll die kommunikationstheoretische Lücke, die sich in der feministischen Theorie durchgehend auftut, geschlossen werden.[9]

---

[9] Der Aufbau führt dazu, dass bei der Kritik zu den feministischen Ansätzen Vorgriffe auf das Kommunikationskapitel vorkommen. Mit Hilfe von Fußnoten werden die entsprechenden

Die Frage nach dem Verhältnis von Kultur und Natur ist so alt wie das menschliche Denken. Seit jeher haben sich Philosophen damit auseinandergesetzt und die Lager bekämpfen sich bis heute leidenschaftlich. Welchen Anteil haben Kultur und Natur im Geschlechterdualismus? Wie viel natürliche Geschlechterdifferenz steckt genetisch, hormonell und anatomisch in jedem Menschen und was ist letztlich dem sozialen Überbau zu zuschreiben? Um diese Aufteilung wird gestritten, es werden von beiden Seiten Statistiken und Forschungsergebnisse angeführt, um die eigene Seite zu stützen und die gegnerische Seite zu schwächen.

Das Ziel dieser Arbeit besteht darin, ein kommunikationstheoretisches Angebot für die Geschlechterforschung zu machen und so ein entsprechendes Theoriefundament zu liefern. Das Problem des ‚Kultur/Natur'-Dualismus wird dabei im Kontext der einzelnen Strömungen der Geschlechterforschung vorgestellt. Der Streit selbst ist allerdings kein Schwerpunkt dieser Arbeit.[10]

Die Frage, ob man sich selbst als Kulturalist oder Naturalist einordnet, ist zwangsläufig, und so möchte ich dem einleitend entgegentreten: Diese Arbeit verschreibt sich erkenntnistheoretisch den konstruktivistischen Argumenten. Vor diesem Hintergrund wird auch das kommunikationstheoretische Angebot aufgebaut. Gleichwohl schlage ich vor, die Diskussion um das Verhältnis von Realität, Wirklichkeit, Abbildern usw. zu beenden und den Blick auf die Konstruktionsprozesse zu lenken (vgl. Schmidt 1994a: 18). Diese Idee übertrage ich weiter auf die Debatte um Kultur und Natur. So wenig, wie sich die Frage nach der Realität lohnt, sehe ich mich dazu befähigt, das Verhältnis von Kultur und Natur zu bestimmen. Darum mein Postulat an den Leser: Klammern wir diesen Streitpunkt weitestgehend aus und ertragen einen davon abweichenden Blick.

---

kommunikationswissenschaftlichen Termini knapp erläutert, um so ein Verständnis für die Argumentation sicher zu stellen.
[10] Vgl. dazu Weber 2000. Weber diskutiert das Verhältnis von Kultur und Natur sowie die Frage, ob es so etwas wie eine ‚Naturkulturwissenschaft' oder eine ‚Kulturnaturwissenschaft' geben kann.

Alltäglich stellen wir fest: Männer kommunizieren anders, haben eine andere Vorstellung von Moral und werden besser bezahlt als Frauen. Sowohl die naturwissenschaftliche als auch die kultur- und sozialwissenschaftliche Seite bringen eindrucksvolle Ergebnisse vor, die an und in sich nachvollziehbar sowie valide und doch unvereinbar erscheinen.[11] Hilge Landweer hat zutreffend formuliert, dass jede Form der Essentialisierung und Biologiesierung der Geschlechterdifferenz als Denkverbote im feministischen Diskurs erscheinen. Wer Geschlecht nicht radikal als soziales Konstrukt konzipiert, gilt als ‚Schmuddelkind‘ und ideologisch verbrämt. (Vgl. Landweer 1994a: 147) Landweer stellt fünf Positionen innerhalb der feministischen Theorie heraus – Ontologisierungen, Naturalisierungen, Mythisierungen, Politisierungen, Moralisierungen –, die allesamt fragwürdig sind. Gleichwohl, so stellt sie plausibel fest, müsse es doch möglich sein, diese Strömungen zu kritisieren, ohne sich dabei von Geschlecht gänzlich zu verabschieden. (Vgl. ebd.: 150)

Doch empirische Studien scheinen hier auch nicht der richtige Weg zu sein. Sicherlich, sie stellen interessante Ergebnisse vor, allerdings sind auch sie nichts anderes als Beobachtungen von Beobachtern. Die vorliegende Arbeit stellt sich nicht mehr die empirische Frage, was sich alles unter dem Gesichtspunkt der Geschlechtsspezifik beobachten lässt – Kommunikationsstile, Werte, Empfindungen uvm. –, sondern fragt, wie es zu diesem tiefempfundenen Geschlechterdualismus eigentlich kommt. Ob es gelingen wird, den ‚Kultur/Natur‘-Konflikt dabei gänzlich auszuklammern, ist allerdings ungewiss.

Die Lösung kann aber auch nicht lauten, Geschlecht als Fiktion zu verbannen, denn dafür sitzt das Empfinden, Frau oder Mann zu sein, zu tief. Daher untersucht diese Arbeit die Konstruktionsprozesse des *empfundenen Geschlechterdualismus*, die *Kraft der Differenz*, die *Notwendigkeit der Unterscheidung* in gesellschaftlichen und individuellen Prozessen und entwirft eine theoretische Basis, die es erlaubt, ohne Verabsolutierung einer Seite eine kommunikation-

---

[11] Es ist bemerkenswert, dass Carol Hagemann-White bereits sehr früh konstatiert, "daß die empirische Forschung ingesamt [sic!] keine Belege für eindeutige, klar ausgeprägte Unterschiede zwischen den Geschlechter liefert." (1984: 42) Sie spezifiziert dies einige Jahre später, indem sie feststellt, dass "es [.] keine zufrieden stellende humanbiologische Definition

stheoretische Analyse von Geschlecht vorzunehmen. Manche mögen sagen, hier siege ein unzulänglicher Pragmatismus. Ich halte diese Vorgehensweise hingegen für gewinnbringend und zwingend notwendig, um einen anderen, weniger ideologischen Blick auf Geschlecht zu ermöglichen.

---

der Geschlechtszugehörigkeit [gibt; Anm. EF], die die Postulate der Alltagstheorie einlösen würde." (Hagemann-White 1988: 31)

2 Vorab: die Krux mit dem Körper

"Das Geschlecht ist so kontextabhängig
wie das Menschsein."
(Laqueur 1992: 30)

Schließt man sich einer konstruktivistischen Argumentation an, dann sieht man sich unmittelbar damit konfrontiert, ‚etwas', hier den Körper, beschreiben zu wollen. Damit drängt sich die Frage auf, ob es nicht doch Externalitäten gibt, denen man sich durch angemessene Beschreibung asymptotisch nähern kann – und schon klopft der Positivismus wieder an.[12]

Der Körper ist subjektabhängig. Dies ist kaum eine Neuigkeit: Wozu soll der Körper schließlich sonst zählen, wenn nicht zum Subjekt? Doch hinter dieser Aussage steckt ein anderer Ansatz. Es geht vielmehr darum, den Körper so zu beobachten, dass konstruktivistische Paradigmen berücksichtigt werden und ontologische Erklärungsversuche außen vor bleiben.

Die Analyse der Körperlichkeit stellt eine Herausforderung für den Konstruktivismus dar, weil dem Körper der Schein der Objektivität und des Determinismus im besonderen Maße anhaftet. Körper sind nicht nur sichtbar, sondern auch erfahrbar. Jeder hat einen, jeder fühlt seinen eigenen immer und dauernd. Was sind wir ohne Körperlichkeit? Um wahrgenommen zu werden, um in

---

[12] Ich möchte an dieser Stelle nicht auf die einzelnen Diskussionen innerhalb des Konstruktivismus eingehen, da sich seine Vertreter ebenso wenig einig sind, wie sie sich inhaltlich spezialisiert und ausdifferenziert haben. Ob eine Realität unabhängig vom Subjekt letztlich existiert, wird uninteressant, wenn man davon ausgeht, dass eine solche Entität ohnehin nicht zu beobachten ist – durch nichts und von niemandem. Dem schließe ich mich ausdrücklich an und konzentriere mich auf die "jeweiligen konstruktiven Prozesse und ihre empirischen Konditionierungen" (Schmidt 1994a: 18). Legen wir also das Augenmerk auf die soziokulturellen Modi und lassen die Frage nach der Realität eine durchaus streitbare aber nicht zielführende Frage sein, die es an anderer Stelle zu behandeln gilt. Ich halte es mit von Glasersfeld: "Ich brauche hier nicht die Argumente anzuführen, die von den Skeptikern seit beinahe dreitausend Jahren unermüdlich wiederholt werden und die in logisch unanfechtbarer Weise zeigen, daß so eine vom Beobachter unabhängige Welt der menschlichen Ratio nicht zugänglich sein kann." (1996: 15)

Interaktion zu treten, braucht man eine beobachtbare Hülle. Dass das eigene biologische System deterministisch auf uns einwirkt, ist spürbar: sei es in Form von Migräneanfällen, bei Müdigkeit und Durst oder beim Orgasmus. Die Empfindung ist in der klassischen Subjekt-Objekt-Spaltung verhaftet, nach der dem Mentalen das Materielle, dem Geist der Körper gegenübersteht.[13] Jeder empfindet diesen Dualismus andauernd und so ist der Körper eine ontologische Eindeutigkeit, die keiner weiteren Erklärung bedarf. Demnach ist die "Attraktivität des Körpers [.] nicht seine bloß ästhetische Attraktivität, seine Ästhetik besteht vielmehr darin, daß er für schlichte Ontologie steht, für schlichtes Sein, das zu negieren dieses Sein selbst bestätigt." (Nassehi 2003b: 94)

Diese Dichotomie spiegelt sich in einer weiteren polaren Empfindung wider: Frau oder Mann? Nahezu alle Menschen können sich der einen oder anderen Kategorie problemlos zuordnen. Diese Identitätspositionierung basiert weitgehend auf der körperlichen Erscheinung, denn schließlich verfügen wir über geschlechtliche Merkmale, welche die Frage nach dem Geschlecht zweifelsfrei beantworten. Die Empfindung und die Erfahrung lehren uns häufig, dass sich der Körper dem Mentalen gegenüber deterministisch verhält, auch bei Fragen der Geschlechterpolitik. Somit steht die Geschlechterforschung immer wieder vor dem Problem, in einen dualistischen Duktus zu verfallen, wenn sie Körper beobachtet und davon Rückschlüsse auf das soziale Geschlecht ziehen möchte. Der Körper, als Teil der Natur, kommt mit einer solchen Unmittelbarkeit daher, dass "die ontologische Würde auf den ersten Blick einleuchtet." (Nassehi 2003b: 94)

Wie kann nun der Körper in eine Theorie implementiert werden, die jede ontologische Argumentation scharf zurückweist? Da sich die vorliegende Arbeit erkenntnistheoretischen Basisannahmen verschreibt, muss sie ein Beschreibungssystem zugrunde legen, dass dieses Dilemma auflöst. Um des Rätsels Lösung vorweg zu greifen: Ein (sozio-)kulturelles Konzept gibt ein Instrumen-

---

[13] Eva Labouvie bietet einen guten Überblick, welche Bereiche der Wissenschaft sich mit dem Körper auseinandersetzen. Aus den unterschiedlichen fachspezifischen Perspektiven werden verschiedene Aspekte der Körperlichkeit analysiert und in den sozialen Kontext eingebunden. (Vgl. Labouvie 2004)

tarium an die Hand, das einen gänzlich anti-ontologischen Blick auf die größte Natürlichkeit, den Körper, erlaubt.

Die Annahme, dass ein biologisches Fundament eine Natur der Geschlechter stützt, die sich im Sozialen schließlich nur noch widerspiegelt, ist wissenschaftlich längst verworfen und wird wohl auch gesellschaftlich immer weniger ernst genommen.[14] Der Feminismus bekämpft diese Mär von der Natur der Frau und des Mannes erfolgreich, doch nicht selten geschieht dies zu Lasten der Körperlichkeit. Eine Theorie des Leibes wird nicht immer in die feministische Theorie implementiert und so besteht die Gefahr, dass der Körper unter dem Einfluss des Dekonstruktivismus, der Lacanschen Psychoanalyse und des Poststrukturalismus' aus den feministischen Analysen gänzlich weichen muss (vgl. Laqueur 1992: 25). Auch in historischen Betrachtungen wagen es nur wenige, die Grenze zwischen Sozialem und Natur zu überschreiten. Dabei ist diese Grenzziehung keineswegs nützlich, da so "der geschlechtliche Körper [.] weiterhin der Geschichte entzogen" (Maihofer 1994b: 238) bleibt. Darum an dieser Stelle ein Angebot, wie der Körper theoretisch stärker eingebunden werden kann, ohne zwangsläufig einem biologischen Dualismus aufzusitzen. Dazu werde ich zwei Historiker vorstellen, die sich mit Körperlichkeit und der Geschlechtergenese beschäftigen und die eindrucksvoll aufzeigen, dass der aktuell vorherrschende Geschlechterdualismus keinesfalls schon immer Gültigkeit besaß.[15] Im Anschluss daran, wird der Stellenwert von Kultur bei Fragen der Körperlichkeit herausgearbeitet. Dass es sich bei Körper und Kultur keineswegs um zwei diametrale Pole handelt, werden die beiden Kapitel verdeutlichen.

---

[14] Wobei neokonservative Debatten um Rabenmütter, das Wickelvolontariat und die Herdprämie den Optimismus stark bremsen. Selbst Der Spiegel ist sich für die Titelgeschichte "Die Biologie des Erfolgs. Warum Frauen nach Glück streben – Männer nach Geld" (Der Spiegel 39/2008) mit der Artikelüberschrift "Die Natur der Macht" (Klawitter et. al 2008: 52ff.) nicht zu schade.

[15] Der Unterschied zwischen Leib und Körper wird im Rahmen dieser Arbeit nicht ausführlich behandelt. Mit Bezug auf Helmuth Plessner sei festgehalten, dass der Leib vor allem die Beziehung vom Einzelnen aus Umfeld darstellt und der Körper sich auf die organische Materialität bezieht. (Vgl. Lindemann 1993: 31 sowie Labouvie 2004: 82) Da die herangezogene Literatur diesen Unterschied ebenfalls nicht durchgängig verfolgt, werde ich diese Unterscheidung nicht einführen. Aus dem Kontext wird aber ersichtlich, ob es sich um anatomische oder relationale Aspekte der Körperbeobachtung handelt.

2.1 Die Genese ‚kultureller Genitalien‘[16]

Der Körper ist die Natürlichkeit ‚in Person‘. Nichts wird so selbstverständlich als natürlich, und damit gegensätzlich zum Sozialen und Kulturellen, wahrgenommen wie der Körper. Wir sind dahingehend konditioniert oder, weniger drastisch ausgedrückt, wir sind es gewohnt, dass der Körper vermeintlich Aufschluss über den Menschen gibt. Stärke oder Schwäche, Schönheit oder Unansehlichkeit, Frau oder Mann sind Kategorien, die der Körper offeriert, ohne dass man sich näher mit dem Menschen auseinandersetzen muss.

Der Körper verkörpert gewissermaßen die natürliche Ontologie, und das in doppelter Hinsicht: Nicht nur der *eigene* Körper wird als eigen und bisweilen deterministisch empfunden. Empfindungen wie Schmerzen, Lust und Müdigkeit ausgeliefert zu sein, von ihnen determiniert zu werden, ist nur zu bekannt und verstärkt den alltäglich empfundenen Dualismus von Körper und Geist. Zudem werden auch *fremde* Körper, also nicht nur der eigene Körper, der Natur zugeordnet. Alle Menschen sind körperlich wahrnehmbar, so wie man sich selbst auch körperlich wahrnimmt. Somit richtet sich sowohl die körperliche Selbst- als auch Fremdreferenz auf eine biologische Seite des ganzheitlichen Menschen. Genauer: Aktanten setzen kompetent (vgl. Schmidt 2003a: 33) den Körper als eine biologische Gegebenheit – und diese ist sozialer Konsens. Über den Modus der Reflexivität (s. Kap. 4.2.1) wird die Natürlichkeit identitätspolitisch festgeschrieben und notwendige Voraussetzung für alle weitere Kommunikation und Identitätsbildung. "Wer das Vertrauen in seinen Körper verliert, verliert das Vertrauen in sich selbst." (Beauvoir 2008: 406) Dass die geschlechtliche Körperwahrnehmung kontingent ist, zeigen die im Folgenden vorgestellten Autoren. Sie sehen diese Entwicklung "als Teil eines größeren gesellschaftlich-kulturellen Prozesses" (Maihofer 1994b: 239): "der Etablierung, der modernen kapitalistischen Gesellschaften und ihrem bürgerlich-patriarchalen Arrangement der Geschlechter." (Ebd.)

---

[16] Als deutsche Version der ‚cultural genitals‘ sensu Kessler und McKenna (vgl. 1978: 153).

2.1.1 Thomas von Laqueur

Das Zwei-Geschlechter-Modell in seiner radikalen Ausprägung nach dem Prinzip ,entweder - oder' ist ebenso wenig eine Selbstverständlichkeit wie die körperlichen ,Eigenschaften' eine kulturlose Natürlichkeit sind. Gleichwohl erscheint der Geschlechterdualismus heute plausibel, denn "[i]n our culture, a person is *either* male *or* female." (Kessler/McKenna 1978: 3; Hervorh. im Org.) Dieses Beschreibungsmodell ist keineswegs immer schon derart dominant gewesen, wie es sich heute darstellt. Thomas von Laqueur hat dazu eine eindrucksvolle Körperhistorie verfasst, die sich in erster Linie mit dem Zusammenhang der weiblichen Genitalien, dem weiblichen Lustgefühl, dem Orgasmus und der Fruchtbarkeit auseinandersetzt und darüber hinaus die Veränderung der Körperwahrnehmung und Körperbeschreibung detailliert nachzeichnet. Bei seiner Recherche stellt er fest, dass, je intensiver er sich mit den Quellen auseinandersetzt, "umso weniger eindeutig wurde die sexuelle Scheidelinie; je nachdrücklicher man den Leib als Grundlage des Geschlechts in Dienst nahm, desto weniger standfest wurden die Grenzen." (Laqueur 1992: 11)

Eine der ersten und umfangreichsten Quellen bieten die Analysen des Gelehrten Galen, der bereits im zweiten Jahrhundert ein Strukturmodell der männlichen und weiblichen Körper entwirft. Für ihn sind die Frauen nichts anderes als nicht-perfekte Männer. Aufgrund eines Mangels an Körperhitze bleiben ihre Reproduktionsorgane im Körper eingeschlossen. So sind die Geschlechter vor allem *Menschen*, die über eine gleiche somatische Grundausstattung verfügen, die sich lediglich an verschiedenen Stellen des Körpers befinden. Bis ins 18. Jahrhundert gelten die Genitalien von Frauen und Männer als gleich, mit dem einzigen Unterschied, dass die weiblichen innen versteckt und die männlichen äußerlich sichtbar sind. "In dieser Welt stellt man sich die Vagina als inneren Penis, die Schamlippen als Vorhaut, den Uterus als Hodensack und die Eierstöcke als Hoden vor." (Ebd.: 17) Somit ist es nur logisch, dass es für die Geschlechtsorgane keine separaten Bezeichnungen gibt und aus dem Kontext erschlossen werden muss, ob es sich um männliche oder weibliche Körperteile handelt. Die geschlechtlichen Reproduktionsorgane sind

hier noch kommensurabel und werden nicht mit normativen Prinzipien ausgestattet, das heißt: Es gibt kein aktives und kein passives Geschlecht. Wesentlich ist dabei, dass es zwar Unterschiede zwischen Männern und Frauen zu
jener Zeit gibt – so nehmen die Geschlechter unterschiedliche Positionen im
sozialen Raum ein, und von einem gleichberechtigten Miteinander kann keine
Rede sein (vgl. dazu Beauvoir 2008). Allerdings sind diese Rollen sozial sowie
kulturell fundiert und nicht biologisch essentialisiert. Pointiert: Es gibt zwei soziale Geschlechter, doch nur ein biologisches Geschlecht (vgl. Laqueur 1992:
39). Was als männlich oder weiblich gilt, ist sozial tradiert. Die Positionierung
eines Individuums verläuft dabei auf einer Achse mit den beiden Polen ‚Frau'
und ‚Mann', ohne dabei eine Zuordnung zu einem Ende des Spektrums zu erzwingen. Noch bis in die Renaissance hinein gilt der kausale Zusammenhang
von Körperhitze, Orgasmus, Körperflüssigkeit und Fruchtbarkeit, sowohl für
die Frau als auch für den Mann. Ob mehr Frau oder mehr Mann, bemisst sich
also daran, ob der Mensch eher kalt (Frau) oder eher heiß (Mann) ist, womit
ein ‚mehr oder weniger' und (noch) kein ‚entweder - oder' gilt. (Vgl. ebd.:
119ff.)

Die Frage, ob mehr oder weniger Mann respektive mehr oder weniger Frau,
die aus dem Ein-Geschlecht-Modell hervorgeht, zielt folglich nicht auf herm-
aphroditische oder androgyne Körper, sondern auf die sozialen und kulturellen
Implikationen der Geschlechterzugehörigkeit ab. In dem Ein-Geschlecht-
Modell geht es um Macht, Legitimität und Status, nicht um die Funktion oder
um eine Hierarchisierung einzelner Körperteile, da diese, wie beschrieben, als
Geschlechtskörper im Grunde umkehrbar sind, aber nicht organisch unterschiedlich.[17]

"Ein Mann oder eine Frau zu sein, hieß während eines Gutteils des 17. Jahrhunderts eine soziale Stellung innezuhaben und eine kulturelle Rolle zu überneh-

---

[17] Eine ausführliche Darlegung jener Gemeinsamkeiten kann hier nicht geleistet werden. Nur
beispielhaft soll angeführt werden, dass auch Frauen über Sperma verfügten und der beidseitige Orgasmus als Voraussetzung zur Empfängnis angesehen wurde. Diese Beispiele
lassen schon erahnen, dass Sexualität anders gelebt wurde und das sexuelle ‚Rollenverhal-
ten' und Selbstverständnis sich vom heutigen stark unterschieden haben dürfte. (Vgl. dazu
ausführlich Laqueur 1992) Doch auch das Ein-Geschlecht-Modell stärkte die Position des
Mannes und schwächte die Frau. "Der Mann ist das Maß der Dinge" (ebd. 79) und er ist die
Repräsentation und "der Standard der menschlichen Körper" (ebd.).

men; nicht jedoch, organisch das eine oder andere von zwei Geschlechtern zu *sein*. Geschlecht (*sex*) war noch immer eine soziale und immer noch nicht eine ontologische Kategorie." (Ebd.: 164; Hervorh. im Org.)

Dies ändert sich im 18. Jahrhundert. Die Vorstellung, dass Männer und Frauen aufgrund ihrer Physis grundverschieden sind, entwickelt sich sukzessive. Der erste Schritt in Richtung des polaren Geschlechtermodells wird durch die Etablierung des Arzt- und Medizinerberufs getan. Diese Profession bricht die Tabuisierung des Körpers erstmals auf. Aufgrund des wachsenden naturwissenschaftlichen Interesses obduzieren Mediziner nun Körper und erfassen diese grafisch sowie begrifflich. Die Zeichnungen der inszenierten offenen Torsi dienen anfangs noch dazu, das Ein-Geschlecht-Modell aufrecht zu erhalten, so dass "[e]ine ganze Weltsicht [.] in der Renaissance die Vagina für den Betrachter wie einen Penis aussehen" (ebd.: 100) lässt.

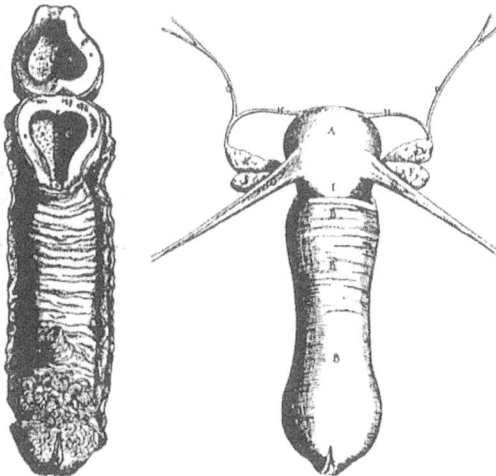

Fig. 20. (left) Vagina as penis from Vesalius, *Fabrica*.

Fig. 21. (right) The vagina and uterus from Vidus Vidius, *De anatome corporis humani* (1611)

Abb. 1: Darstellung der Vagina im Ein-Geschlecht-Modell [18]

Dabei wird die männliche Anatomie stets als die kanonische Form des menschlichen Körpers dargestellt. Der weibliche Körper erscheint, als er dann schließlich grafisch erfasst wird, stets als die Abwandlung des männlichen

[18] Quelle: Laqueur 1992: 100.

Körpers, wobei allerdings weiterhin Isomorphien und nicht Disparitäten hervorgehoben werden.

Erkenntnistheoretisch lässt sich anfügen, dass die Darstellung menschlicher Körper und damit die Geschichte der Anatomie wenig mit der Repräsentation des untersuchten Objekts zu tun hat. "Die Ideologie, nicht die Genauigkeit der Beobachtung, entschied darüber, wie man sie [die geschlechtlichen Organe; Anm. EF] sah und auf welche Unterschiede es ankam" (ebd.: 106), womit einmal mehr deutlich wird, dass jede Beobachtung beobachter- und damit kulturabhängig ist.[19]

Die naturwissenschaftlichen Analysen entdecken die Unterschiede der Geschlechtskörper, und die männlichen sowie weiblichen Geschlechtsorgane, die sich

"bislang einen Namen miteinander geteilt hatten – Ovarien und Testikel –, wurden nun sprachlich unterschieden. Organe, die nicht durch einen eigenen Namen unterschieden worden waren – beispielsweise die Vulva –, erhielten nun einen." (Ebd.: 172)

Das Prinzip der Inkommensurabilität etabliert sich rasant und dient seither als quasi-faktische Basis für die Geschlechterhierarchie. Die Perspektive und somit die Argumentationslinie verschieben sich, und von da an wird die "Biologie – der gleich bleibende, unhistorische, geschlechtsmarkierte Körper – [...] als Erkenntnisgrundlage für gebieterische Postulate über die gesellschaftliche Ordnung verstanden." (Ebd.: 19) Das Geschlecht, wie wir es heute als striktes Zwei-Geschlechter-Modell kennen, entsteht. Die sozialen Ungleichheiten korrelieren nicht mehr nur mit den Bezeichnungen ‚Frau/Mann', sie werden kausal aus der Biologie abgeleitet.

Laqueur macht zwei wesentliche Erklärungen für die Biologisierung der Geschlechter aus. Die *epistemolgische* lässt sich an der Professionalisierung von Ärzten und Medizinern beispielhaft darlegen. Durch die aufkommende Dicho-

---

[19] Dies gilt auch für die eigenen körperlichen Erlebnisse. So wurde an der Kausalität vom weiblichen Orgasmus und Schwangerschaft festgehalten, obwohl zumindest Frauen wissen mussten, dass dieser Zusammenhang keineswegs der Erfahrungswirklichkeit entspricht. Jedoch ergaben Befragungen von Müttern durchweg eine Bestätigung dieser Annahme. Die Erklärung dafür ist so einleuchtend wie konstruktivistisch: "Erfahrung wird so erinnert und wiedergegeben, daß sie sich mit den herrschenden Paradigmen deckt." (Laqueur 1992: 118)

tomisierung der Lebenswelt während der Aufklärung und Säkularisierung –
Ratio vs. Glaube, Fakten vs. Fiktion, Körper vs. Geist – wird der alte Dualismus von Natur und Kultur auf den Körper übertragen und verabsolutiert. Der
Geschlechterdualismus führt diese Essentialisierung kultureller Zuschreibungen konsequent weiter.

> "Die trockenen und auf den ersten Blick objektiven Befunde des Labors, der Kli-
> nik oder der ‚Feldforschung' [womit bspw. grausame Sterilisationen einhergingen;
> Anm. EF] wurden innerhalb der dort praktizierten Disziplinen zum Stoff für Kunst,
> für neue Repräsentationen der Frau als eines Geschöpfs, das sich tiefgehend
> vom Mann unterschied." (Ebd.: 235)

Ein im weitesten Sinne *politischer* Grund liegt in der Gesellschaftsstruktur des
19. Jahrhunderts, die sich durch eine zunehmende Öffentlichkeit, Bürgertum
und veränderte soziale Partizipationsmöglichkeiten auszeichnet. Da die soziale Stellung nicht mehr zwangsläufig und ausschließlich qua Geburt geregelt
ist, entfacht sich ein Kampf um Macht und Rang. Um die Auseinandersetzungen überschaubar zu halten, werden Frauen auf ihre benachteiligte Position
verwiesen und, ab jetzt biologisch legitimiert, von dem Verteilungskampf fern-
gehalten. Die Essentialisierung der Geschlechter und damit die binäre Zuordnung bieten Orientierung in der bislang nicht *ein*deutigen Geschlechterordnung. Dies dient zudem der sozialen Stabilisierung. Die tradierten und ins
Wanken geratenen Ordnungsmuster werden durch die radikale Biologisierung,
die sich in der inkommensurablen Polarität des Geschlechterdualismus niederschlägt, zwar auf andere, aber nicht mehr wacklige Füße gestellt. Die Ordnungsbildung, die bislang allein durch kulturell vermittelte Mechanismen also
"im Ein-Fleisch-Modell vom sozialen Geschlecht geleistet worden war, fiel von
nun an dem biologischen zu." (Ebd.: 174)

Sämtliche gesellschaftlichen Kämpfe wurden nun mit Hilfe biologischer Waffen
ausgetragen, und so verschob sich das Schlachtfeld auf einen den Körper es-
sentialisierenden Boden, oder "[a]nders gesagt, das biologische Geschlecht
ersetzte das soziale als eine erstrangige grundlegende Kategorie." (Ebd.:
177)[20]

---

[20] Eine Kritik an Laqueur bezieht sich darauf, dass er die problematischen Dimensionen im
Geschlechterverhältnis auf ‚oben/unten' oder ‚polar/gegensätzlich' reduziert. Andere Kom-

2.1.2 Claudia Honegger

Auch Claudia Honegger konstatiert, dass Geschlecht und Kultur gleichermaßen ursprünglich sind und demnach Geschlecht Kultur nicht als biologische
Entität gegenübersteht. Der Körper entzieht sich einer natürlichen Wahrheit
und so scheint es "nicht unangebracht, auf die Historizität so mancher ‚über-
zeitlicher Wahrheit' hinzuweisen." (Honegger 1989: 197) Jene universalen
Wahrheiten werden nicht zuletzt von den "Sciences de l'homme oder, wie sie
im deutschen Sprachraum häufiger genannt wurden, der medizinisch-philosophischen Anthropologien" (ebd.: 201) verbreitet und verteidigt.

Die sozialen Veränderungen seit der Mitte des 18. Jahrhunderts hin zur bür-
gerlichen säkularisierten Gesellschaft sind für Honegger ebenfalls An-stoß eines epistemologischen Wandels. Dieser zeigt sich u.a. in der systematischen
Erfassung der menschlichen Anatomie und der Verwissenschaftlichung der
Körperlichkeit, die im Rahmen anthropologischer Studien zur diametralen Gegenüberstellung der weiblichen und männlichen Körper führt. Physiologische
und psychologische Beschreibungssysteme werden verquickt und kulminieren
im Freudschen Diktum "Anatomie ist Schicksal" (zitiert nach ebd.: 202).

Überdies weitet Honegger den Vorwurf, dass "schon die Aufklärung die Frau
aus der Generalisierungsbewegung des Menschen hinauskomplimentiert"
(1991: 2) hat, auf die Modernisierungstheorien aus. Dadurch, dass sich humanwissenschaftliche Disziplinen ausdifferenzieren und etablieren, wird der
Mensch als Analyseobjekt in den akademischen Diskurs implementiert. Die
Stilisierung und Kanonisierung des menschlichen Gattungswesens, das stets
und ausschließlich die männlichen Züge trägt, werden in der Moderne fortgeschrieben. Diese Einseitigkeit wird dadurch verfestigt, dass der Arzt oder auch
Anthropologe die aufkommenden Fragen nach Kompetenzen und Bestimmung
der Geschlechter "direkt an die körperliche ‚Tiefenstruktur' heranträgt und an
ihr auch die genehmen Antworten abliest." (Ebd.: 9) Soziales Verhalten basiert
auf inkorporierten Rollenmustern – die Basis ist stets der Körper. Körperlichkeit und ausgesuchte körperliche Merkmale werden so zu Determinanten des

---

plementaritäten wie ‚verschlossen/offen', ‚häuslich/wild' lässt er außen vor. (Zur Kritik an

menschlichen Verhaltens stilisiert und über wissenschaftliche Autoritäten weiter stabilisiert, bis sie schließlich als natürlich gelten. Demnach konstituiert sich
Zweigeschlechtlichkeit erst durch ein komparatives und humanbiologisches
Beschreibungssystem, durch den wissenschaftlichen Diskurs der vergleichen-
den Anatomie.

Mit der Professionalisierung und Etablierung anthropologischer Betrachtungen
im humanwissenschaftlichen Diskurs vollzieht sich ein maßgeblicher Wechsel
der gesellschaftlichen Moralinstanzen. Statt der kirchlich-religiösen Obrigkeiten, die dank der Säkularisierung an Einfluss verlieren, erheben nun jene Personen, die sich mit der menschlichen Physiologie befassen, den Anspruch,
das vakante Feld von Moral und Sitte zu besetzen. Diese medizinisch-ethi-
schen oder auch medizinisch-philosophischen Verquickungen führen dazu,
dass sich für die neue Anthropologie um 1800 das Diktum "Das Physische bildet das Moralische" (ebd.: 42) herausbildet. Die Deutungsmacht liegt nun ganz
bei den Medizinern und Biologen. Sie können aufgrund ihres scheinbar objektiven und von keiner Religion getrübten Blicks auch die hinter der Natur liegenden sozialen und sittlichen Strukturen erkennen, welche letztlich die Zweigeschlechtlichkeit fundieren.

> "An die Stelle der Moraltheologie (und spekulativer Geschlechterphilosophien)
> schob sich als zentrale kulturelle Definitionsmacht eine durch die ‚harte' Wissen-
> schaft der vergleichenden Anatomie legitimierte Moralphysiologie. Damit wurden
> vor allem die Mediziner zu neuen Priestern der menschlichen Natur, zu Deu-
> tungsexperten, die sowohl für die Orthodoxie wie für den alltäglichen Moralkodex
> verantwortlich zeichneten." (Ebd.: IX)

Anatomie und Physiologie entwickeln den Katalog der menschlichen Natur.
Damit besitzen sie auch den Schlüssel zu Sitte und Moral, die sich aus der
Biologie scheinbar unmittelbar ableiten lassen. Quasi-logisch geht daraus die
Geschlechterordnung des noch jungen Geschlechterdualismus hervor. Die soziale Organisation der Geschlechter erhält somit ein biologisches Fundament,
das die naturwissenschaftlichen medizinischen Obrigkeiten nachhaltig festigen
und letztlich essentialisieren. Zeitgleich wird die polare Zweigeschlechtlichkeit
in den moralischen physiologischen Diskurs eingebettet und dank dieser Verbindung hierarchisiert. Jene Geschlechterordnung erhält durch das neu ent-

---

Laqueur vgl. Duden 1991b: 118.)

deckte 'Totschlagargument' der Natur ein stabiles und nicht zu erschütterndes Fundament. Damit nehmen die anatomischen und physiologischen Entdeckungen den Status von Naturgesetzen ein und die sozialen Konsequenzen sind vermeintlich zwangsläufig. Eine Struktur, die bis heute fortwirkt.

Des Weiteren macht Honegger gegen Ende des 18. Jahrhunderts zwei Zivilisierungsschübe aus, die eine normative Geschlechterhierarchie verursachen und manifestieren. Ausgangspunkt ist, dass sich die bürgerliche Gesellschaft in den Nachwehen der Aufklärung zunehmend als Kulturgesellschaft begreift und den Menschen als kulturelle Gestalt entwirft. Die Frau wird in dieser Zeit als verkopftes, nervenkrankes, verwöhntes Wesen begriffen, das der Kultur und nicht mehr der Natur angehört, womit das "aufstrebende Bürgertum nicht nur als adlig, vorwiegend französisch respektive parisierisch inspiriert, sondern auch als weibisch und von Weiber dominiert" (ebd.: 52) gilt. Dies geschieht erstens aufgrund der Lebenswelt an den europäischen Höfen, an denen die Geschlechter zusammenleben und einem gewissen Hedonismus frönen. Damit geht nicht nur ein angeblicher Sittenverfall, sondern auch ein Zuwachs weiblicher Macht einher. Dieser Lebensstil würde schließlich zum Zusammenbruch der höfischen Zivilisation führen – so die zeitgenössischen Analysen. Gegen diese Prognose stemmt sich die nun erstarkende Männerschaft. In diesem zweiten Zivilisierungsschub verstehen es die Männer, in Männerzirkeln und Männerklubs organisiert, die einen durchaus konspirativen Charakter haben, ihre Interessen zu formulieren, strategisch zu platzieren und umzusetzen.[21] "Es gibt also gegen Ende des 18. Jahrhunderts so etwas wie eine genuine politische 'Männerbewegung' mit dem Ziel, den Einfluß der Frauen und Damen auf Staat und Gesellschaft einzudämmen." (Ebd.: 53)

---

[21] Dies ist nichts anderes als 'Netzwerken', was sich in den sogenannten 'Old Boys Networks' noch heute beobachten lässt. Aus feministischer Sicht liegen hier die Ursachen für jene männlichen Netzwerke, die nichts anderes sind als heimliche Quoten in sozial relevanten Positionen. Sie begünstigen ausschließlich Männer und gelten als ein Grund, warum so wenig Frauen auf Chefsesseln Platz nehmen. (Vgl. dazu Dorn 2007)

Die Frau und alles Weibliche weichen, der anthropologischen Deutungsmacht folgend, von der Norm ab. Die Mediziner befassen sich ab dem Ende des 18. Jahrhunderts dezidiert mit der natürlichen Sonderstellung der Frau. Intention sei die ganzheitliche und vermeintlich objektive Erfassung des menschlichen Körpers. Tatsächlich setzt die Medizin aber, wie schon beschrieben, den Mann als Norm und die Frau, in Abgrenzung dazu, als Abweichung von der Norm. Es ist keineswegs überraschend, dass die Vertreter dieses Faches, wie schon ihre Vorgänger, die Anthropologen, die Unterordnung der Frau quasi-logisch aus ihrer somatischen Konstitution ableiten. Ein, im Vergleich zum Mann, schwächerer Körper bedeutet auch, die schwächeren Nerven und die geringeren geistigen Fähigkeiten auf sich zu vereinen.[22] Sukzessive wird die Frau in die humanwissenschaftliche Peripherie abgeschoben und das Fach Gynäkologie entsteht.

Die vermeintlich schon bewährte Verquickung von Physis und Psyche wird in der Gynäkologie fortgeschrieben. Die phänomenologische und geschlechterkomparative Analyse der Körper geht unweigerlich mit normativen Analysen des Wesens einher. Diese Beobachtungen werden mit geistigen Eigenschaften analogisiert: So erhält jedes Geschlecht seine quasi-natürliche Bestimmung.

Die aus biologischen Argumentationen abgeleitete gesellschaftliche Position der Frau wird dabei ausgeblendet, wie auch die "Konstituierung der Gynäkologie zur Wissenschaft vom Weibe ganz aus dem Blickfeld gerät." (Ebd.: 116) Honegger erfasst diesen blinden Fleck der Wissenschaftshistorie und zeichnet die Entwicklung der Gynäkologie und das Ausklammern der Frau aus dem anthropologischen Diskurs seit ca. 1850 nach. Die Gynäkologie formiert sich zunehmend ab den zwanziger Jahren des 19. Jahrhunderts, "um dann erst nach dem Zerfall der Anthropologie [...] ihren eigentlichen kulturellen Siegeszug anzutreten" (ebd.: 202).

Schließlich verschwindet die Frau aus den Human- und Geisteswissenschaften und wird von der psycho-physiologischen Gynäkologie aufgesogen. Der

---

[22] Heute wie damals kann der Hinweis darauf, dass die anerkanntesten und bedeutendsten Denker keineswegs nur so vor Manneskraft strotzen, dieses Argument schnell entkräften.

Frauenarzt genießt zu Beginn des 20. Jahrhunderts die Reputation, die Antworten auf sämtliche Frauenfragen zu kennen. Er ist nicht nur Experte für die somatische Verfassung, er ist auch über den gesamt-kulturellen Status der Frau im Bilde. Das Weibliche findet ganzheitlich ausschließlich in der Gynäkologie statt. (Vgl. ebd.: 206ff.) Der Mann ist der Mensch – als Gegenstand der Humanwissenschaft –, die Frau ist das Andere – sie hat ihren Platz in der Gynäkologie.

2.2 Körperkult(ur)

Laqueur nähert sich der Genese eines biologischen Geschlechts über den Zusammenhang von Fruchtbarkeit und weiblichem Orgasmus. Er beschreibt detailliert die anatomischen Entdeckungen vergangener Jahrhunderte, die sich mit Hilfe von Grafiken aus der jeweiligen Zeit nachvollziehen lassen. Damals herrschte das Ein-Geschlecht-Modell vor, welches für die Isomorphie beider Geschlechter steht. Honegger wählt den Weg über die Modernisierungstheorien und konzentriert sich mehr auf die Etablierung der Anthropologie und auf das endgültige Verschieben und Abschieben aller wissenschaftlichen Beobachtungen von Weiblichkeit in den Bereich der Gynäkologie.

Trotz der unterschiedlichen Herangehensweisen gleichen sich die Untersuchungen im Ergebnis: Subsumiert man Laqueurs sowie Honeggers Ausführungen, dann wird ersichtlich, dass der (Geschlechts-)Körper stets dem tradierten Blick und der kulturellen Interpretation unterliegt. Eine Obrigkeit – erst waren es die Geistlichen, dann die Anthropologen und Mediziner, welche die Deutungsmacht über den Körper innehatten – lenkt diesen Blick auf den Körper und definiert qua ihres Status' die soziale Position der Geschlechter. Laqueur und Honegger deklarieren Zweigeschlechtlichkeit beide als jenseits der Natur und als kontingentes soziales Phänomen, was ihre wissenschaftshistorischen Analysen untermauern. Dass Geschlecht vorrangig ein soziales Konstrukt ist, gilt heute in der feministischen Theorie als ‚common-sense'. Jedoch bedurfte es solcher historischen Aufarbeitung und interkultureller Vergleiche, wie sie Laqueur und Honegger vorlegten, um zu erkennen, dass

> "in any human group it is possible to arrange men and women on a scale in such a way that between a most masculine group and a most feminine group there will be others who seem to fall in the middle, to display fewer of the pronounced physical features that are more characteristic of one sex than of the other." (Mead 1949: 129)

Die Zuordnung zu einem Geschlecht ist ein kontingentes Unterfangen und selbst die körperlichen Merkmale geben keinen unmissverständlichen Aufschluss über das Geschlecht. Man denke an Transsexuelle: Entscheidend für die Zuordnung ist die *Unterstellung* eines eindeutigen anatomischen Geschlechts (s. Kap. 5.2.4.2). Die Idee, "dass die Menschheit nicht zwingend zweigeschlechtlich organisiert sein muss und dass Geschlechtszugehörigkeit auch primär über soziale Merkmale definiert werden kann" (Müller 2003: 102), wächst langsam. Dass auch sex, die leibliche Seite des Geschlechts, nicht unabhängig vom sozialen Kontext ist, erscheint zunächst befremdlich, wird jedoch durch die vorgestellten Körperhistorien plausibel.

Die wissenschaftshistorische Entwicklung der sozialen Kategorie Geschlecht, wie sie insbesondere Laqueur nachvollzieht, belegt die Kontingenz der Geschlechterpolarität. Von einer graduell zweidimensionalen Anordnung zu einer biologisch essentialisierten Inkommensurabilität der Geschlechter zu kommen, dauert. Das Ablehnen eines Geschlechterkontinuums mit den Polen ‚weiblich' und ‚männlich' ist ein sukzessiver Prozess, und der Einzug dieses geschlechtlichen Rigorismus ist ein kontingentes Gesellschaftsphänomen. Erst im Laufe des 18. Jahrhunderts vollzieht sich eine Universalisierung der Kategorie Geschlecht, die von nun an für alle Gesellschaftsmitglieder als Leitdimension ihrer Identitätsbildung gilt. Anstelle der Standesdefinitionen wird nun Geschlecht "zu einer universellen gesellschaftlichen Teilungsdimension" (ebd.: 16).

Dass der Körper erst sukzessive zu seiner Zweigeschlechtlichkeit findet, haben die wissenschaftlich-historischen Analysen belegt. Dennoch scheint die Zweigeschlechtlichkeit nicht sozial, historisch und kulturell zu sein, sondern vielmehr materiell, substanziell und essentiell. Tradierte Beobachtungsmuster schieben die soziale Konstruktivität ins Abseits und der Körper erlangt so den

Status einer dinglichen Entität. Der Körper ist das fleischgewordene Gegen-
stück zur geistigen Sphäre, der greifbare Gegenpol zur menschlichen Seele,
das natürliche Gegenüber der kulturellen Sozialität. "Die Körper sind einfach
da." (Nassehi 2003b: 97) Was oder wer sorgt nun dafür, dass die Kulturalität
der Körperlichkeit ausgeblendet wird? Die Antwort ist scheinbar paradox: die
Kultur.

Kultur ist für den erkenntnistheoretischen Diskurs unabdingbar, der sich dadurch auszeichnet, dass die Frage nach der ‚Realität‘ nicht mehr gestellt werden sollte. Konstruktivistische Arbeit befasst sich mit Kulturalität und Sozialität
im Wirklichkeitsprozess und sie

> "ersetzt die traditionelle erkenntnistheoretische Frage nach dem Was, nach den
> Gegenständen von Wahrnehmung und Bewußtsein durch die Frage nach dem
> Wie, das heißt sie konzentriert sich auf die Vorgänge, Resultate und Wirkungen
> von Wahrnehmungsvorgängen und Bewusstseinsprozessen. Sie unterlässt be-
> wusst den Versuch, Wahrnehmung und Bewußtsein auf sogenannte fundamen-
> tale oder elementare Objekte und Prozesse zurückzuführen." (Schmidt 1986:3)

Erfahrungsgemäß ist die Unterscheidung zwischen Beobachter, Beobachtung
sowie Beobachtungsgegenstand üblich und alltäglich, so dass ein Infragestel-
len dieser Trias zunächst kontraintuitiv erscheint. Nimmt man das konstruktivistische Paradigma allerdings ernst, wird ersichtlich, dass um den Beobachter
nie zu kürzen ist, und das ist kein Problem, sondern bedeutet Erleichterung.
(Vgl. Pörksen 2006: 38f) Das Einführen des Beobachters, als unhintergehbare
Instanz im Beobachtungsprozess, eröffnet nämlich die Möglichkeit, vermeintlich natürliche ‚Gegebenheiten‘, die uns ‚umgeben‘, differenzierter zu analysieren.

Schließt man sich dieser erkenntnistheoretischen Grundüberlegung an, dann
ergibt sich die Frage, ob wir (als Beobachter) Regeln befolgen, die unseren
Beobachtungen zugrunde liegen. Sind unsere Beobachtungen ausschließlich
individuell oder folgen sie einem Muster? Die Antwort: Beides ist richtig. Jede
Beobachtung ist strikt individuell, da sie von einem Individuum vollzogen wird
und somit stets beobachterabhängig ist. Jede Beobachtung folgt aber auch einem Programm, das kollektiv ist, aber individuell angewendet wird. Der Konstruktivismus lehnt die vollständige Autarkie (nicht Autonomie) von Systemen,

folglich auch von kognitiven Systemen, ab (vgl. Maturana/Pörksen 2002: 63). Ein Regelwerk, welches das Beobachten bestimmt und dennoch mit konstruktivistischen Paradigmen vereinbar ist, nennen wir Kultur – Kultur als Programm (sensu Schmidt, s. Kap. 4.1.4). Aktanten beobachten, empfinden, beschreiben usw. gemäß einem Kulturprogramm. Sie agieren stets kulturell, respektive kulturspezifisch. Kultur programmiert nun auch den Blick auf den Körper, das Empfinden für die eigene und fremde Leiblichkeit sowie die verfügbaren Modi zur Beschreibung vom Körper – andere Kultur, andere Körper.

Kultur stellt nicht nur die Modi zur Beobachtung, zum Empfinden, zur Hierarchisierung der Geschlechtskörper bereit, sie invisibilisiert gleichzeitig ebenjene Leistung. Beides muss simultan ablaufen.[23] "Letztlich verschwindet mit der eingespielten Praxis des Blicks [...] der Charakter der Konstruktivität." (Nassehi 2003b: 97) Zwei Prozesse laufen also gleichzeitig ab: *Kultur programmiert erstens die leibliche Geschlechtszugehörigkeit* und *zweitens verschleiert sie diese Konstruktivität erfolgreich* (s. Kap. 5). Kultur offeriert eine Körperwahrnehmung und zwar auch im Sinne einer ‚für-wahr-Nehmung'. Der Körper wird, als Teil einer vermeintlich unabhängigen Welt, für wahr genommen und scheint so der Wahrheit näher zu sein als es das kognitive Bewusstsein, geschweige denn Emotionen, je sein könnten. Der Leib ermöglicht scheinbar den Entwurf auf die Wahrheit hin; er bietet Raum zur Transzendenz auf die Welt.[24] Der Zusammenhang von dualistischer Weltsystematik, Glauben an wahrhafte Entitäten und individuellem Körpergefühl werden hier evident. Dank des per-

---

[23] Metaphorisch ausgedrückt: Es bedarf der Invisibilisierung, denn ansonsten könnte dem Körper das Kleid der ontologischen Natürlichkeit zu leicht aufgeknöpft und die nackte Kulturalität sichtbar werden. Um dieses Bild weiter zu bemühen: Den Körper umhüllt vom Scheitel bis zur Sohle ein blickdichter Tschador (Natur und Biologie), der keine Rückschlüsse auf das Darunterliegende (Kulturalität und Sozialität) erlaubt.
[24] Simone de Beauvoir erkennt in der Körperwahrnehmung geschlechtliche Unterschiede. So begreift der Mann seinen Körper "als direkte, normale Verbindung zur Welt, die er in ihrer Objektivität zu erfassen glaubt" (Beauvoir 2008: 12), während die Frau zwar auch den Wunsch nach Transzendenz besitzt, doch zur Immanenz und zum Erstarren im Gegenwärtigen verurteilt ist. (Vgl. ebd.: 26)

sönlichen Körpergefühls schwimmt das Individuum nicht in einer allumgreifenden Kognitionsblase[25], sondern gewinnt an Bodenhaftung.

"Der Körper kann als Chiffre jenes ,Außenkontaktes' gelten, der sich zeichen- und operationstheoretisch offenbar nicht mehr beschreiben lässt. [...] Der Körper steht für das wirkliche Leben, für jenes reale Substrat, das dem kulturellen Selbstverständnis offenbar abhanden gekommen zu sein scheint. [...] Wer nicht weiter argumentieren will, verweist auf seinen Körper – entweder indem er den Körper schlicht demonstriert, sich in den Weg stellt, inszeniert, oder indem er auf die Signale des Körpers hört, die die Grunddisposition der Existenz auszumachen scheinen." (Nassehi 2003a: 222f)

Dass im Objekt die Wahrheit liegt, ist die Grundannahme aller realistischen Denkarten. ,Realistisch' heißt verkürzt also, dass die Wahrheit in den Dingen liegt. Nassehi macht deutlich, dass dies auch für den objektiven Körper gilt, der aus dualistischer Perspektive der Wahrheit am nächsten ist. Der Körper bietet in seiner vermeintlichen Wahrhaftigkeit Sicherheit in den Veränderungen, Umbrüchen und der Vieldeutigkeit der Moderne.[26] Die Leibhaftigkeit erscheint so einleuchtend wie wahr und zeigt die Grenzen der menschlichen Natur (konstruktivistisch bitte verstanden als: Kultur) auf. Man kann sich nur innerhalb dieser Grenzen bewegen. Außerhalb liegt das, was unumstößlich ist, so dass "wenigstens ein Teil des menschlichen Lebens unzurechnungsfähig" (ebd.: 226) bleibt. Der Körper scheint in dieser dualistischen Ordnung ebenjene Grenze zu markieren oder, wie Nassehi es nennt, der "Außenkontakt" (ebd.: 222) zu sein.

Der Rückgriff auf den Körper schafft, indem er Kontingenz ausblendet, Sicherheit. Er ist eine alltägliche Operation, die außerhalb erkenntnistheoretischer Überlegungen wohl kaum Berücksichtigung findet.

Wie kontingent der Rückgriff ausgerechnet auf den Körper als geschlechtspolitischer Identitätsgarant ist, stellen Kessler und McKenna bereits 1978 in ihren ethnomethodologischen Vergleichen fest:

---

[25] An dieser Stelle ein Verweis auf den liebgewonnenen Vorwurf an alle Konstruktivisten, dass sie sich in einer solipsistischen Welt verschanzen und dem Relativismus freudig begrüßen (vgl. dazu ausführlich Pörksen 2006: 45ff.).
[26] Dies gilt vor allem für die sogenannte Postmoderne. Wie sich die Anforderungen an die postmoderne Identitätspolitik verändern, kann in dieser Arbeit nicht nachgezeichnet werden. (Vgl. dazu ausführlich Eickelpasch/Rademacher 2004: 21ff.)

"It is this construction that results in our seeing our way as right, not any absolute standard. [...] We have, however, shown how it is possible that the way we construct gender is not necessarily universal over time and place. We live in a world of two biological genders. But that may not be the only world." (Kessler/McKenna 1978: 40)

Diese Kontingenz zumindest für einen Moment zu beleuchten und sichtbar zu machen, ist ein Ziel der vorliegenden Arbeit. Dazu wurde einleitend dargestellt, wie sich Körperbeobachtung historisch verändert und stets vom Beobachter und vom Kulturprogramm abhängt. Jede Wahrnehmung – in der Fremd- wie in der Selbstreferenz – des Körpers muss demnach als "praktische Subordination unter ein kulturell dominantes Muster" (Nassehi 2003b: 83) verstanden werden. Der *biologische* Geschlechterdualismus ist damit ebenso eine Vorstellung, eine Idee wie das *soziale* Geschlecht, da man "den Körpern keine Existenz zusprechen [kann; Anm. EF], die der Markierung ihres Geschlechts vorherginge." (Butler 1991: 18)

Es ist kontraintuitiv, körperliche Unterschiede zu negieren, gleichwohl müssen sie kontextualisiert werden. Auch die anatomisch primären Geschlechtsmerkmale wurden als ebensolche – nämlich als primäre Merkmale – im biologischen Diskurs erst definiert. Gleiches gilt für die sekundären Geschlechtsmerkmale: "[S]econdary sexual characteristics are indeed [...] linkable to sex-class, but each of the two human categories involved has many non-biological attributes and behavioral practices differentially linked to it, too." (Goffman 1977: 305) Demnach ist nicht der Körper an sich weiblich oder männlich, sondern er bekommt die Attribute oktroyiert, weil einige, und nur einige, Körperteile als *wesent*lich gelten. "So kann auch die Frau nicht bloß als geschlechtlicher Organismus gesehen werden, denn nur jene biologischen Gegebenheiten sind wichtig, die im Handeln einen konkreten Wert bekommen." (Beauvoir 2008: 77) Welche das sind, bestimmt der biologische-medizinische Diskurs und ist keinesfalls ontologisch festgeschrieben. Dank des Festlegens dieser anatomischen Merkmale als die primären und sekundären *Geschlechts*merkmale wird der Mensch, auch biologisch, erst als Mann oder Frau definiert. Man könnte auch sagen: reduziert. Dies ist nichts anderes als eine kulturelle Leistung.

2.3 Die Konstruktivität betonen

Der Körper ist statt einer natürlichen Gegebenheit also vielmehr eine "Konstrukt fragwürdiger Allgemeinheit" (Butler 1991: 190) und damit keineswegs ahistorisch und vorsozial. Wer hat nun einen Nutzen davon, diese Konstruktivität entweder zu negieren oder zu entlarven?

Wer ein Interesse am Aufrechterhalten der Kategorie ‚Frau/Mann' hat, ist schnell beantwortet. Konservative Geister pflegen den Mythos von der Natur der Geschlechter wie es progressive Feministen und liberale Politiker, die nach Gleichberechtigung rufen, auch tun. Denn nur das, was unterschieden wird, kann auch gleichberechtigt sein. Hier zeigt sich das bereits angesprochene Autologieproblem: "Setzen diese Projekte nicht voraus, was sie eigentlich demontieren und kritisieren wollen – nämlich die Existenz zweier grundverschiedener Lebenswelten von Männern und Frauen?" (Klaus 2006: 203) Folglich darf nicht nur den Reaktionären vorgeworfen werden, dass sie an der Geschlechterdistinktion festhalten, schließlich nutzen Feministen diese dichotome Kategorie ebenfalls als Argument für die Forderung nach Gleichberechtigung.

Die gegenwärtige Geschlechterforschung betont hingegen den Konstruktionscharakter der Geschlechterkategorie. Da stellt sich die Frage, wer von dieser Annahme profitiert oder an wen sich diese Aussage richtet. Wer soll mit der Behauptung, Geschlecht sei konstruiert, konfrontiert oder gar provoziert werden?

Nassehi findet darauf verschiedene Antworten (vgl. 2003b: 81ff.). Ein Grund für die Wiederholung dieser sozialwissenschaftlichen Annahme ist sicherlich der Widerspruch zur Alltagserfahrung. Es ist schlichtweg kontraintuitiv, dass sich Geschlecht nicht (oder zumindest nicht in erster Linie) aus der Natur ergibt. Jeder sieht, kennt und spürt den Unterschied der Geschlechter. Doch bei genauerer Betrachtung erscheint dieser keineswegs mehr eindeutig. Man denke nur an die Unsicherheiten beim allabendlichen ‚Paarungsverhalten der Geschlechter': Spricht Mann nun Frau an? Oder umgekehrt? Wer macht hier

noch wem Komplimente? Kann jemand ‚als Frau' oder ‚als Mann' angesprochen werden?

Auch in der Populärkultur werden Geschlechterrollen aus ihrer Zweidimensio-
nalität gerissen, was insbesondere die Cultural Studies beobachten. Als ein
herausragendes Beispiel für die Analyse potenziell subversiver Lesarten gelten die ‚Madonna-Studies' (vgl. Jensen 2005: 258). Durch Irritation bestehender Geschlechterkategorien statuiert die Popikone Madonna Ende der achtziger Jahre ein Exempel subversiver Rezeptionsstrategien, was von Vertretern
der Cultural Studies eingehend analysiert wird (vgl. Fiske 2006: 56).[27] Doch
trotz aller Veränderungen und subversiver Möglichkeiten bleibt Geschlecht
hartnäckig als scheinbar natürliche binäre Dimension bestehen. Erstens sollen
also all diejenigen an die Konstruktivität des Geschlechterdualismus erinnert
werden, die darin nicht mehr als ein soziologisches Denkexperiment sehen.
Zweitens werden aber auch die soziologischen Fachvertreter adressiert. So
gehört es zwar "[i]n gewisser Weise [...] heutzutage zum soziologischen Com-
monsense anzunehmen, die Geschlechterdifferenz sei sozial konstruiert" (Hirschauer 1994: 668), gleichwohl wird vor dem Hintergrund der Systemtheorie
dem Geschlechterdualismus die soziale Relevanz abgesprochen. Das Argument lautet, dass Geschlecht nicht mehr die prioritäre Dimension ist, die über
Zugang oder Ausschluss zu gesellschaftlichen Teilbereichen entscheidet.
Dank der funktionalen Differenzierung übernehmen andere Kategorien die systemspezifischen Selektionsfunktionen, so dass Geschlecht dethematisiert
werden kann (s. Kap. 3.3.2 sowie 3.4.2). Und dennoch ist Gleichberechtigung
noch längst kein Merkmal moderner Gesellschaften.

Es lohnt sich also, weiter zu betonen, dass Geschlecht eine Zuschreibung und
keine Eigenschaft ist, zumal die Gestaltung des Alltags davon meilenweit entfernt ist. Immerhin ist diese Frage in der Sozialwissenschaft angekommen. Die
Einsicht, dass Zweigeschlechtlichkeit mehr oder etwas anderes als ein biologisches Genus ist, ermöglicht einen sozialwissenschaftlichen Blick auf Ge-

---

[27] Zum Verhältnis von Cultural Studies und Gender Studies vgl. Lutter 2001 sowie Klaus
2006.

schlecht, denn "[w]ithout the insight that gender is a social construct, it could hardly be a topic of any social science." (Cameron 1995: 143)

Eine Anschlussfrage drängt sich noch auf: Angenommen, es bestünde Konsens darüber, dass Geschlecht sozial konstruiert ist. Was würde dieser Zustand für das soziale Miteinander bedeuten? Käme eine Gesellschaft ohne die Basisdimension Geschlecht aus?

Eine Vorstellung, die im Laufe dieser Arbeit immer wieder auftauchen wird. Einige feministische Theoretiker, wie Judith Butler, postulieren die radikale Geschlechter*de*konstruktion. Doch eine Idee, was daraus folgen könnte, liefern sie nicht. Ob ein Überwinden des Geschlechterdualismus überhaupt ‚sozial verträglich' ist, wird die vorliegende Arbeit immer wieder hinterfragen.

3 Analyse: die Kategorie Geschlecht

"Gender, not religion
is the opiat of the masses."
(Goffman 1977:315)

Simone de Beauvoir gibt den Startschuss für eine kritische Auseinandersetzung mit einer der vermeintlich natürlichsten Sachen der Welt: dem Geschlecht. Die Frauenbewegung der sechziger und siebziger Jahre betont immer wieder, "dass das Geschlechterverhältnis ein Herrschaftsverhältnis ist" (Klaus 2005: 44) und macht damit den Dualismus ‚Frau/Mann' zum Politikum. Die Wissenschaft entdeckt die Geschlechterunterscheidung für theoretische Reflexionen und empirische Untersuchungen, so dass die Literaturlage bis heute breit und vielfältig ist. Man könnte darum annehmen, dass zum Thema Geschlecht vieles, womöglich sogar alles, gesagt und geschrieben wurde. Eine theoretische Grundsatzdebatte, so wie sie sich für diese Arbeit ankündigt, scheint daher in ihrer Relevanz fragwürdig. In diesem Kapitel wird sich jedoch zeigen, dass in nahezu allen Konzepten der feministischen Theorie und Geschlechterforschung eine Lücke klafft: Es fehlt ein Kommunikationskonzept. Um dies zu belegen, werden einige Ansätze der so genannten feministischen Kommunikationswissenschaft vorgestellt, die sich vorrangig Fragen der Publizistik stellen und empirische Antworten geben. Anschließend wird die Entwicklung der Geschlechterkategorie nachgezeichnet, wobei der erkenntnistheoretische Kontext eine wesentliche Rolle spielt. Meine Kritik an den einzelnen Ansätzen zielt vorrangig auf kommunikationstheoretische Defizite.

3.1 Publizistische Geschlechterforschung

Bei einer kommunikationstheoretischen Kritik an der feministischen Theorie kommt man nicht umhin, das Verhältnis von Kommunikationswissenschaft und Feminismus zu klären. Beide Disziplinen wären hierfür eigentlich vorab zu definieren. An dieser Stelle weise ich darauf hin, dass die Diskussion um Inhalte, Schwerpunkte und Methoden der Kommunikationswissenschaft ,einem Fass ohne Boden' gleicht, so dass eine Definition von Kommunikationswissenschaft hier nicht geleistet werden kann. In der deutschen Universitätslandschaft fällt auf, dass weder ein einheitlicher Name noch übereinstimmende Curricula vorliegen: Kommunikationswissenschaft, Publizistik, Medienwissenschaft, Kulturwissenschaft und jede erdenkliche Kombination sind vertreten. (Vgl. Hohlfeld/Neuberger 1998, Schmidt 2002: 60ff. sowie Schmidt/Zurstiege 2000: 25ff) Trotz dieser Ungenauigkeit (positiv ausgedrückt: Vielfalt) stelle ich im Folgenden das Verhältnis von Geschlechterforschung und Kommunikationswissenschaft dar.

3.1.1 Forschungsgeschichte

Innerhalb der Forschung, welche die Geschlechterkategorie thematisiert, gibt es verschiedene Schwerpunkte und Perspektiven, die sich auch in den Namen der Forschungsrichtungen widerspiegeln. Relativ eindeutig ist der Unterschied zwischen Frauen- und Geschlechterforschung sowie Feminismus: Die *Frauenforschung* geht davon aus, dass wir ein Geschlecht haben und demnach männlich oder weiblich sind, wohingegen die *Geschlechterforschung* Geschlecht als etwas begreift, das wir ausüben (vgl. Klaus 2005: 59). Gemeinsam ist beiden, dass sie ihr Augenmerk "eher auf den Gegenstandsbereich der Analysen" (Becker-Schmidt/Knapp 2003: 7) legen. Dabei laufen sie Gefahr, das Herrschaftsverhältnis, welches die Dimension Geschlecht impliziert, aus den Augen zu verlieren. Der *Feminismus* zeichnet sich durch einen politischen Impetus aus, der über die Analyse der Kategorie Geschlecht hinausgeht und Wege der Dekonstruktion von Geschlecht aufzeigt. (Vgl. Dorer/Geiger

2002: 10) So lesen sich diese Arbeiten als kämpferische Auseinandersetzung mit Geschlecht und sexueller Orientierung.

Die kommunikationswissenschaftliche Auseinandersetzung mit Geschlecht teilt Elisabeth Klaus in drei Phasen. Sie bauen zwar aufeinander auf, bestehen aber auch nebeneinander: Gleichheitsansatz, Differenzansatz und Dekonstruktivismus.[28] Sie unterscheiden sich darin, dass sie verschiedene gesellschaftstheoretische Positionen einnehmen und somit auch von unterschiedlichen Subjektpositionen und Machtparadigmen ausgehen, was sich in den Forschungsfragen und -schwerpunkten widerspiegelt.

Der *Gleichheitsansatz* ist auf die Gleichberechtigung von Frau und Mann fokussiert und geht von autonomen Subjekten aus. Vorherrschende hegemoniale Strukturen erlegen den Individuen Rollenerwartungen auf, die sie erfüllen müssen. Diese Rollenmuster aufzudecken und letztlich eine Gleichstellung von Mann und Frau zu erwirken, ist das Ziel des Gleichheitsansatzes. (Vgl. Klaus 2005: 14f) Ab den siebziger Jahren befassen sich auch medienwissenschaftliche Untersuchungen mit der Diskriminierung der Frauen (vgl. ebd.: 31), wobei der Fokus auf den Medienproduzenten liegt. Zwei Grundannahmen sind für die Forschung ausschlaggebend, die sich empirisch im Wesentlichen bestätigen ließen.

Erstens sind bei den Medienakteuren Journalistinnen in der Minderheit. Außerdem werden sie an die Peripherie des journalistischen Themenbereichs gedrängt, so dass sie vornehmlich die ‚weichen' Ressorts Soziales und Kultur bearbeiten. Hier ist die Studie von Irene Neverla und Gerda Kanzleiter (1984), die den Journalismus als Männerdomäne entlarven, richtungsweisend. Die zweite Basisannahme des Gleichheitsansatzes ist, dass die Medieninhalte die gesellschaftliche Diskriminierung der Frauen verstärken. So werden Frauen prinzipiell in ihrer fürsorglichen und familiären Rolle dargestellt. Weicht das mediale Frauenbild davon ab, dann ist die Frau mit Sicherheit einer negativen

---

[28] Bei dieser Systematik fällt auf, dass sie inhaltlich mit der Aufteilung in Frauen-, Geschlechter- und Feminismusforschung übereinstimmen. Die folgenden Erläuterungen der

Darstellung unterworfen: Egoistische Karrierefrau trifft umsorgende Mutter. (Vgl. Klaus 2005: 50f)

In dieser ersten Phase des Gleichheitsansatzes betreiben meistens Fachexterne die Forschungen, wie beispielsweise die Küchenhoff-Studie belegt. Ein Jurist führt diese Pionierstudie für den deutschsprachigen Raum durch und untersucht auf Ebene der Medieninhalte die Darstellung von Frauen in den Medien (vgl. Klaus/Röser/Wischermann 2006: 255). Linguisten untersuchen den geschlechtsspezifischen Sprachgebrauch (vgl. Pusch 1984), und Psychologen analysieren die Darstellung von Frauen in der Werbung (vgl. Schmerl 1980). Zu jener Zeit geht es zunächst einmal darum, Frauen zu thematisieren, sie "sichtbar zu machen, Frauen Gehör zu verschaffen." (Trettin 1994: 208)

Während die Vertreter des Gleichheitsansatzes nach Gleichberechtigung streben, widmet sich seit den achtziger Jahren der *Differenzansatz* den Unterschieden zwischen den Geschlechtern sowie den Differenzen zwischen Frauen (vgl. Klaus 2005: 31). Kommunikationsstile werden untersucht, ohne dabei zwangsläufig auf die Gleichberechtigung der Geschlechter abzuzielen. Der Fokus wendet sich vom autonomen Subjekt, das rollenspezifisch handelt, ab und richtet sich stattdessen auf die geschlechtsspezifischen Lebenswelten. (Vgl. ebd.: 15)

Zudem ist beim Differenzansatz eine grundlegende Veränderung der Kommunikationswissenschaft zu beobachten, welche in der Kommunikationswissenschaft sensu Schulz als ‚kopernikanische Wende' bezeichnet wird (vgl. Schmidt/Zurstiege 2000: 127). Die Ansätze der Medienwirkungsforschung sehen den Rezipienten nicht mehr ausschließlich als passiven Empfänger der Medieninhalte. Rezeption ist ein ebenso aktiver Prozess wie es auch Produktion und Distribution sind. Wenn der Rezipient nicht mehr länger der stumme und passive Adressat von Medienbotschaften ist, der in seiner Reaktion vorhersehbar bleibt, dann macht es plötzlich einen Unterschied, ob Frauen oder Männer rezipieren. So "treten Frauen als Rezipientinnen überhaupt erst mit

---

drei Ansätze können demnach äquivalent als Ausführungen zu diesen drei Forschungsrichtungen gelesen werden.

dem Perspektivenwechsel zum Differenzansatz in Erscheinung." (Klaus 2005: 51) Gleichheitsansatz und Differenzansatz ist gemein, dass sie den Körper als gewissermaßen außerkulturellen Tatbestand behandeln, der "auf diese Weise (sehr oft implizit) dem Reich der ‚Natur' zugewiesen und damit zum Gegenstand der Natur-Wissenschaften" (Gildemeister 2001: 67) gehört. Der Dualismus vom natürlichen und sozialen Geschlecht wird dadurch eher vertieft und essentialisiert denn kritisiert.

In der dritten Phase, dem *Dekonstruktivismus*, wird seit den neunziger Jahren die Annahme, dass soziales und biologisches Geschlecht zwei verschiedene Dinge sind, entschärft. Umgedacht wird auch bei der Geschlechter(zu)-ordnung: Nicht jeder ordnet sich einem, und nur einem, Geschlecht zu. Die, besonders im Differenzansatz betonten, Unterschiede werden von nun an strikt "als hierarchische Platzanweisung" (Lünenborg 2002: 525) gesehen. Im Kern antisubjektivistisch (vgl. Breger 2005: 53ff.), lehnt der Dekonstruktivismus die dualistischen Prämissen des Gleichheits- und Differenzansatzes vehement ab.

Das binäre Geschlechtersystem ist für die Vertreter dieses Ansatzes eine soziale Konstruktion, die sich über die Sprache etabliert und letztlich zu einer zweigeschlechtlich codierten Lebenswelt führt. Im Dekonstruktivismus werden die geschlechtlichen Ungleichheiten nicht länger hervorgehoben und die unterschiedlichen Lebenswelten auch nicht mehr thematisiert. Vielmehr ist "die (De-)Konstruktion von Geschlechterpolaritäten, weil diese Unterschiede hervorbringen" (Klaus 2006: 359), Thema der dekonstruktivistischen Geschlechterforschung – ein durchaus politisches Thema. Dieser politische Impetus ist in den Postulaten von Judith Butler ersichtlich, denn sie fordert, den Geschlechterdualismus mit den Mitteln der Parodie und Subversion aufzubrechen und zu zerstören.

Auch wenn die Ansätze zeitlich aufeinander aufbauen, betont Klaus, dass keiner der Ansätze obsolet geworden ist, sondern ihr Potenzial am größten ist, wenn sie zusammen angewendet würden.

"Wenn beispielsweise danach gefragt wird, wie die untergeordnete Position von *Journalistinnen* am Arbeitsplatz konkret hergestellt wird, dann lassen sich dafür drei wesentliche Gründe nennen: (1) Aus der Perspektive des Gleichheitsansatzes sind Berufsrolle und berufliche Anforderungen immer noch zu Lasten der Journalistinnen am traditionell männlichen Arbeits- und Lebensmodell ausgerichtet. (2) Aus der Perspektive des Differenzansatzes ist ein männlicher Kommunikationsstil in der betrieblichen Öffentlichkeit dominant, wohingegen Aspekte eines weiblichen Kommunikationsstils allenfalls als wünschenswerte Zusatzqualifikationen gelten. (3) Aus der Perspektive des (De-)Konstruktivismus schließlich führt der Geschlechterdiskurs in den Redaktionen und Medienbetrieben zu einer spezifischen Reproduktion des Geschlechterdualismus, die zu unvereinbaren Verhaltensanforderungen an Journalistinnen und zu einer Minderbewertung ihrer Leistung führt." (Klaus 2005:16)

Zeichnet man die Entwicklung der kommunikationswissenschaftlichen Geschlechterforschung nach, fällt auf, dass hier insbesondere medienwissenschaftliche Aspekte relevant sind. "Die kommunikationswissenschaftliche Frauen- und Geschlechterforschung beschäftigt sich mit der Situation und Rolle von Frauen in den Medien und fragt, allgemeiner formuliert, nach der Bedeutung des Geschlechts im massenmedialen System." (Ebd.: 31) Anscheinend kann man die Lasswell-Formel "Who says what in which channel to whom with what effect" (Schmidt/Zurstiege 2000: 58) um die Dimension Geschlecht erweitern:

Who	Kommunikationsforschung	$\Rightarrow$	Sind die Produzenten Frauen oder Männer?
Says What	Aussagenforschung	$\Rightarrow$	Gibt es für Frauen und Männer verschiedene Medieninhalte?
In Which Channel	Medienforschung	$\Rightarrow$	Nutzen Frauen andere Medien als Männer?
To Whom	Rezipientenforschung	$\Rightarrow$	Rezipieren Frauen anders als Männer?
With What Effect?	Wirkungsforschung	$\Rightarrow$	Wirken Medienangebote bei Frauen anders als bei Männern?

Abb. 2: Kommunikationswissenschaftliche Geschlechterforschung[29]

---

[29] Quelle: eigene Darstellung sensu Lasswell-Formel (vgl. Schmidt/Zurstiege 2000: 59f).

Offenbar werden vorrangig Themen der Medienwissenschaft aufgegriffen und so richtet sich der Blick nur auf massenmediale Kommunikation, womit jede andere Form der Kommunikation außeracht gelassen wird.[30] Ein theoretisches Modell, das darüber Auskunft gibt, was Kommunikation oder Massenkommunikation eigentlich ist, sucht man vergebens.

3.1.2 Das Verhältnis zweier Disziplinen

Elisabeth Klaus bietet mit dem Dreiklang aus Gleichheitsansatz, Differenzansatz und dem Dekonstruktivismus eine Systematik, die Geschlechterforschung[31] zu unterteilen und dies auf medienwissenschaftliche Untersuchungen zu übertragen. Damit bleibt das Verhältnis von Kommunikationswissenschaft und Geschlechterforschung allerdings zunächst weiterhin ungeklärt.[32] Einige Geschlechterforscher, beispielsweise Johanna Dorer, erkennen innerhalb der Kommunikationswissenschaft einen eigenständigen Teilbereich, den sie feministische Kommunikationsforschung nennen. Andere, wie Elisabeth Klaus, lehnen dies ab. Im Folgenden werden beide Seiten mit ihren unterschiedlichen Argumenten und Gemeinsamkeiten kurz vorgestellt.

Für Dorer führt die "Vielfalt der unterschiedlichen Forschungszugänge sowie die Interdisziplinarität des Forschungsfeldes (vgl. 2002b: 22) zur Ausdifferenzierung einer feministischen Kommunikationswissenschaft als eigenständiger Teilbereich der Kommunikationswissenschaft. Als Ursache für die fachliche Ausdifferenzierung gibt Dorer neben den zunehmenden Forschungsaktivitäten in diesem Bereich, die in den achtziger Jahren noch vornehmlich in Abschlussarbeiten stattfinden, zudem die fachliche Institutionalisierung an. So etabliert

---

[30] Dies ist sicherlich auch mit den unterschiedlichen Schwerpunkten des Faches Kommunikationswissenschaft zu erklären. Wie einleitend festgestellt, gibt es kein einheitliches Curriculum.
[31] Geschlechterforschung gilt im Folgenden als Synonym für alle Forschungen, die sich mit der Kategorie Geschlecht auseinandersetzen, also auch Frauenforschung und feministische Theorie. Beziehe ich mich nur auf eine dieser drei Richtungen, werde ich diese explizit benennen.
[32] Hierbei beschränke ich mich auf die deutschsprachige Kommunikationswissenschaft.

die Deutsche Gesellschaft für Publizistik- und Kommunikationswissenschaft (DGPuK) 1991 die ‚Fachgruppe Frauenforschung', später unbenannt in ‚Medien Öffentlichkeit und Geschlecht'. Eine weitere strukturelle Verankerung resultiert aus personellen und finanziellen Mitteln, die zur Verfügung gestellt werden (vgl. Moser 2003: 226). Dass sich die Forschung von einer deskriptiven Analyse des journalistischen Berufsfeldes wegbewegt und im Kontext des Differenzansatzes eine umfassende medienwissenschaftliche Ausrichtung einnimmt, ist für Dorer ein weiteres Indiz einer eigenständigen feministischen Kommunikationswissenschaft. Dazu stellt sie fest: "[W]ird die Kommunikationswissenschaft als eigenständige Disziplin verstanden, so sind feministische Kommunikations- und Medienwissenschaft eine ihrer Teildisziplinen." (Dorer 2002b: 22) Zusammen mit Brigitte Geiger kommt sie im gleichen Band allerdings zu einem abweichenden Ergebnis: "Da Geschlechterverhältnisse in allen Bereichen öffentlicher Kommunikation wirksam werden, ist feministische Kommunikationswissenschaft kein abgrenzbarer Forschungsbereich, sondern überlagert alle kommunikationswissenschaftlichen Fragestellungen." (Dorer/Geiger 2002: 11) Die Interdisziplinarität führt folglich dazu, dass eine disziplinäre Abgrenzung unmöglich ist und daher von einem eigenständigen Forschungsbereich nicht die Rede sein kann. Vielmehr sind die geschlechterpolitischen Fragestellungen bei allen medien- und kommunikationswissenschaftlichen Untersuchungen mitzudenken. Welchen Standpunkt Dorer nun tatsächlich vertritt, bleibt unklar.

Auch Klaus erkennt diese kommunikationswissenschaftlichen Tendenzen und Entwicklungen. Sie hebt beispielsweise hervor, dass drei kommunikationswissenschaftliche Habilitationsschriften zum Thema Geschlecht vorliegen und folgert daraus, dass das "Frauen-Zimmer im Haus der Kommunikationswissenschaft [.] bewohnbar geworden ist" (2001: 22), gleichwohl es Gefahr läuft, "zum Kellerkind der Publizistik- und Kommunikationswissenschaft" (ebd.: 37) zu werden. Der interdisziplinäre Anspruch ist zu groß und bislang unerfüllt, als dass ein eigenständiger Teilbereich beansprucht werden kann.[33] Ebenso ist die Akzeptanz innerhalb der Kommunikationswissenschaft noch lange nicht durchgesetzt, was sich für Klaus auch daran zeigt, dass es keine explizite Genderprofessur in der deutschsprachigen Kommunikationswissenschaft gibt.[34] Gleichwohl betont sie die Relevanz der Geschlechterforschung in der Kommunikationswissenschaft, damit ist die Frauenmedienforschung durchaus Teil der Kommunikationswissenschaft. Allerdings müssen diese medienwissenschaftlichen Ansätze im Kontext der gesamten Geschlechterforschung gesehen werden, in der sie "als Teil eines Gesamtprojekts feministische Wissenschaftsentwicklung und Gesellschaftstheorie" (Klaus 2005: 372) bestehen. Klaus' Meinung nach hat sich die Frauenmedien- und Geschlechterforschung ihren Platz in der kommunikationswissenschaftlichen Peripherie erkämpft (vgl. ebd. 375). Auf "einen eigenen, relativ sicheren ‚Frauen-Raum'" (Klaus 2001: 38) zu bestehen, kann aber nicht das Ziel sein. Ein solches Zimmer könnte zu leicht ein abgeschotteter Rückzugsort werden und wäre entsprechend nicht mehr interdisziplinär.

Kompromissreich ist der Vorschlag, das "[b]is auf weiteres [.] das Verhältnis zwischen Kommunikationswissenschaft und Gender Studies eine offene Zweierbeziehung" (Klaus/Röser/Wischermann 2001: 18) sein soll. Vor dem Hintergrund, dass wesentliche theoretische kommunikationswissenschaftliche Konzepte – wie ein Konzept von Kommunikation – bislang keinen Eingang in die feministische Kommunikationsforschung gefunden haben, schlage ich vor, es bei dieser salomonischen Aussage zu belassen.

---

[33] Welchen Stellenwert Interdisziplinarität in der Geschlechterforschung einnimmt und einnehmen soll, lässt sich auch daran ablesen, dass das DFG-Graduiertenkolleg ‚Geschlecht als Wissenskategorie' in Berlin strikt interdisziplinär ausgerichtet ist.
[34] Bei einer Online-Recherche im Januar 2010 kommt man zu einem etwas anderen Ergebnis. In einer Auflistung der Freien Universität Berlin sind im Fachbereich Medien- und Kommunikationswissenschaft zwei Professuren an der Ruhr Universität Bochum aufgelistet. Vergleicht man dies mit anderen Fachbereichen, steht die deutsche Kommunikationswissenschaft, was Genderprofessuren anbelangt, tatsächlich noch ganz am Anfang. (Vgl. fu-berlin.de)

3.1.3 Medien, Kommunikation, Geschlecht

Die kommunikationswissenschaftliche Geschlechterforschung zeichnet sich durch medienwissenschaftliche Abhandlungen aus. Ein Großteil der empirischen Arbeiten hebt die Relevanz der Medien bei der geschlechtlichen Identitätsbildung hervor und misst massenmedialer Kommunikation in diesem Prozess der Geschlechtszuschreibung einen hohen Stellenwert bei (vgl. Bechdolf 2006: 427). Die theoretischen Analysen zu massenmedialer Kommunikation beschäftigen sich dezidiert mit geschlechtsspezifischen Rezeptions- und Produktionsstrategien von Medienangeboten (vgl. Klaus/Röser/Wischermann 2006: 359). Die Kategorie Geschlecht wird dabei differenziert betrachtet: Geschlechteridentität, Geschlechterpraxen, Geschlechterkörper, Geschlechterstrukturen sind dabei soziale Konstruktionen, die über Institutionen, Personen, soziale Praktiken und Gesetze bestätigt werden (vgl. Ernst 2002: 34). Klaus benennt drei Dimensionen, in denen die Geschlechterkategorie schließlich wirkt: Als *Klassifikationssystem* weist das Geschlecht Individuen jeweils einen bestimmten gesellschaftlichen Status zu. Über die Annahme der einen oder anderen Geschlechterrolle, die in Hinblick auf Privilegien, Anforderungen uvm. unterschiedlich ausgestattet und anerkannt sind, positioniert sich das Individuum innerhalb des aktuellen Systems – wobei zu vermuten ist, dass die weiblichen Positionen benachteiligt sind. Die *Strukturkategorie* Geschlecht beschreibt und kategorisiert alltägliche Erlebnisse nach dem Dualismus ‚weiblich/männlich'. Dies vollzieht sich vor allem "durch die Verwendung von Metaphern (weiblich=emotional, männlich=sachlich) und Metonymen (Mann= Mensch)" (Klaus 2005: 64), die beispielsweise Arbeitsweisen und Arbeitsergebnisse bewerten. Die *Geschlechterideologie* wirkt auf die Struktur von Denkprozessen. Die erfahrenen Erlebnisse werden nicht nur als weiblich und männlich eingeordnet, sondern auch normativ bewertet. Die dominante Geschlechterdefinition stellt der männlichen Seite die, gesellschaftlich bedingten, positiven Eigenschaften zur Verfügung und benachteiligt die andere, die weibliche Seite. (Vgl. ebd.: 62ff.) Auf allen drei Ebenen (Klassifikationssystem, Strukturkategorie und Ideologie) sind die Massenmedien maßgeblich an der Wirkkraft der Geschlechterkategorie beteiligt, da sie als "moderne Geschichten- und Märchenerzähler" (ebd.: 362) und "Mythenproduzenten und -reproduzenten der Gesellschaft" (ebd.) fungieren.

Trotz der zugesprochenen Relevanz der Medien im Prozess der Geschlechterproduktion bleibt Klaus den Lesern einen theoretischen Medienbegriff schuldig. Dass in Medien, mit Medien und über Medien kommuniziert wird, und Kommunikation dabei der Grundprozess ist, bleibt ebenfalls unerwähnt. Neben den medienwissenschaftlichen Analysen bleiben auch ausgewiesene kommunikationswissenschaftliche Arbeiten (vgl. u.a. Dorer/Geiger 2002, Klaus 2005, Klaus/Röser/Wischermann 2001, Moser 2003) in Hinblick auf ein Kommunikationsmodell auffallend vage, bisweilen gar diffus. Es wird konstatiert, dass "Männer und Frauen [sich; Anm. EF] einander als solche wahrnehmen und kommunikativ kennzeichnen" (Moser 2003: 232). Jedoch bleibt unklar, wie dieser Prozess des Wahrnehmens und Kommunizieren vonstatten geht: Jede Ebene des Kommunikationsprozesses ist geschlechtlich codiert (vgl. Dorer 2002a: 63). Die Geschlechtszugehörigkeit entfaltet in der Kommunikation unbewusst Wirkung (vgl. Heintz 2001: 14) und kommunikationswissenschaftliche Modelle müssen daran gemessen werden, inwiefern sie die sozial relevante Konstruktion von Zweigeschlechtlichkeit erklären (vgl. Klaus/Röser/Wischermann 2001: 10f).

Kommunikation wird zwar an einigen Stellen im Zusammenhang mit Geschlechter(konstruktion) genannt und für wichtig erachtet, gleichwohl wird diese Relevanz nicht begründet. Wie auch, wenn jedes Konzept von Kommunikation fehlt? Die kommunikationswissenschaftliche Beschäftigung mit Geschlecht zeichnet sich folglich insbesondere durch eine rudimentäre Auseinandersetzung mit dem Kommunikationsprozess aus, so wie sie auch jegliche basale Konzeptualisierung des Kommunikationsbegriffes vermissen lässt.

3.2 Konstruktivistisches Gendering

Die Paradoxie der Geschlechterforschung, ihre Autologie (s. Kap. 1), kann schnell von einer Herausforderung zum Problem werden, denn "Geschlechterforschung bewegt sich auf dem schmalen Grat, einerseits Geschlechter-strukturen analytisch zu erfassen, ohne sie andererseits zu ontologisieren." (Lünenborg 2002: 531) Dies wird auch in den folgenden Ansätzen immer wie-der aufblitzen oder zumindest durchschimmern. Die folgenden beiden Kon-zepte, insbesondere ‚sex vs. gender‘, sind noch deutlicher von der Annahme eines natürlichen Geschlechts geprägt als die dekonstruktivistischen Ansätze, die in Kap. 3.3 folgen.[35] Insgesamt distanziert sich die konstruktivistische und dekonstruktivistische Geschlechterforschung

> "von der Basisannahme, daß Zweigeschlechtlichkeit ein natürliches, präkultu-relles Faktum sei, und wendet sich statt dessen Fragen wie den folgenden zu: Wie vollzieht sich eine Wahrnehmung, die unentwegt damit beschäftigt ist, Men-schen in Männer und Frauen zu sortieren? Wie gelingt es Interagierenden, sich so zu verhalten, daß sie problemlos als ein Geschlecht wahrgenommen werden können? Wie verhalten sich Menschen so zueinander, daß sie die konstante Zu-ordnung von Personen zu jeweils einem Geschlecht nicht irritiert?" (Lindemann 1996: 74)

Die konstruktivistische Geschlechterforschung hinterfragt den tradierten Dua-lismus der Geschlechter und nimmt ihm seine scheinbare Natürlichkeit. ‚Sex vs. gender‘, ‚doing gender‘, ‚performing gender‘ und ‚undoing gender‘ sind Konzepte, die weitgehend aufeinander aufbauen, einzelnen Autoren zuzuord-nen sind und sich somit zur systematischen Erfassung der feministischen For-schungsgeschichte eignen. Die Überschriften der Kapitel suggerieren, dass es sich hierbei um abgrenzbare Strömungen innerhalb der feministischen Theorie handelt. Zu beachten ist, dass sich die feministische Theorie durch Interdiszi-plinarität auszeichnet. Sie umfasst "Konzepte wie Sex/Gender, Körper/Leib oder (sozialer) Konstruktivismus/(biologischer) Essentialismus" (Labouvie 2004: 80), so dass Denkschulen oder Strömungen nur schwer auszumachen sind. Darum sammeln die folgenden vier Kapitel vielmehr verschiedene Ge-schlechterkonzepte und stellen die Gemeinsamkeiten und Weiterentwicklun-gen heraus. Allesamt argumentieren sie zunehmend konstruktivistisch und wenden sich gegen die Annahme, "Geschlecht könne als etwas der sozialen

---

[35] Auch die dekonstruktivistischen Ansätze folgen konstruktivistischen Prämissen. Allerdings radikalisieren sie diese erkenntnistheoretischen Annahmen in Bezug auf den Geschlechter-dualismus.

bzw. kulturellen Ordnung Vorgängiges bestimmt werden." (Lindemann 1994: 115)

Die jüngste Entwicklung besteht in einer Verknüpfung von Systemtheorie und Geschlechterforschung, die abschließend in Kap. 3.4 vorgestellt wird. Die Kritik an den einzelnen Ansätzen erfolgt stets aus kommunikationstheoretischer Perspektive.

3.2.1 Sex vs. gender

Aufgrund feministischer Auseinandersetzungen mit dem Geschlechterdualismus und dank einer aktiven Frauenbewegung seit dem Ende der sechziger Jahre entdecken die Sozialwissenschaften das Thema Geschlecht für sich. Ziel ist, die Benachteiligung von Frauen sichtbar zu machen und an einer anderen Gesellschaftspolitik zu arbeiten. Der bis dahin vorherrschende Biologismus stülpt körperlichen Merkmalen Eigenschaften und Qualitäten über, aus denen eine geschlechtlich orientierte Gesellschaftsordnung erwächst. Dabei scheinen insbesondere Frauen ihrer Natürlichkeit unterworfen zu sein: Kinder gebären, Mutterliebe und PMS. Männer hingegen gelten als die zivilisierten Wesen. (Vgl. Maihofer 1994a: 172) Sie können rechnen, übernehmen die Buchhaltung und lassen sich auch von emotionalen Schlägen nicht aus der Ruhe bringen. Männer stehen für Geistigkeit und Rationalität, Frauen bleibt nur ihre weibliche Irrationalität und Unberechenbarkeit (vgl. von Braun/Stephan 2005: 7). Aus diesen Antipoden leiten sich vermeintlich logisch die Geschlechterungleichheit sowie die Geschlechterhierarchie ab. Diese Geschlechterordnung wollen die Feministen nicht länger hinnehmen, sondern politisch bekämpfen.

Die Frauenbewegung der siebziger Jahre bedient sich radikaler Methoden, um auf dieses Ungleichgewicht aufmerksam zu machen, was sich insbesondere im Rechtssystem niederschlägt. Bislang unterwirft die Institution Ehe die Frau, beschneidet sie in ihren Rechten und überhöht den Mann[36] – alles vor dem Hintergrund, dass die Frau das schwache Geschlecht ist und sich aufopfernd um die Nachkommenschaft kümmern muss. Die Feministen brechen damals diese verkrusteten Strukturen erfolgreich auf. Im akademischen Kontext entsteht dabei oft eine männerfeindliche "wohlig-weibliche Atmosphäre" (Trettin 1994: 209), die "sich nicht zuletzt praktisch in einem geschlechtsseparatistischen, lesbischen Lebensstil" (ebd.) widerspiegelt. Ein Bild, das bis heute noch häufig mit den feministischen Vertreterinnen assoziiert wird und sich erst allmählich aufgrund einer neuen Generation von Feministinnen ändert. Der Wandel vollzieht sich insbesondere dank konzeptioneller Differenzierungen der Kategorie Geschlecht und inhaltlicher Auseinandersetzungen mit ihr.

3.2.1.1 Ein weiterer Dualismus

Im damaligen feministischen Diskurs stößt man schon bald auf das bekannte Paradox, dass sich der Feminismus einer Logik bedient, die er eigentlich bekämpft. Die Versuche, die Frau als authentisches und autonomes Wesen darzustellen, ziehen häufig biologistische Argumente heran, so dass der "Unterschied zwischen feministischer Selbstzuschreibung und männlicher Fremdzuschreibung [.] einzig in der Bewertung" (ebd.: 210) liegt. Damit wird eine Differenzierung des Geschlechterbegriffs nötig.

Die Vorstellung, dass das Geschlecht eine Gegebenheit ist, der jeder Mensch entweder als Frau oder Mann unterliegt, wird um eine soziale Dimension erweitert: Frau- oder Mannsein findet sowohl auf einer natürlichen als auch auf einer nicht-materiellen, sozialen Ebene statt.

> "In the beginning, there was sex and there was gender. Those of us who taught courses in the area in the late 1960s and early 1970s were careful to distinguish one from the other. Sex [...] was what was ascribed by biology: anatomy, hormones, and physiology. Gender, we said was an achieved status: that which is constructed through psychological, cultural, and social means." (West/Zimmerman 1991: 13)

---

[36] Man denke daran, dass Frauen kein Konto eröffnen konnten, ihr Ehemann ihnen die berufliche Tätigkeit untersagen konnte und Vergewaltigung in der Ehe praktisch nicht existierte, da es keinen derart lautenden Straftatbestand gab.

Der Geschlechterdualismus ‚Frau/Mann‘ wird mit der Dichotomie ‚sex/gender‘ ausgebaut.[37] Die Frage nach dem Verhältnis von natürlichem sex und sozialem gender wird zwar weiterhin diskutiert, doch vorrangig geht es darum, die kulturellen und psychologischen Aspekte von gender in den Blick zu nehmen und von einer naturalistischen Sichtweise abzurücken.

Dank dieser internen Differenzierung in sex und gender öffnet sich die Geschlechterkategorie für interdisziplinäre Analysen: Rechtliche, ökonomische, politische sowie pädagogische Imperative fließen in die Beschreibung der Geschlechterunterschiede, was bislang mit dem geltenden essentialistischen Geschlechterkonzept nur schwerlich vereinbar war. Damit leistet die feministische Forschung einen wesentlichen Beitrag zur Sozialwissenschaft. Das neue soziale Geschlechterkonzept analysiert nun auch Wandel, Strukturen und Prozesse der gesellschaftlichen Geschlechterordnung. Wissenschaftshistorisch entdeckt "der feministische Ansatz [.] die Geschlechterordnung als integralen Teil der Gesellschaftsordnung" (Klinger 2000:3), womit erstmals deutlich wird, dass Geschlechterordnung immer auch auf den geschlechtsspezifischen gesellschaftlichen Status verweist.

Das Geschlechterverhältnis ist nicht länger ausschließlich durch die Biologie bestimmt, und damit ist es auch nicht mehr apolitisch. Geschlecht ist ein Garant für Hierarchisierungen. Die Unterscheidung in sex und gender ermöglicht es, die Geschlechterverhältnisse, die gesellschaftlich stets an Machtzuweisungen geknüpft sind, nicht mehr als natürliches Faktum zu sehen. Neben der thematischen sowie disziplinären Diversifizierung weist das dichotome Geschlechterkonzept ‚sex/gender‘ auch darauf hin, dass Geschlecht keine starre *Eigen*schaft ist. Geschlecht verfügt mit gender über eine Dimension, die sozial und damit offenbar beinflussbar ist.

---

[37] Ich entscheide mich für die englische Schreibweise von sex und gender, da auch in der deutschen Literatur das Begriffspaar nicht durchgängig groß geschrieben wird. Zudem soll so die inhaltliche Differenzierung betont werden, die in einer deutschen Übersetzung so nicht ersichtlich wird.

3.2.1.2 Das Verhältnis von sex und gender

Gayle Rubin führt die ‚sex/gender'-Unterscheidung 1975 in den feministischen Diskurs ein. Diese theoretische Ausdifferenzierung ist frauenpolitisch motiviert. Allgemein wird damit eine "Gruppe von Übereinkünften, auf deren Grundlage eine Gesellschaft die biologische Sexualität in Produkte menschlicher Aktivität transformiert und diese transformierten sexuellen Bedürfnisse befriedigt" (Rubin zitiert nach Moser 2003: 230), beschrieben. Ursprünglich stammt die Unterscheidung aus dem medizinisch-psychiatrischen Bereich, der sich mit Transsexualität auseinandersetzt. Die Unterschiede zwischen Männern und Frauen werden dank des ‚sex/gender'-Dualismus ausdifferenziert: Entweder sie beziehen sich auf die anatomische oder auf die soziale Dimension von Geschlecht. Rubin richtet sich gegen einen Biologismus, der bislang "eine direkte Wechselwirkung zwischen der Physiologie der Geschlechter und ihrem Sozialverhalten annimmt." (Büchel-Thalmaier 2002: 17)

Sex und gender sind nun die Konzepte, die das Phänomen der Inkommensurabilität von Frau und Mann erklären sollen. Das gilt insbesondere für gender. (Vgl. Knapp 2001: 60) Das Verhältnis von sex und gender ist für Rubin nicht gleichberechtigt, weil das kulturelle Umfeld und die Sozialisation ausschlaggebend für die Geschlechterordnung und Geschlechtszugehörigkeit des Einzelnen sind. Das soziale gender überformt folglich das natürliche sex. Bislang war das Verhältnis von Kultur und Natur mit umgekehrten Vorzeichen versehen: Gesellschaftsordnungen und soziale Prozesse wurden stets aus der Natur heraus begründet. Die Ursachen lagen in der Biologie, aus der sich die sozialen Prozesse scheinbar zwangsläufig ableiteten. Dies implizierte zudem, dass der Natur stets die Position des Normativen zugeschrieben wird: Entweder Frau- oder Mannsein ist normal. Etwas dazwischen oder gar beides zu sein, ist es hingegen nicht. Dieses System der Zweigeschlechtlichkeit besteht allerdings bis heute. In der alltäglichen Wahrnehmung leitet es sich weiterhin aus anatomischen ‚Verdachtsmomenten', die in der Regel nicht überprüft werden, ab. (Vgl. Budde 2003: 14f)[38]

Rubin dreht dieses Verhältnis um, indem sie mit gender statt mit sex versucht, gesellschaftliche Geschlechterordnung zu erklären. Dank ihrer ‚sex/gender'-Differenzierung erhält die soziale Seite von Geschlecht einen Namen. Dies ermöglicht, den Fokus auf ebendiese soziale Dimension der Geschlechterkategorie zu legen, so dass gender als die für die gesellschaftliche Geschlechterordnung ausschlaggebende Kategorie auftritt (vgl. Moser 2003: 231). Damit ist die Geschlechterhierarchie ihrer essentialistisch-biologischen Grundlage beraubt. Geschlechterdifferenzen sowie Geschlechter(zu)ordnungen und Geschlechterpositionen beruhen auf sozialen Prozessen, also auf gender: Soziales bedingt Soziales.

Soziale Mechanismen sind, anders als biologische Gesetze, veränderbar. Diese Einsicht birgt für den Feminismus neue Chancen: Der tradierte Biodeterminismus ist nicht mehr die einzige logische Ursache für die Geschlechterunterschiede. Sozialisation und Kultur werden die entscheidenden Größen des Geschlechterdualismus und die können im Sinne der Emanzipation modifiziert werden. Rubin bietet dem politischen Feminismus mit der ‚sex/gender'-Unterscheidung ein entscheidendes Argument, das die Geschlechterpolitik weitreichend verändert. Dadurch, dass die Unterschiede zwischen Frau und Mann nun im Kontext von gender gesehen werden, wird der Geschlechterkategorie der quasi natürliche Boden zumindest teilweise entzogen. Die bislang geltenden biologischen Argumente wanken. Somit gewinnt die Annahme, dass gesellschaftliche Machtmechanismen die Attribute ‚weiblich' und ‚männlich' normativ besetzen. Gleiches gilt für die Gesellschaftsordnung, die sich für Feministen ‚frauenfeindlich' darstellt: Die Gesellschaftsordnung ist eine Geschlechterordnung – Frauen eher unten, Männer eher oben – und die Ursa-

---

[38] Der Zusammenhang von Geschlechterdualismus und Norm wird in den Kap. 5.2.3 und 5.2.4 aufgegriffen, wenn es um die sozial akzeptierten (Sexual-)Praktiken geht, die sich aus der Geschlechterzuweisung vermeintlich natürlich ergeben. Heterosexualität gilt daher "als sog. natürliche Gegebenheit und Norm statt als spezifische kulturelle Praktik" (Kossek 2000: 20).

chen liegen in Kultur und Sozialisation. Gender ist der Schlüssel zur Geschlechterhierarchie und nicht mehr sex. (Vgl. Becker-Schmidt 1993: 117)

3.2.1.3 Kritik

Obgleich der Feminismus aus der ‚sex/gender'-Unterscheidung großen Nutzen
zieht, indem er auf die Sozialität scheinbar natürlicher, weil biologisch deter-
minierter, Gesellschaftsordnungen hinweist, gilt der Konstruktionscharakter
von Geschlecht nur für eine Seite des Dualismus: für gender. Überdies wird
die ‚Natur/Kultur'-Unterscheidung nicht überwunden, sondern begrifflich vielmehr untermauert. Das Konzept ‚sex vs. gender' ist daher im Ergebnis nicht
weniger ontologisch als der biologische Determinismus. ‚Sex/gender' benennt
[sic!] zwar die Konstruktionsmechanismen der Geschlechterkategorie, gleichwohl besteht im Begriff sex die natürliche Essenz der Geschlechterdifferenz
unangefochten weiter. Somit bleibt der Dualismus ‚Frau/Mann' nicht nur erhalten, er reproduziert sich in der sozialen Kategorie gender. Denn nicht nur
für sex gilt der Dualismus ‚weiblich/männlich', sondern auch für gender. Die
Kategorie Geschlecht, die sich bislang ‚nur' biologisch in Frau und Mann differenzierte, wird um den sozialen Dualismus ‚Frau/Mann' erweitert. Dies ist problematisch, weil

> "in der Differenzierung zwischen biologischem und sozialem Geschlecht der alte
> Dualismus von Natur und Gesellschaft und damit die Scheidelinie zwischen ver-
> meintlich Vorgegebenen und Gemachtem, Unveränderbarem und Veränderba-
> rem erhalten bleibt bzw. fortgeschrieben wird. Zwar wird sex zugunsten von gen-
> der in den Hintergrund gerückt; Natur bleibt aber in eben diesem Hintergrund
> bzw. als Hintergrund, stummes Substrat, präsent." (Klinger 2000:3)

Damit haben die Antipoden von Kultur und Natur ebenso Bestand, wie der
Gegensatz ‚Frau/Mann' und auch das Biologische bleibt dem Konzept inhärent. Denn, wenn gender thematisiert wird, schwingt sex, und damit das Konzept eines biologischen Geschlechts, stets mit. Beides bleibt wie selbstverständlich miteinander verknüpft (vgl. Kossek 2000: 20).

Der Dualismus ‚sex/gender' kann in zweierlei Hinsicht interpretiert werden. Erstens, die tradierte biologistische Sichtweise: Sex ist die natürliche Grundlage

der Geschlechter, samt sozialer Implikationen. Was als gender beobachtbar ist, steht für die Konsequenzen, die sich aus den biologischen Geschlechterunterschieden ergeben. Fähigkeiten und Eigenschaften werden einem Geschlecht zugeordnet und mit körperlichen Merkmalen untrennbar verknüpft. Beispielsweise ist die Gebärfähigkeit, die auf einem Organ beruht, das etwa die Hälfte aller Menschen haben, das Gebärmutter genannt wird und der Fortpflanzung dient, mit der Eigenschaft Fürsorglichkeit verbunden.[39] Im biologischen Diskurs werden die Organe zur Fortpflanzung als primäre Geschlechtsmerkmale betitelt und entweder der weiblichen oder männlichen Anatomie zugeschrieben. Der organischen Ausstattung wurden dann Eigenschaften wie Fürsorglichkeit zugeordnet und darüber hinaus als weiblich attribuiert. Die Unterschiede der Geschlechter manifestieren sich durch diese soziale Essentialisierung der Geschlechter. Die Hierarchien und ungleichen Chancen ergeben sich scheinbar aus der biologischen Ausstattung eines Individuums. Diese herkömmliche, konservative Interpretation sieht in sex die Ursache, in gender die Folge. Sex ist der Grund für die soziale Geschlechterordnung. Dieser Lesart vom ‚sex/gender'-Ansatz steht eine zweite diametral gegenüber.

Die zweite Sicht auf den ‚sex/gender'-Dualismus richtet sich zuerst auf gender und verfolgt dabei eine androzentrische Strategie. Gender steht für eine patriarchalische Ideologie, die Männern immer zum Vorteil gereicht und Frauen benachteiligt. Die Unterschiede zwischen den Geschlechtern beziehen sich vorrangig auf das soziale gender und entstehen aufgrund des gesellschaftlich-aktualen Androzentrismus'. Die daraus folgende hierarchische Geschlechterordnung stabilisiert die Ideologie weiter. (Vgl. Becker-Schmidt 1993: 121) In diesem Fall ist gender der Grund für die Geschlechterordnung.

Gemeinsam haben beide Lesarten, dass sie den Geschlechterdualismus untermauern. Entweder ist sex oder gender die Ursache für unüberbrückbare Geschlechterunterschiede. So sichert die ‚sex/gender'-Unterscheidung die ‚Frau/Mann'-Distinktion doppelt ab: Einmal ist der biologische Reduktionismus

---

[39] Das ist die Kulturleistung, die in Kap. 2 bereits dargelegt wurde und in Kap. 5 ausführlich in das Modell dieser Arbeit integriert wird.

(sex) die Grundlage für die sozialen Geschlechterordnung. Oder das soziale Geschlecht (gender) ist Ursache der Geschlechterunterschiede. Welche dieser beiden Interpretationen des ‚sex/gender'-Dualismus auch herangezogen wird, die biologische Grundlage bleibt bestehen (vgl. Pasero 1994: 281). Problematisch ist dabei, dass der Ansatz "sowohl den Körper aus der Geschichte herauskatapultiert als auch die Vorstellung über ihn als blinden Fleck jenseits des Randes der sozialhistorischen Perspektive unerhellt" (Duden 1991: 40) lässt.[40] Die biologische Seite von Geschlecht bleibt ahistorisch und folglich "der Geschichte entzogen, konstituiert aber selbst weiterhin Geschichte." (Maihofer 1994a: 174) Die Körper-Ontologie bleibt im ‚sex/gender'-Ansatz unreflektiert.

Zudem ist aus kommunikationswissenschaftlicher Sicht zu kritisieren, dass auch im Fall von gender der Konstruktionscharakter von Geschlecht zwar benannt, allerdings nicht näher konzeptualisiert wird. Wie dieser soziale Prozess der Geschlechterkonstitution abläuft, bleibt unklar. Dies gilt auch für die Kritik am ‚sex vs. gender'-Ansatz.

Die Kritiker beschränken sich zumeist auf die biologische Seite: auf sex. Insgesamt sei die "Geschlechterdifferenz [.] keine naturhafte Eigenschaft von Individuen, sondern eine *Vollzugswirklichkeit*, die fortlaufend interaktiv inszeniert wird" (Eickelpasch 2001:58; Hervorh. im Org.). "Das heißt, es erübrigt sich, die Geschlechterkategorie in einen ‚biologischen' oder ‚körperlichen' Teil und einen ‚sozialen' oder ‚kulturellen' Teil aufzuspalten" (Ernst 2002: 35). Doch bei aller Kritik, dass im ‚sex/gender'-Ansatz auf der sex-Seite noch die Natürlichkeit von Geschlecht berücksichtigt ist, übersehen die Kritiker, dass gender theoretisch nicht konzeptionalisiert ist. Sie betonen, dass gender kommunikativ hergestellt wird, womit die gender-Seite des Dualismus keinem Verdacht des Biologismus mehr ausgesetzt ist. Dies reicht meines Erachtens nicht aus. Wenn Kommunikation solch weitreichende Konsequenzen hat, muss doch ein

---

[40] Eine theoretische Auseinandersetzung mit dem Körper wird zum damaligen Zeitpunkt nämlich nicht geleistet. Dafür ist die Euphorie darüber, dass man eine soziale Seite von Geschlecht ‚entdeckt' hat, vermutlich zu groß.

Modell von Kommunikation vorgelegt werden. Kommunikation ist ausschlaggebend für geschlechtliche Identitätsbildung, aber wie ,macht' sie das? Ein prozessuales Kommunikationsmodell würde dazu beitragen, die Vollzugswirklichkeit von Geschlecht zu spezifizieren. Wenngleich das Konstruktive der Geschlechterkategorie auch betont wird, es bleibt unklar, welche Prozesse dieser Konstruktion zugrunde liegen. Ergo weisen sowohl das ,sex vs. gender'- Konzept als auch die Kritik daran ein kommunikationstheoretisches Defizit auf.

3.2.2 Doing gender

Der ,sex/gender'-Ansatz implementiert Begriffe in den feministischen Diskurs, die es erlauben, die soziale und konstruktive Seite von Geschlecht genauer zu analysieren. Das Theoriefundament dieses Dualismus' ist aus kommunikationstheoretischer Sicht, wie beschrieben, mangelhaft. Wie zu zeigen ist, gilt dies auch für den Ansatz, der sich aus der Kritik an der ,sex/gender'-Unterscheidung ergibt: das ,doing gender'.

3.2.2.1 Darstellen der Geschlechter

In der Geschlechterforschung etabliert sich sukzessive die Annahme, dass gender "alle gesellschaftlichen Konstruktionen des Mann/Frau-Unterschieds" (Nicholson 1994: 188) umfasst. Gender ist dafür ausschlaggebend, dass anatomisch-unbestreitbare Unterschiede sozial relevant werden. Der ,doing gender'-Ansatz, den Candace West und Don Zimmerman in den neunziger Jahren in die feministische Theorie einführen, greift diesen Gedanke auf.

Nach West und Zimmerman führt der Dualismus ,sex/gender' gleichermaßen zu einem starren Geschlechterbegriff, wie ein ausschließlich biologisches Konzept von Geschlecht. Die in den 60ern eingeführte Unterscheidung "conveyed the strong message that while gender may be 'achieved' by about age five, it was certainly fixed, unvarying, and static–much like sex". (West/Zimmerman 1991: 13) Ihrer Meinung nach sorgt das soziale gender nicht dafür,

dass Geschlecht eine variable Kategorie darstellt. Gender ist vielmehr ver-
gleichbar starr wie sex.

West und Zimmerman konzentrieren sich nicht auf den ‚sex/gender'-Dua-
lismus, denn schließlich fehlt es beiden Seiten der Unterscheidung an der Variabilität, derer es bedarf, um Geschlecht differenziert zu analysieren. Stattdessen setzen sie bei den Alltagspraktiken an und fragen, wie Geschlecht generiert wird. Sie betonen den Prozess der Geschlechtergenese: "Doing gender
means creating differences between girls and boys and women and men, differences that are not natural, essential, or biological. Once the differences
have been constructed, they are used to reinforce the 'essentialness' of gender." (Ebd.: 24) Mit Hilfe der Ethnomethodologie entwickeln West und Zimmerman die Annahme, "dass das Geschlecht das Produkt einer performativen
Herstellung ist, dass die Zugehörigkeit zu einem Geschlecht in der alltäglichen
Interaktion hervorgebracht, bewertet und reproduziert wird." (Griesebner/Lutter
2000: 59) Nicht mehr die Beschreibung des biologischen respektive sozialen
Geschlechts steht im Vordergrund, sondern die basalen Prozesse, die Geschlecht konstruieren. Mit Mimik, Gestik, Körper, Kleidung uvm. wird Geschlecht immerfort interaktiv hergestellt. In jeder Interaktion stellt der Einzelne
sein Geschlecht dar, sei es bewusst oder (wie meistens) unbewusst.[41] Im Regelfall läuft Geschlecht ‚unterschwellig' in jeder Interaktion mit ab. Fälle, in denen die Geschlechterzugehörigkeit bewusst ‚thematisiert' wird, sind entweder
Situationen, in denen Geschlecht selbst das Thema ist, wie beispielsweise bei
Fragen der Gleichstellung, oder die Interaktionspartner sind sich des Geschlechts des Interaktionspartners nicht sicher. Letzteres ist prinzipiell unerwünscht. Die Geschlechtszugehörigkeit eines Einzelnen soll stets eindeutig zu
erkennen sein.

Damit die Eindeutigkeit der Geschlechterzuschreibung gewährleistet ist, muss
Geschlecht notwendigerweise immer wieder ‚getan' und ‚gemacht' werden.[42]

---

[41] West und Zimmerman verneinen die Frage "Can we ever do not gender" (West/Zim-
merman 1991: 24). ‚Doing gender' erkennt in der Gesellschaft eine geschlechterdistinkte
Ordnung, die in jeder Interaktion präsent ist. Alle Gesellschaftsprozesse stützen sich auf die
Geschlechterunterscheidung, so dass "doing gender [.] unavoidable" (ebd.) ist.
[42] Erkennbar schwierig ist die Übersetzung des englischen Verbs ‚doing'.

Selbst als Erwachsene, die sich ihrer geschlechtlichen Identität generell sicher sein dürften, "we routinely fashion gender in every situation." (Lorber/Farrell 1991: 9) Um insgesamt eine stimmige Identität zu schaffen, bedarf es einer stringenten Geschlechtszuschreibung. Dies gilt sowohl für die Fremd- als auch für die Selbstreferenz. Dazu wird *ein* Geschlecht interaktiv inszeniert und stetig wiederholt, so dass eine zweifelsfreie Zuschreibung zum einen oder anderen Geschlecht gelingt. (Vgl. Angerer 1995: 26)

Die Akte der Geschlechterdarstellung werden vorrangig für die anderen Interaktionsteilnehmer aufgeführt. Er schreibt seinem Gegenüber entweder das Geschlecht Frau oder Mann zu und bestätigt damit in der Regel das Geschlecht, das in der Selbstreferenz bereits feststeht. Die Interaktionspartner nehmen sich geschlechtlich wahr und wissen um dieses ‚Wahrgenommen-werden'. Derart generieren rekursive Interaktionsabläufe Zweigeschlechtlichkeit, die wiederum als Identitätskriterium Voraussetzung und Ergebnis jeder Interaktion ist. Jede Interaktion ist mit Blick auf eine kohärente geschlechtliche Identitätsgeschichte lebenslang wirksam. (Vgl. Gildemeister 2001: 74)[43]

3.2.2.2 Institutionen und Symbole

Wesentlich für das ‚doing gender' sind Institutionen und ihre institutionalisierten Prozesse – sie ‚vollziehen' gender. Diesen Zusammenhang arbeitet insbesondere Erving Goffman heraus. Für ihn spiegelt sich die Geschlechterdifferenz im sozialen Arrangement und in gesellschaftlichen Strukturen wider. Institutionen lassen den Geschlechterdualismus dabei als natürlich und notwendig erscheinen. Geschlecht ist im öffentlichen alltäglichen Leben omnipräsent und kann folglich nicht verschwiegen oder gar bestritten werden. Es erscheint vielmehr so, dass wir uns "in full and realistic harmony with our ‚biological inheritance'" (Goffman 1977: 302) befinden. Goffman adaptiert damit keineswegs den biologischen Determinismus. Er beschreibt vielmehr, inwiefern institutionalisierte Prozesse zu konkordanten Wirklichkeitskonstruktionen führen.

---

[43] Kohärenz und Reflexivität in der Identitätspolitik werden in Kap. 4.3.1 ausführlich behandelt.

Die Grenze zwischen Frauen und Männern wird insbesondere anhand symbolischer Repräsentationen gezogen. Bekannte und geschlechtsspezifische Symbole untermauern den Eindruck eines natürlichen Geschlechterdualismus. Goffman betont,

> "there is nothing in this functioning that biologically recommends segregation; that arrangement is totally a cultural matter. And what one has is a case of institutional reflexivity: toilet segregation is presented as a natural consequence of the difference between the sex-classes, when in fact it is rather a means of honoring, if not producing, this difference." (Goffman 1977:316)

Kulturelle Symbole, wie geschlechtsspezifische Schilder an Umkleiden oder öffentlichen Toiletten, generieren demnach möglicherweise erst die Geschlechterunterscheidung. Diese Genese funktioniert dadurch, dass jeder jedem ein Geschlecht unterstellt – sei es bewusst oder unbewusst. Üblicherweise wird diese unterstellte anatomische ,Kleinigkeit' im alltäglichen Leben nicht überprüft.

> "[G]enitalia are conventionally hidden from public inspection in everyday life, yet we continue through our social rounds to 'observe' a world of two naturally, normally sexed persons. It is the presumption that essential criteria exist, and would or should be there if looked for, that provides the basis for sex categorization." (West/Zimmerman 1991: 19)

Obwohl die Geschlechtszugehörigkeit ,nur' eine Unterstellung ist, wirkt sie überall und ständig auf jeden Einzelnen (vgl. Tyrell 1986: 482). Dabei übernimmt Reflexivität für Goffman die entscheidende Funktion. Seines Reflexivität ist bei der Konstitution von Geschlechtermarkierungen unerlässlich: Man unterstellt Geschlecht und unterstellt, dass andere einem selbst ein Geschlecht unterstellen.[44] Diese doppelte Reflexivität essentialisiert den kleinen anatomischen Unterschied und etabliert eine vermeintliche ,Objektivität' der Geschlechterunterschiede: Frauen sind so, Männer so. Das ist bekannt und liegt in der Natur der Frauen bzw. Männer. (Vgl. Goffman 1977: 303) Dies gilt für Anatomie und soziale Eigenschaften gleichermaßen.

Goffman erkennt in der Geschlechterkategorie "the deepest sense of what one is" (ebd.: 315). Somit ist es nicht verwunderlich, dass all jene Handlungen, die Geschlecht in Frage stellen oder nicht dem dualistischen Prinzip entsprechen,

ANALYSE: DIE KATEGORIE GESCHLECHT | 61

Verwirrung stiften. ‚Doing gender' meint die interaktive Herstellung, Wiederholung und Zuschreibung von entweder Frau- oder Mannsein. Wenn diese Darstellungen allerdings nicht lückenlos und kohärent vonstattengehen, entstehen Brüche, die den Interaktionsverlauf nachhaltig durcheinander bringen können. Hierbei spielt die Erforschung von Transsexualität eine große Rolle, weil Transsexuelle die Wahrnehmungsroutinen irritieren. Sie praktizieren gender so, dass die identitätsstiftende Basisdichotomie ‚Frau/Mann' für den Interaktionspartner nicht eindeutig zu erkennen ist. Eine Entdeckung für die Sozialwissenschaft, deren Vertreter dies mit unterschiedlicher Euphorie aufnehmen. An dieser Stelle werde ich mich darauf beschränken, die Untersuchungen von Gesa Lindemann vorzustellen.[45]

3.2.2.3 Leibesphilosophie und Transsexualität

Lindemann interviewt zwischen 1989 und 1992 für eine Studie Transsexuelle und wirft damit die Frage nach der Wirklichkeit der Geschlechterordnung auf (vgl. 1993). Dabei konzentriert sie sich auf die Selbstwahrnehmung der transsexuellen Frauen und Männer. Sie stellt fest, dass der Kontext die Selbstwahrnehmung bestimmt. Lindemann bemüht konstruktivistische und leibestheoretische Konzepte, um jener kontextabhängigen Selbstzuschreibung nachzugehen.

Sie folgt Helmuth Plessners Leibesphilosophie, die von einer doppelten Positionalität des Einzelnen ausgeht (vgl. Lindemann 1999: 169ff.). Subjektivität wird dabei als leibliche Beziehung zur Umwelt verstanden. Das Individuum wird nicht nur aufgrund situativer Gegebenheiten gewissermaßen entmachtet, sondern auch weil es einen Leib ‚hat', den der Einzelnen determiniert. Diese leibliche Entmachtung vollzieht sich im Entwurf auf die Umwelt. Dabei ist die Beziehung von Leib und Umwelt reflexiv: "Einerseits geht die Beziehung vom

---

[44] Dieser Modus der doppelten Kontingenz ist wesentlicher Teil der erkenntnis- und kommunikationstheoretischen Abhandlungen in Kap. 4 sowie des Theorietransfers in Kap. 5. An den entsprechenden Stellen wird dies ausführlich erläutert.
[45] In Kap. 5.4.2.2 sowie 5.4.2.4 beschäftige ich mich ausführlicher mit Transsexualität und der Frage, wie groß der Nutzen von Analysen zu transsexuellen Lebensweisen für die Sozialwissenschaft ist.

Organismus aus – dieser ist auf die Umwelt gerichtet –, andererseits geht die Beziehung gegensinnig vom Feld auf den Organismus zurück" (Lindemann 1994: 133f). Folglich kann man nicht von einem rigiden Umweltdeterminismus sprechen, da das Individuum aktiv auf die Umwelt Bezug nimmt. Die eigene ‚Leibhaftigkeit' gestaltet sich daher doppelt: Unmittelbar und mittelbar. "Menschen leben in einer vermittelten Unmittelbarkeit." (Ebd: 135) Unmittelbar ist das Empfinden, einen Leib zu ‚haben', ihn zu ‚spüren'. Mittelbar ist das kontextuelle Empfinden, das situative Verorten des eigenen Leibes in Bezug auf die Umwelt. Für Plessner ist der Leib ein *relativer* Begriff, der den Entwurf auf das Feld (Umwelt) meint. Das Individuum positioniert sich im Raum und aufgrund der Relationalität von Feld und Leib entsteht sukzessive die individuelle Identitätsgeschichte.

Lindemann benennt dieses rekursive Verhältnis explizit als doppelte Kontingenz, "welche als grundlegend für (menschliche) Sozialität angesehen wird." (1999: 174) Doppelte Kontingenz funktioniert über den Modus der Reflexivität. Ähnlich wie bei Goffman, wenn auch vor einem anderen theoretischen Hintergrund, ist für Lindemann Reflexivität ausschlaggebend für jede Identitätsgeschichte. Dass diese bruchstückhaft verlaufen kann, legt sie am Beispiel von ihrer Interviewpartnerin Karin, einer transsexuellen Frau[46], dar. Karin berichtet von einer Situation in einem Park, in der sie sich bedroht fühlte, jedoch keine körperliche Gewalt erfuhr. Einige Männer, die sich ebenfalls im Park befanden, wurden auf Karin aufmerksam, griffen sie aber nicht an. Obwohl sie den Weg durch den Park häufig nutzte, fühlt sie sich nach diesem Erlebnis unsicher und verängstigt. Karin berichtet von diesem Ereignis als Frau, die sich durch Männer bedroht und ausgeliefert fühlt. Dabei betont Karin, dass es sich als Frau gewissermaßen ‚gehört', verängstigt zu sein und bestimmte Situationen zu meiden. (Vgl. dazu den Interviewausschnitt in ebd.: 116f) Karins weibliche Selbstwahrnehmung wird durch die Bezugnahme auf ihre Umwelt bestimmt. Das bedeutet in der beschriebenen Position, dass sie sich erstens von Männern unterscheidet, denn sie wird als Frau von Männern bedroht. Zweitens an-

---

[46] Dies ist eine Mann-zu-Frau-Transsexuelle.

tizipiert sie, wie sich eine Frau in einer solchen Situation verhält und wie sie sich fühlt. Die Leib-Feld-Position sorgt dafür, dass Karin sich selbst als Frau versteht. Sie findet ihre weibliche Position in der Situation und füllt diese entsprechend geschlechtsspezifisch aus – und das, obwohl sie anatomisch ein Mann ist.

Wir sind es gewohnt, nach dem ‚entweder - oder'-Prinzip darüber zu entscheiden, welchem Geschlecht jemand angehört. Als transsexuelle Frau will Karin diesem Prinzip nicht entsprechen. Sie betreibt eindeutig ein weibliches ‚doing gender'. Ihre Anatomie aber ist männlich. In der Leib-Feld-Beziehung nimmt sie eine weibliche Position ein, auch wenn dies nicht ihrem Körper entspricht. Dieser Widerspruch zieht sich sowohl durch die Fremd- als auch durch die Selbstwahrnehmung. Andere mögen ahnen, dass mit ihr etwas ‚nicht stimmt'. Sie selbst weiß am besten um ihre anatomische Beschaffenheit, die sich nicht konkordant zu ihrem empfundenen Geschlecht verhält.

Dass Karin sich überhaupt ängstigt und dieses Gefühl normativ bewertet, indem sie es als richtiges weibliches Verhalten interpretiert, und das, obwohl sie körperlich noch zwischen zwei Geschlechtern oszilliert, ist die von Plessner beschriebene vermittelte Unmittelbarkeit der Leib-Feld-Beziehung. Karins Beispiel zeigt, dass das geschlechtliche Selbstverständnis weitgehend losgelöst von der Anatomie des Betroffenen ist. Stattdessen ist die leibliche Wirklichkeit eine Erfahrung, die sich in der Beziehung von Körper und Umwelt entfaltet. Für die Geschlechtszugehörigkeit ist folglich nicht die körperliche Anatomie ausschlaggebend, sondern das Verhältnis des Individuums zu einer Situation, die nicht nur rational, sondern emotional ist. Daher sind "Gefühle und heftige leibliche Erregungen vielleicht eher dazu angetan, etwas Erfahrenes als wirklich erscheinen zu lassen." (Ebd: 140)

Damit wird die konstruktivistische Dimension von Lindemanns Studie evident: Wirklichkeit ist relativ und keine absolute Entität. Die transsexuelle Karin erfährt sich, in Abgrenzung und zugleich in Verbundenheit zu ihrer Umwelt, als Frau. Sie sieht sich selbst als weiblich, und das unabhängig von ihrer männlichen Anatomie – genauer: unabhängig von dem, was wir als männliche Anatomie bezeichnen. Ihre Empfindung ist dabei authentisch. Lindemann nennt diese ‚wirkliche' Geschlechterzuschreibung ‚Geschlechtsein'. Mit dem Begriff des ‚Geschlechtseins' möchte Lindemann überdies die Wirklichkeit der Geschlechter*ordnung* berücksichtigen. In Karins Aussage, dass eine Frau gewisse Situation zu meiden und sich gegebenenfalls zu fürchten hat, wird die weibliche Unterordnung deutlich. Die Geschlechterordnung ist demnach nicht wirklich, "weil sie natürlich ist oder eine biologische Grundlage hat, sondern einzig, weil sie [...] erfolgreich in die Leib-Feld-Beziehung eingefügt ist." (Ebd.: 141) Sowohl die Geschlechtszugehörigkeit als auch die Geschlechterordnung sind in die Leib-Feld-Beziehung eingebunden. Das geschlechtsspezifische ‚doing gender' innerhalb dieser Leib-Feld-Beziehung führt schließlich dazu, dass sich beides weiter manifestiert.

3.2.2.4 Kritik

An Lindemanns Studien zu Transsexualität und der leibesphilosophischen Interpretation dieser ist aus erkenntnistheoretischer Sicht positiv anzumerken, dass sie Geschlecht als relative Größe definiert. Sie negiert den anatomischen Unterschied zwischen Frauen und Männern nicht, gleichwohl reicht das Biologische als Argument für die Hierarchie der Geschlechter nicht mehr aus. Negativ ist, dass sich auch Lindemann hinter einer theoretischen Ungenauigkeit verschanzt, indem sie zwar den relativen Zusammenhang von Geschlecht, Leib und Feld betont, in dieser Beziehung den ‚Faktor' Kommunikation allerdings nicht berücksichtigt.

Gleiches gilt für West und Zimmerman, die das Konzept des ‚doing gender' in die Geschlechterforschung einführen. Für sie muss Geschlecht immer wieder situativ hergestellt werden, und so richtet sich ihr Fokus auf institutionalisierte einheitliche Verhaltensregeln, wie sie auch Goffman beschreibt, und auf Interaktionen. Durch kulturspezifische Interaktionen legitimiert sich die Geschlechterkategorie als wesentliche Gesellschaftskategorie fortwährend. ‚Doing gender' ist nach West und Zimmerman stets ‚social doing': "It is more than the continuous creation of the meaning of gender through human actions [...] We claim that gender itself is constituted through interaction." (1991: 16) Doch auch hier: Was ist Interaktion?

Der Bezug zu einem kommunikationswissenschaftlichen Ansatz ist bei allen Autoren offensichtlich, immerhin wird Interaktion als Ursache für die Geschlechterkonstruktion benannt. Trotz dieser Nähe zur Kommunikationstheorie fehlt es an begrifflicher und konzeptueller Erläuterung von Kommunikation. Kommunikation als "Vollzug von Orientierungs-Orientierungen" (Schmidt 2003a: 72), als das reflexive Moment zur Identitätsbildung schlechthin, bleibt ungeklärt. Zwar benennen die entsprechenden Geschlechterforscher Interaktion als den Prozess, der Geschlecht konstituiert, ein Konzept von Interaktion liefern sie allerdings nicht.[47] Die Konsequenzen von Interaktionen werden ausführlich beschrieben: die Konstruktion der Geschlechterkategorie, die geschlechtlichen Bezugnahmen, die Zuschreibung eines Geschlechts. Bereits in der frühen Geschlechterforschung, die sich aus der Frauenbewegung heraus mit geschlechtlichen Ungleichheiten beschäftigt, werden diese Resultate interaktiver Prozesse thematisiert. "Die zentrale These von der Konstruktion des Geschlechts weist Kommunikationsprozessen eine fundamentale epistemologische Interpretation zu, da Geschlechterwirklichkeit in [...] Kommunikationen realisiert wird." (Moser 2003: 230)

Das ‚doing gender'-Konzept nimmt den Konstruktionscharakter von Geschlecht ernst. Doch wie Kommunikation theoretisch konzipiert sein muss, damit sie diese Geschlechterwirklichkeit hervorbringen kann, bleibt unbeantwortet und hinterlässt so eine kommunikationstheoretische Lücke in der konstruktivistischen Geschlechterforschung.

---

[47] Nicht einmal Goffman, der als ein Vertreter des Symbolischen Interaktionismus gilt, liefert ein Konzept von Interaktion oder Kommunikation. "Es ist [.] bezeichnend für Goffman, dass er nicht einmal in seinen Arbeiten über die Sprache einen Begriff der Kommunikation entwickelt." (Knoblauch 2006: 165)

3.3 Postfeministischer Dekonstruktivismus

Der ontologische Impetus schwindet im Laufe der Geschlechterforschung, wie die vorangegangenen beiden Ansätzen bereits zeigen. Erkenntnistheoretisch bauen sie, implizit oder explizit, auf konstruktivistische Paradigmen, die bei den postfeministischen Ansätzen nun häufig mit dem Begriff ‚Performanz‘ gekoppelt werden. Dafür ist Butlers sprachwissenschaftlicher Ansatz beispielhaft. Doch trotz der radikalen Abkehr von ontologischen Standpunkten, bleiben auch die Postfeministen häufig im Dualismus ‚Frau/Mann‘ verstrickt. Die Auseinandersetzung um Natur und Kultur wird dabei fortgeführt. Ergebnis ist häufig ein geschlechterpolitischer Kulturdeterminismus, wie im Folgenden zu zeigen ist.

3.3.1 Performing gender

Die vorangestellten konstruktivistischen Ansätze brechen den biologischen Determinismus sukzessive auf und rücken die Sozialität und die Konstruktivität der Geschlechterkategorie in den Fokus. Dabei wird an einigen Stellen auch die Geschlechterhierarchie thematisiert, der ihre scheinbar natürliche Legitimation entzogen wird. Arbeit, Haushalt und Kindererziehung sind keinesfalls *natürlicher*weise geschlechterspezifisch organisiert. Das ‚doing gender‘ stellt eben auch eine gesellschaftliche Geschlechterhierarchie her. "Doing gender furnishes the interactional scaffolding of social structure, along with a built-in mechanism of social control." (West/Zimmerman 1991: 33) Die Geschlechterkonstruktion ist untrennbar von Bedeutungsmacht und sozialer Stellung. Das sind die Themen von Judith Butler und dem postfeministischen Ansatz 'performing gender'. Dem Dualismus ‚sex/gender‘ steht Butler dabei sehr kritisch gegenüber. Für sie ist diese Unterscheidung "eine nicht ungefährliche Illusion" (Waniek 2001: 150), da auch die körperliche Seite sex letztlich ein diskursives Konstrukt ist.

Judith Butler versucht, die Machtkonstellationen, die jeder Geschlechterkonstruktion inhärent sind, aufzudecken und Möglichkeiten der Unterwanderung
aufzuzeigen. Dazu nimmt Butler den Körper in den Blick. Sie ‚raubt' dem Körper seine ontologische Basis (s. auch Kap. 2.2). Gemäß Butler gibt es keine
vordiskursive Entität, was auch für den Körper gilt. Er muss in einem diskursiven (bzw. als ein diskursiver) Zusammenhang gesehen werden.

Mit diesem radikalen Ansatz setzt sie neue Akzente in der Geschlechterforschung. Sie ist vermutlich die meist rezipierte und kontrovers diskutierte zeit-
genössische feministische Theoretikerin. Butlers Arbeiten sind teilweise derart
politisch gefärbt, dass sie bisweilen nur noch als feministische Parolen gelesen werden können. Die feministische Theorie muss für sie im Spannungsfeld
politischer Auseinandersetzungen stattfinden, denn [f]eminist theory is never
fully distinct from feminism as a social movement." (Butler 2004: 175)[48] Feministische Theorie darf die politische Ebene nie ganz verlassen und muss damit
auch immer den Anspruch haben, radikale Kritik am gesellschaftlichen Status
quo zu üben. Feministen zweifeln tradierte Gesellschaftspolitik an und werfen
neue geschlechtspolitische Fragen auf. Dies gilt nach Butler auch für die feministische Theorie, die sich ihrer politischen Dimension zu verantworten hat –
also stets auch politisch zu sein hat. (Vgl. Butler 1991: 9f)

Neben der Geschlechterkonstruktion, die sich auf alle Ebenen der Gesellschaft erstreckt, nimmt die heterosexuelle Lebensform einen bedeutenden Teil
in Butlers Theoriegebäude ein. Sowohl Geschlecht als auch Sexualität sind
untrennbar mit Machtkonstellationen verbunden. Die Geschlechterordnung
sowie die sexuelle Lebensform werden immerfort konstruiert, reproduziert,
stabilisiert, normiert und bewertet. Normalität wird diskursiv definiert und als
vordiskursiv dargestellt, im Sinne von ‚vorgegaukelt'. Das bezieht die individuellen sexuellen Lebenspraktiken und Formen des Begehrens mit ein.

Sprache ist für Butler der Schlüssel zur Konstellation von Zweigeschlechtlichkeit und Heterosexualität. Sie fragt nach den verborgenen sprachlichen

---

[48] Damit unterscheidet sie sich von vielen Geschlechterforscherinnen. Insbesondere die empirischen Untersuchungen, wie sie im Bereich der Publizistik unternommen werden (s. Kap.
3.1), sind bemüht, sich von einem politisch-feministischen Duktus fernzuhalten.

Machtverhältnissen, die für das ‚entweder - oder‘-Prinzip der Geschlechterzugehörigkeit verantwortlich sind. Die Reproduktion des Geschlechterdualismus‘
geschieht subtil und vor allem diskursiv. Der sozial relevante Geschlechterdualismus bedeutet für das einzelne Gesellschaftsmitglied, dass es für sich
selbst eine Geschlechtsidentität ausbildet. Die Geschlechtsidentität ist nach
Butler ausschließlich ein soziales und kulturelles Phänomen und lässt sich
"nicht aus den politischen und kulturellen Vernetzungen herauslösen, in denen
sie ständig hervorgebracht und aufrechterhalten wird." (Butler 1991: 18)
Der Begriff ‚performing‘ bezieht sich innerhalb des ‚performing gender‘-Kon-
zeptes auf zwei verschiedene Aspekte. Mit ‚performing‘ wird sowohl auf den
sprachwissenschaftlichen Begriff der Performanz als auch auf die Tätigkeit,
die man mit ‚aufführen‘ oder ‚vorführen‘ ins Deutsche übersetzen würde, verwiesen (vgl. von Hoff 2005: 173). Anhand dieser Unterscheidung wird im Folgenden der Ansatz ‚performing gender‘ vorgestellt.

3.3.1.1 Performativität

Grundlegend für Butlers sprachwissenschaftliche Theorie ist, dass es keine
vordiskursive Wirklichkeit gibt. Erst Diskurse konstituieren Wirklichkeit und lassen diese dann als ontologische Realität erscheinen. Das heißt, dass es keinen Beobachterstandpunkt gibt, der einer sozialen Wirklichkeit entrückt ist und
von dem aus man einen objektiven Blick auf ‚die Realität‘ werfen könnte – das
bekannte Autologieproblem. Allerdings führt diese Feststellung keineswegs in
eine erkenntnistheoretische Sackgasse. Stattdessen schärft sie den Blick dafür, dass Diskurse regulativ arbeiten: Diskurse entscheiden über Wirklichkeit.
Das bringt Butler zu der Frage, wie Diskurse gestaltet werden müssen, um die
bestehende Gesellschaftsordnung zu verändern.[49]
Diskurse basieren auf Sprache, bzw. auf der Anwendung von Sprache.
Sprechakte sind für Butler Handlungen[50], wobei illokutionäre und perlokutionäre Sprechakte zu unterscheiden sind. Illokutionäre Sprechakte sind selbst die
Tat, die sie benennen. Sprechen und ‚angesprochene‘ Handlung (und dem-

---

[49] Dies ist Teil des Subversivitätskonzeptes, das in Kap. 3.3.1.3 ausführlich besprochen wird.

nach auch die Folgen) fallen hier zusammen. Beim perlokutionären Akt werden bestimmte Effekte hervorgerufen. Dabei fallen Sprechakt und Wirkung nicht zusammen. (Vgl. Butler 2006: 11) Jeder Sprechakt hat eine Wirkung, die nicht zwangsläufig effektiv sein muss: Angenommen jemand spricht einen Befehl aus, es ist aber keiner da, der diesen befolgen könnte. Dann ist der Sprechakt eine Handlung, ohne dabei effektiv zu sein. Er ist nur dann erfolgreich, wenn er gezielt eine Kette von Effekten auslöst. Bei illokutionären Sprechakten gelingt dies aufgrund gesellschaftlicher Konventionen. So genießt ein Richter qua Konvention den Status, Recht zu sprechen und intendierte Wirkungen zu erzielen, die unmittelbar mit dem Sprechakt zusammenfallen.[51] Bei perlokutionären Sprechakten folgt die Wirkung zeitlich nachgeordnet, nach einem ‚wenn – dann'-Prinzip. (Vgl. ebd.: 33f)

Bei beiden Formen der Sprechakte spielt Performativität die entscheidende Rolle. Eine geglückte performative Äußerung funktioniert "so, daß sie produziert, was sie deklariert." (Butler 1995: 211) Dass die Deklaration sich tatsächlich durchsetzt, lässt sich durch Wiederholungen und Sanktionen gewährleisten. Abhängig von der sozialen Machtposition werden die Deklarationen durchgesetzt und die effektive Performativität sichergestellt. Performative Sprechakte stehen somit im Zusammenhang mit sozialen Sprecherpositionen und dem Kampf um Deutungsmacht. Zudem fußen sie nicht nur auf bedeutungsmächtigen Strukturen, sie generieren diese auch, was allerdings in höchstem Maße subtil abläuft. Die Macht, die im Sprechakt liegt, wird in ein vordiskursives Feld abgeschoben und folglich invisibilisiert (vgl. Hornscheidt 2005: 230).

Für Butlers Performanz-Konzept ist die Annahme basal, dass auch der Körper nicht in ein vordiskursives Feld verschoben werden kann. Sie stellt fest, "daß der Sprechakt eine körperliche Handlung ist und daß sich die Wirkungskraft

---

[50] Hier bezieht sich Butler auf John L. Austin.
[51] Butler fragt in diesem Zusammenhang nach dem Verhältnis von Recht und Rechtsprechen. Der Richter spricht Recht, indem er Recht zitiert. Doch woher bezieht das Recht seine Autorität? Gibt es eine Primärquelle der Autorität, die sich der Richter qua Zitation aneignet?

der performativen Äußerung nie ganz von der körperlichen Kraft trennen läßt" (Butler: 2006: 221). Körper und Sprechakt sind chiastisch miteinander verbunden. Eine Drohung beispielsweise kann nur dann funktionieren, wenn der Körper sie in Form eines Sprechaktes ausführt. Drohung und angedrohte Handlung sind nicht das Gleiche, allerdings sind beide logisch miteinander verknüpft. Der Körper ist dabei "gleichsam der blinde Fleck des Sprechens" (ebd.: 24), zumal das Gesagte in seiner (hier: angedrohten) Wirkung über ihn hinaus geht und trotzdem nur mit und durch ihn wirken kann.

Dies überträgt Butler auf den Geschlechterdualismus: "Gender is not exactly what one 'is', nor is it precisely what one 'has'. [...] To assume that gender always and exclusively means the matrix of the 'masculine' and 'feminine' is precisely to miss the critical point that the production of that coherent binary is contingent." (Butler 2004: 42) Geschlecht ist eine erfolgreiche und folgenreiche Konstruktion, die sich aus der Performativität des Sprechens ergibt. Weil der Körper vom Sprechakt untrennbar ist, lässt sich der Geschlechtskörper nicht in ein vordiskursives Feld abschieben. Auch der Geschlechterunterschied ist ein zuerst sprachlich vermittelter Dualismus.

Akzeptiert man, dass die ,Frau/Mann'-Distinktion ganzheitlich, also auch von körperlichen Aspekten her, performativ ist, wird die Kontingenz dieses Dualismus' nachvollziehbar. Im Alltag bleibt die Kontingenz allerdings invisibilisiert, da Sprache den Geschlechterdualismus essentialisiert und infolgedessen den Konstruktionsprozess ausblendet. Dadurch erhält Geschlecht den Anschein, eine unhintergehbare Kategorie zu sein. Für Butler kommt es nun darauf an, "diese Selbstnaturalisierung des Geschlechts als Teil der Kulturproduktion zu begreifen." (Trettin 1994: 213) Dies hat Konsequenzen für die Differenzierung in sex und gender.

Weil für Butler ,sex/gender' mit ,vordiskursiv/diskursiv' übersetzt werden kann, ist die ,sex/gender'-Unterscheidung obsolet. Da der Körper, und somit sex, erst durch die sprachliche Anrufung performativ konstituiert wird, lehnt Butler die Unterscheidung in sex und gender ab. Damit entzieht sie Geschlecht die

---

Butler erkennt in dem regressiven Aufschieben der Autorität (Zitation der Zitation usw.) den konstituierenden Akt der Autorität selbst. (Vgl. Butler 1995: 212)

vermeintlich ideologiefreie körperliche Basis und stellt es in einen ausschließlich kulturellen Kontext. Das Geschlecht ist folglich keine feststehende Eigenschaft eines jeden Individuums. Vielmehr ist es ein "Effekt jenes kulturellen Konstruktionsapparats [...], den der Begriff ‚Geschlechtsidentität' (gender) bezeichnet." (Butler 1991: 24) Sex selbst ist eine sprachlich generierte Kategorie, ein Kulturprodukt und keine Naturgegebenheit.

> "Wenn also das ‚Geschlecht' (sex) selbst eine kulturell generierte Geschlechter-Kategorie [...] ist, wäre es sinnlos, die Geschlechtsidentität (gender) als kulturelle Interpretation des Geschlechts zu bestimmen. [...] Demnach gehört die Geschlechtsidentität (gender) nicht zur Kultur wie das Geschlecht (sex) zur Natur." (Ebd.)

Das bedeutet wiederum, dass wir es bei gender nicht mit der kulturellen Interpretation des natürlichen sex zu tun haben. Geschlecht ist *insgesamt* ein sprachliches Produkt. Man kann davon ausgehen, dass der Sprechakt sowohl illokutionär wie auch perlokutionär Geschlecht generiert – und zwar effektiv. Ein Beispiel dafür, dass man einen Sprechakt sowohl illokutionär als auch perlokutionär interpretieren kann, ist der Satz der Hebamme: Es ist ein Mädchen!

Zur Erinnerung: ‚Illokutionär' bedeutet, dass in der Aussage gleichzeitig die Tat liegt. Man weist der Hebamme den Status zu, und das halte ich für plausibel, das Geschlecht im Moment der Geburt festzulegen. Qua Konvention – sie ist die erste, die das Neugeborene sieht – benennt sie es als Mädchen und damit ‚ist' es ein Mädchen. So wie der Richter dank seiner Position Recht spricht, *spricht' die Hebamme Geschlecht.* Perlokutionäre Sprechakte vollziehen sich mittels Konsequenzen, was sich bei diesem Beispiel in der Erziehung der Eltern abzeichnen wird. Bei einem perlokutionären Sprechakt ist die Wirkung nachgelagert. Die Aussage der Hebamme, dass die Mutter ein Mädchen zur Welt gebracht hat, birgt *"das ‚Nachspiel' der Äußerung"* (Butler 2006: 34; Hervorh. EF), *dass die Eltern eine Tochter heranziehen werden.* Beide Interpretationen zeigen, dass der Sprechakt in jedem Fall effektiv ist, weil eine bestimmte Kette von Effekten ausgelöst wird (vgl. ebd.: 33), die hier sogar lebenslänglich – positiv ausgedrückt: ein Leben lang – wirken.

Dieses Beispiel zeigt, wenn auch stark verkürzt, wie Butler Performativität in ihre Theorie einbaut. Denn neben dem wirklichkeitskonstituierenden Charakter des Sprechakts betont sie zudem den Status des den Sprechakt vollziehenden Subjekts. Konventionen schaffen gesellschaftliche Positionen, die eine normierende und wirklichkeitskonstituierende Kraft innehaben. Eine Wirklichkeit, die dem Sprechen vorausginge, ist für Butler nicht möglich. Somit verabschiedet sie außerdem die Dualismen ‚Natur/Kultur', ‚vordiskursiv/diskursiv' und provoziert schließlich die These, "dass sex immer schon gender gewesen ist" (Hark 2007: 169), womit sie auch den ‚sex/gender'-Dualismus ad absurdum führt.

Geschlecht, als performative Wiederholung spezifischer Sprechakte, findet in einem konventionalisierten Diskursrahmen statt (vgl. Knapp 1994: 274). Dass Subjektpositionen über die Wirkung des Sprechens entscheiden, wurde bereits dargelegt. Für Butler führen die konventionalisierten Sprechakte nicht nur zur Konstitution einer Geschlechterwirklichkeit, sondern auch zu einer normierten Sexualität. Butler stützt sich dabei auf die Theorie Foucaults. Aus dem Sprechakt entsteht nicht nur das Geschlecht eines jeden Individuums, sondern auch seine Sexualität. Begehren steht im Zusammenhang der individuellen Identitätsgeschichte. Jemand erscheint nur dann authentisch und glaubwürdig, wenn die Trias aus dem anatomischen Geschlecht, der sexuellen Praxis und des sexuellen Verlangens konkordieren. (Vgl. Jensen 2005: 255ff.) Keine dieser drei Dimensionen ist kulturunabhängig oder gar natürlich. Allerdings, so Butler, erscheint es so, als würden Geschlecht, Begehren und Sexualität eine natürliche Basis haben. Gesellschaftlich wird nicht nur eine biodeterministische Kausalität zwischen anatomischen Geschlecht und Geschlechtsidentität suggeriert, sondern darüber hinaus eine quasi-logische Verbindung zu sexuellen Begehren und Verlangen behauptet.[52]

Der vermeintlich natürliche Geschlechterdualismus bedingt die gegensätzlich strukturierte Heterosexualität, die sogleich als normierte bzw. normale Sexualität gesetzt wird (vgl. Butler 1991: 45). Die Kontradiktion des Geschlechter-

---

[52] Wer hinter alldem gewissermaßen ‚steckt', wird bei Butler allerdings nicht unbedingt ersichtlich.

dualismus ‚Frau/Mann' wird auf das sexuelle Begehren ausgeweitet, so dass Heterosexualität als logische Konsequenz erscheint. Die Heterosexualität wird in den vordiskursiven Bereich verlagert und zur Norm stilisiert. Diese heterosexuelle Matrix wirkt konformistisch und regulativ auf jeden Einzelnen, zumal der Begriff der Heterosexualität "die Assoziation mit ‚Normalität' und mit ‚Empfinden'" (Hark 2005: 293) beinhaltet. Jemand wird dann als ‚normal' klassifiziert und darf sich auch so empfinden, wenn er Antagonismen und Diskontinuitäten zwischen dem anatomischen Geschlecht, der Geschlechtsidentität, dem sexuellen Begehren und der Darstellung dessen vermeidet oder zumindest nicht ‚performt'. Diese "regulierende Fiktion der heterosexuellen Kohärenz" (Butler 2006: 202) sorgt des Weiteren dafür, dass das anatomische Geschlecht, die Geschlechtsidentität und die Darstellung dieser zusammenfallen und "fälschlich als eine natürliche Einheit hingestellt" (ebd.) werden. Diese, der heterosexuellen Matrix entsprungene, Einheit wird ebenfalls ins vordiskursive Feld verschoben. Tatsächlich ist auch Heterosexualität performativ generiert.

Butler sieht in sämtlichen sozialen Konventionen, sogar in Recht und Gesetz, das Bestreben, den Einzelnen in die heterosexuelle Matrix einzubinden. Homosexualität fungiert für sie als abschreckender Konterpart zur Norm, so "daß es eine Verbindung von Homosexualität und Verwerflichkeit gibt" (Butler 1995: 216). Sie erkennt in dem verbietenden Gesetz und den prohibitiven Normen jedoch auch die entgegengesetzte Wirkung: Prohibition birgt das Potential, das Verbotene in besonderem Maße zur attraktiven Alternative zu machen. Im Falle der normativen Heterosexualität "läuft das verbietende Gesetz Gefahr, gerade die Praktiken zu erotisieren, die unter die Prüfung des Gesetzes fallen." (Ebd.: 214) Differenzlogisch – ohne dass Butler diesen Begriff nutzt – funktioniert Heterosexualität nur in Abgrenzung zu Homosexualität.[53] Sie wird

---

[53] Butler untermauert diese Annahme damit, da sie von einem Versäumnis, die Bisexualität anzuerkennen, ausgeht (vgl. Butler 1995: 217). Wenn Bisexualität überhaupt ernsthaft einer Person geglaubt wird, dann wird für Butler ein Loyalitätsproblem unterstellt und keineswegs ein sexuelles Begehren. Demnach sind das sexuelle Verlangen und die sexuelle Neigung einem sexuellen Dualismus unterworfen: Wenn man schon nicht der normierten Praxis (der Heterosexualität) entspricht, so muss man zumindest das diametrale Konzept (der Homosexualität) leben.

nicht ausgelebt, und stabilisiert dennoch als Gedanke, als Möglichkeit die normative Heterosexualität.

Obwohl Homosexualität eindeutig ein verwerfliches sexuelles Begehren bedeutet, bleibt eine Identifizierung mit ihr keinesfalls ausgeschlossen. Im Gegenteil: Nach Butler kann eine "Verwerflichmachung der Homosexualität" (ebd.: 216) letztlich bedeuten, dass "sogar eine mögliche Identifizierung mit einer verwerflichen Homosexualität im innersten der heterosexuellen Identifizierung" (ebd.) stattfindet. Die Identifizierung stabilisiert die Verwerflichkeit, wirkt aber gleichzeitig im Verborgenen, da die Identifizierung verleugnet wird. Auch die versteckte Identifizierung mit der verwerflichen Homosexualität konstituiert und normalisiert zugleich die Heterosexualität. Die heterosexuelle Matrix entsteht folglich nicht durch die Ablehnung der Homosexualität, sondern anhand der getarnten Identifizierung mit der Verwerflichkeit der Homosexualität. Die heterosexuellen Subjektpositionen schaffen es, ihre eigene Position zur Norm zu stilisieren und die homosexuelle Position verwerflich zu machen. Homosexualität kann niemals ausgeschlossen werden, da sie Heterosexualität erst zur Norm macht und überdies als ausgesprochenes soziales Verbot eine gewisse Attraktivität erlangt.

3.3.1.2 To Perform

Nun zum zweiten Aspekt des ‚performing'-Begriffs, der bei Butler auf Subversität abzielt: aufführen, spielen, vortragen. ‚Parodie' ist dabei das Stichwort (vgl. Rademacher 2001: 35 sowie Knapp 1994: 274).

Entgegen Habermas' Diskurstheorie ist der Diskurs für Butler nicht konsensorientiert, sondern hegemonial. Gleichwohl tun sich im Sprechakt, im ‚Sprach-Gebrauch', Lücken auf, die Möglichkeiten bieten, mit tradierten Kontexten zu brechen. Gelingt dies, kann die Wirkung (insbesondere perlokutionärer Art) von der Norm abweichen. "Begreift man die Performativität als erneuerbare Handlung ohne klaren Ursprung oder Ende, so wird das Sprechen letztlich weder durch den jeweiligen Sprecher noch durch seinen ursprünglichen Kontext eingeschränkt." (Butler 2006: 69) Jeder Sprechakt ist kontextabhängig. Dies gilt sowohl für den hegemonialen als auch für den subversiven Diskurs. Die Wirkung des Sprechakts hängt von der Position des ‚empfangenden' Subjekts sowie von der Sprechersituation ab: Hört niemand zu, der die Aussage interpretiert, folgt keine Wirkung. Dies schafft die Möglichkeit, dass die Intention des sprechenden Subjektes nicht mit der Wirkung des Sprechaktes zusammenfällt.

Zudem ist es für Butler denkbar, den Sprechakt zu wiederholen und dabei eine gänzlich andere Intention zu verfolgen. In der Wiederholung liegt die Kraft der Subversion: Ein Sprechakt kann einen früheren Kontext resignifizieren, indem er gegen seine ursprüngliche Zielsetzung zitiert und somit seine Wirkung umkehrt. Die Intention des Sprechaktes einerseits und der Effekt andererseits stehen damit in keinem kausalen Zusammenhang.[54] Butlers "These ist nun, daß das Sprechen sich stets in gewissem Sinne unserer Kontrolle entzieht." (Butler 2006: 31) Das sprechende Subjekt verliert in Butlers Theorie also an Souveränität, da der Kontext über die Wirksamkeit des Sprechaktes entscheidet und nicht das sprechende Subjekt selbst.

Butler bezieht an dieser Stelle den (Geschlechts-)Körper theoretisch ein. Der Körper ist die Oberfläche, auf der Geschlecht diskursiv eingeschrieben wird. Die Inkorporierung von Geschlecht suggeriert eine natürliche Geschlechtlichkeit, die jedem vertraut ist. Das geschlechtliche ‚Performen' bedeutet, immerfort einen, als vordiskursiv empfundenen, ‚Identitätskern' aufzuführen. So wird dieses Darbieten der geschlechtsspezifischen Identität überzeugend: Wenn kontinuierlich nur ein Geschlecht dargestellt wird, kommt es weder auf fremd- noch auf selbstreferenzieller Ebenen zu Dissonanzen. Aufgrund der Inkorporierung von Geschlecht kann sich die Basiskategorie der Identitätspolitik[55] ‚weiblich/männlich' als fraglose Natürlichkeit etablieren.

"Akte, Gesten, artikulierte und inszenierte Begehren schaffen die Illusion eines inneren Organisationskerns der Geschlechteridentität (*organizing gender core*),

---

[54] Welche Folgen dies für ein kommunikationstheoretisches Ursache-Wirkungs-Modell hat, lege ich in der Kritik dar.
[55] Der Begriff ‚Identitätspolitik' impliziert immer die diskurstheoretische Annahme, dass "die Konstruktion von individuellen und kollektiven Identitäten nicht in einem machtfreien Raum stattfindet, sondern Teil eines ‚Kampfes um Anerkennung' ist" (Eickelpasch/Rademacher 2004: 56).

eine Illusion, die diskursiv aufrechterhalten wird, um die Sexualität innerhalb des obligatorischen Rahmens der reproduktiven Heterosexualität zu regulieren." (Butler 1991: 200; Hervorh. im Org.)

Damit spannt Butler den Bogen zu Begehren und Sexualität. Die Trias mit Geschlecht ist damit komplett. Dadurch, dass sie einen geschlechtsdualistischen Identitätskern ablehnt, erkennt sie in der Geschlechterontologie ein Diskursprodukt. Das führt uns zu einer ihrer konkreten subversiven Strategien: Travestie.

Travestie ist nach Butler ein Spiel, das die suggestive Kraft des vermeintlichen Geschlechterkerns offenlegen kann. Der Transvestit bietet dem Publikum zwei Geschlechter, wobei beide den Anspruch auf Wahrhaftigkeit erheben und sich ergo widersprechen. Damit entsteht aus parodistischer Darstellung subversive Verwirrung. Die bestehenden Kontexte werden aufgebrochen: Wir sehen einen Mann, aber der stellt eine Frau mit all ihren Attributen dar. Solche Brüche "sind tatsächlich entscheidend für den politischen Vorgang der performativen Äußerung." (Butler 2006: 227) Diese kontextuellen Brüche deviieren von den hegemonialen Kontexten und ermöglichen die Resignifizierung bereits gesprochener Sprechakte. Für gewöhnlich sind Sprechakte hinsichtlich der Geschlechterfrage eindeutig. Entweder das sprechende Subjekt spricht als Mann oder als Frau. Im Fall der Travestie zitiert der Transvestit zwar die geschlechtstypischen Sprechakte, allerdings entgegengesetzt zum vom Publikum unterstellten anatomischen Geschlecht. Mit Hilfe von Geschlechterparodien können die scheinbar originalen Geschlechter(dis)positionen spielerisch umgangen werden, so dass die Kontingenz der binären Geschlechterordnung zu Tage tritt. Das parodistische ‚Performen' schafft die Möglichkeit, "daß bestimmte Formen, ein Sprechen aufzurufen, Akte des Widerstands" (ebd.: 226) werden und sie möglicherweise sogar Deutungshoheiten ins Wanken bringen.

Zusammenfassend lassen sich bei Butler vier erkenntnistheoretische Basisannahmen ausmachen (vgl. Rademacher 2001: 35). Erstens ist der Sprechakt ein wirklichkeitskonstituierender Akt, so dass Sprache keineswegs als Instrument zur Abbildung der Realität verstanden werden darf. Performative Sprechakte generieren eine Wirklichkeit, die aufgrund ihrer (Diskurs-)Bedingungen mit der kollektiven Wirklichkeit im Regelfall deckungsgleich ist. Zweitens spiegeln die sprachlichen Handlungen weniger die Intention des einzelnen Individuums als vielmehr den Normenkontext wider. Die performative Wirklichkeitskonstitution des Individuums bezieht sich auf den aktualen Rahmen kollektiver Wirklichkeitsbezüge und stabilisiert diesen im Sprechakt. Dieser repetitive Gebrauch der Normen führt drittens dazu, dass das Subjekt selbst diskursiv erzeugt wird und keiner vordiskursiven Entität zugeordnet werden kann (vgl. dazu ausführlich ebd.: 44ff.). Viertens verfügt das Subjekt, trotz aller diskursiven und kontextuellen Zwänge, über den Handlungsspielraum, den konventionellen Diskursrahmen umzudeuten und subversiv anders zu gestalten.

3.3.1.3 Kritik

Niemand, der sich mit zeitgenössischer feministischer Theorie befasst, kommt an Judith Butler vorbei. Ihr radikaler Dekonstruktivismus ist von der feministischen Agenda nicht wegzudenken – sei es auch ‚nur', um sich daran abzuarbeiten. Meine Kritik erfolgt insbesondere aus einer erkenntnistheoretischen Perspektive und wird sich mit den Konzepten der Subversivität und Performativität befassen. Vorab möchte ich allerdings noch kurz auf eine Ungenauigkeit im Bereich der heterosexuellen Matrix eingehen.

Die heterosexuelle Identifizierung vollzieht sich für Butler, wie dargelegt, nicht durch Ablehnung von Homosexualität, sondern *"durch* eine Identifizierung mit einer verwerflichen Homosexualität" (Butler 1995: 217; Hervorh. im Org.). Diese Identifizierung darf sich allerdings niemals zeigen, man muss sie verleugnen.[56] Die Begriffe der Verwerflichkeit und der Verleugnung erzeugen das Bild, dass Homosexuelle Opfer einer intoleranten Gesellschaft sind.

---

[56] Es scheint bisweilen anachronistisch, Homosexualität als verwerfliche sexuelle Praxis darzustellen und Homosexuellen ein Randgruppendasein zuzuschreiben. Gleichwohl sind Homosexuelle häufig noch benachteiligt. Ein Allgemeinplatz, der sich auch in der deutschen Gesetzgebung widerspiegelt, wie die Diskussionen um das Bundesbeamtenrecht (vgl. Bundestag-Drucksache 16/7076) zeigt. Homosexualität rigoros in die soziale Peripherie abzudrängen, so wie Butler es tut, scheint jedoch etwas kurzgegriffen.

Überdies bietet die Identifizierung mit einer verwerflichen Homosexualität differenztheoretisch keinen Vorteil. Butler liegt anscheinend etwas daran, Homosexualität gewissermaßen zu ‚verteidigen'. Heterosexualität lässt sich allerdings auch in Abgrenzung zu Homosexualität als das vorherrschende sexuelle Begehren interpretieren. Dafür ist es nicht nötig, den Weg über die Identifizierung mit einer verwerflichen Praxis zu nehmen. Butler leitet die heterosexuelle Matrix, die im Alltag zu beobachten ist, aus dem Geschlechterdualismus ab. Durch kulturspezifisch konventionalisierte Sprechakte wird Heterosexualität, in Abgrenzung zur ‚unnormalen' bis ‚krankhaften' Homosexualität, zur ‚normalen' Sexualität stilisiert. Differenzlogisch reicht dies völlig aus und birgt zudem nicht den ‚homosexuellen Märtyrerstatus'.

Butlers erkenntnistheoretischer Verdienst besteht darin, die ‚Natürlich-keiten' der Geschlechter ins Feld der Geistes- und Sozialwissenschaft eingeführt zu haben. Sie bindet den Körper und die Geschlechteranatomie in ihre Theorie ein und macht deutlich, dass auch leibliche Erfahrungen Diskursprodukte sind. Außersprachliche oder vordiskursive Wirklichkeit gibt es für Butler nicht. Geschlecht, Geschlechtskörper, Sexualität, Begehren und Macht entstehen erst durch sprachliche Anrufungen. Der Sprechakt ist wirklichkeitskonstituierend – nach den Möglichkeiten seiner hegemonialen Diskursgrenzen. Dass der Sprechakt und seine Effekte in keinem kausalen Zusammenhang stehen, sondern vielmehr kontextbedingt sind, ist aus kommunikationstheoretischer Sicht zunächst zu unterstreichen.[57] Für Butler eröffnet sich durch diesen Bruch von Ursache und Wirkung Raum für Subversion. Hier spielt die parodistische Zitation eine entscheidende Rolle. Problematisch dabei ist, dass die subversive Resignifizierung des Sprechakts letztlich auf einem Ursache-Wirkungs-Modell beruht.

Die Wirkung und Weiterverwendung des Sprechakts liegen nach Butler nicht in der Macht des sprechenden Subjekts. Der Kontext, in dem die Zitation statt-

---

[57] Auch der konventionalisierte Status, wie in den Beispielen des Richters und der Hebamme, sind kulturell geschaffene Positionen, die das Individuum rollentheoretisch einnimmt und

findet, entscheidet über die Wirkung des zitierten Sprechakts. Das kann auch bedeuten, dass sich die Wirkung ins Gegenteil verkehrt (vgl. Butler 2006: 29). Damit verschiebt Butler die Ursache lediglich vom Subjekt zum Kontext. Der Kontext entscheidet nun über die Wirkung des Sprechakts. Das bedeutet weiter, dass das parodistische ‚performing' im entsprechenden Kontext zwangsläufig zu einer subversiven Performativität führen müsste. Gelingt dies nicht, dann ist der Kontext falsch gewählt und die Resignifizierung kann nicht wirksam werden. Meines Erachtens haben wir es bei Butler folglich mit einem *‚Kontextdeterminismus'* zu tun, der auf dem Ursache(=Kontext)-Wirkung-Modell fußt.[58]

Überdies stellt sich beobachtungstheoretisch die Frage, wie diese ursprüngliche Zielsetzung und die davon abweichende Zitation, die durch Resignifizierung entstehen mag, festzustellen ist. Es kann nur dann eine Subversion des hegemonialen Sprechaktes beobachtet werden, wenn die Intention des ursprünglichen Sprechaktes erkennbar ist. Dies ist jedoch aufgrund der kognitiven Autonomie sozialer Systeme unmöglich, wie noch zu zeigen ist (s. Kap. 4.1.3).[59]

Butler wendet sich mit ihren Konzepten der Geschlechterperformativität und - subversivität konsequent von biologischen Argumentationen ab. Ihre Kritiker wenden ein, dass sie den Biodeterminismus lediglich gegen den Kulturdeterminismus eintauscht (vgl. Maihofer 1994: 178). Butler betont aber ausdrücklich, dass es nicht darum gehen kann, die Formel ‚Biologie ist Schicksal' in die Formel ‚Kultur ist Schicksal' zu übersetzen (vgl. 1991: 25). Dann würde die Kultur als unumstößliches Gesetz auftauchen und damit den gleichen Zwang ausüben, der bislang vom Biodeterminismus ausgeht.

---

nicht im ontologischen Sinne ‚innehat'. Gleiches gilt im Übrigen für den Status ‚Mutter' oder ‚Vater', der in besonderer Weise dem Naturdeterminismus zu verfallen sein scheint.
[58] Ich verfolge ein reflexives Kommunikationsmodell (s. Kap. 4.2.1), das eindimensionale Ursache-Wirkungs-Modelle strikt ablehnt.
[59] Meines Erachtens überzeugt Butlers Subversivitätskonzept noch aus einem weiteren Grund nicht. Sie betont stets, wie angepasst das Individuum ist – dabei ist sie beinahe kulturpessimistisch. An einigen Stellen hebt sie die Unbedingtheit des Diskurses hervor, insbesondere da, wo sie Heterosexualität als ubiquitäre Konvention vermutet, um im nächsten Abschnitt wieder das Potential zum Einreißen dieser normierten Muster zu unterstreichen. Es

Auch wenn Butler ausdrücklich hervorhebt, dass es nicht darum gehen kann, den einen Determinismus gegen den anderen zu tauschen, sie verharrt in einem kulturdeterministischen Duktus. Sie verpasst es, ein Kulturkonzept vorzulegen, das dem Kulturdeterminismus konsequent entgegentritt. Meiner Meinung nach versucht sie, diesem Eindruck mit ihrem Subversivitätskonzept zu begegnen. Ob eine mögliche Geschlechtersubversivität ausreicht, um den Vorwurf ‚Kultur ist Schicksal' zu entkräfteten, erscheint jedoch fragwürdig. Sie verfängt sich im theoretischen Fundamentalismus, weil sie sich am "Biologismus abarbeitet, anstatt zu fragen, *wie* denn die Geschlechter *sozial-wirklich* existieren." (Hirschauer 1993: 58; Hervorh. im Org.)

Wohlgemerkt, meine Kritik richtet sich keineswegs gegen ihr anti-ontologisches Konzept der Geschlechterordnung. Vielmehr kritisiere ich, in Anlehnung an Hirschauer, dass sie über ihr Postulat der radikalen Geschlechterdekonstruktion zu vergessen scheint, dass Geschlecht (als) ‚wirklich' empfunden wird. Weil für Butler Geschlecht stets im Kontext hegemonialer Diskurse performativ hervorgebracht wird und mit Geschlechterparodie subvertiert werden muss, verliert sie aus den Augen, dass diese "Konstruktionen [.] sich für die einzelnen Personen als äußerst real dar[stellen] und [.] ihre Wirkkraft" (Luca 2003: 7) entfalten. Geschlecht als dauerhaft wirksam und erfahrbar anzuerkennen, muss nicht bedeuten, unwiderrufliche Geschlechterstereotype zu zementieren. Die soziale und vor allem individuelle Relevanz dieser Schemata zu akzeptieren und für die kollektive wie individuelle Identitätsausbildung herauszuarbeiten, wird bei Butler von dem ambitionierten Versuch, Geschlecht vollständig zu dekonstruieren, überlagert. (Vgl. Büchel-Thalmaier 2002: 21)

Butler betont die "Maßgabe eines hegemonialen kulturellen Diskurs" (Butler 1991: 27), den gesellschaftlichen Druck sowie die "komplexen Vektoren der Macht" (Butler 1995: 222), die für die Geschlechterkonstruktion verantwortlich sind. Bei alldem stellt sich die Frage, wer oder was damit gemeint ist. Welche Instanzen haben Interesse daran, Geschlecht zuzuschreiben und die binäre

---

bleibt der Eindruck, dass sie zwischen diesen beiden radikalen Punkten pendelt, ohne dass zu erkennen ist, was nun eigentlich überwiegt: Anpassung oder Subversion?

Geschlechterordnung fortzuschreiben? Sprechakte werden nach Butler durch den Kontext bestimmt, doch wie sind diese Kontexte aufgebaut und warum? Wenn Parodie ein derart subversives Potential hat, warum richtet sich dies dann nicht auch gegen die Kontexte (Stichwort: Kontextdeterminismus)? Es wirkt so, als werfe Butler vorrangig einen fremdreferenziellen Blick auf die Geschlechterkonstruktion. Bei ihr erscheinen die Kontexte als dem Subjekt äußerlich. Und auch die Diskurse scheinen die sprechenden Subjekte zu determinieren. Konventionen und Normen ‚bewirken' [sic!] die Wirkung des Sprechakts. Das Subjekt wird durch die kontextuelle Anrufung erst konstituiert (vgl. Butler 2006: 44ff.). Damit kommen für mich Reflexivität und Selbstreferenz in Butlers Theorie zu kurz, woraus sich unmittelbar die kommunikationstheoretische Kritik an Butlers Theorie ergibt.

Butler berücksichtigt Kommunikation als Prozess zur Generierung von Geschlecht nicht. Sie fokussiert sich sprachwissenschaftlich auf Performanz als Motor der Wirklichkeitskonstitution. Darüber verliert sie aus den Augen, dass Sprechakte und Handlungen ‚in Kommunikation' stattfinden. Gleichwohl sind kommunikationstheoretische Aspekte unauffindbar. Sie geht zwar auf diskursive Strategien und den Begriff des Dialogs ein, jedoch ausschließlich im Rahmen ihrer politisch aufgeladenen Postulate. So führt sie an, dass "der Begriff ‚Dialog' [.] kulturell spezifisch und geschichtlich gebunden" (Butler 1991: 35) ist und die Sprecher von ihren Erwartungen und den herrschenden Machtverhältnissen abhängig sind. Die Dialogmöglichkeiten und -grenzen müssen laut Butler aufgezeigt werden, "[a]ndernfalls droht das Dialogmodell in ein liberales Schema zurückzufallen" (ebd.), womit sie auf ein konsensorientiertes Modell anspielt. Ein solches würde über die hegemonialen Diskurspositionen mit Begriffen wie ‚Einheit', ‚Konsens' und ‚Übereinstimmung' hinwegtäuschen.[60] Obgleich sie ein liberales Dialogmodell ablehnt und ein hegemoniales offenbar präferiert, bleibt sie eine Explikation schuldig, was ‚Dialog' eigentlich ist.

Die Kritik an Butlers Konzept, dass sie die ‚sozial-wirkliche' Dimension von Geschlecht vernachlässigt (vgl. Hirschauer 1993: 58), zeugt ebenfalls von ei-

---

[60] Und auch hier bleibt unklar, wer diese Machtpositionen wie und wodurch besetzt und wie und warum sie überhaupt entstehen.

nem kommunikationstheoretischen Defizit. Geschlecht wird als soziale Wirklichkeit erfahren – ein Empfinden, das wohl jeder nachvollziehen kann. Auch
hier ist Kommunikation der Prozess, der diese Wirklichkeitskonstitution vollzieht und Geschlecht erst zu seiner sozialen Wirklichkeit verhilft. Butlers Kritiker lassen sämtliche kommunikationstheoretischen Aspekte außen vor. Folglich weist nicht nur Butlers Theorie, sondern auch die Kritik an ihr ein kommunikationstheoretisches Defizit auf.

3.3.2 Undoing gender

Für ‚undoing gender‘ steht insbesondere der Name Stefan Hirschauer, und für
einen Ansatz, der die Dethematisierung von Geschlecht verfolgt, der von Ursula Pasero. Bei der Rekapitulation der Geschlechterforschung kommt Hirschauer zu dem Schluss, dass die Relevanz der Geschlechterkategorie in
ausdifferenzierten Gesellschaften meist falsch eingeschätzt wird. Theorien der
funktionalen Differenzierung, also systemtheoretische Auseinandersetzungen
mit der Geschlechterkategorie, überschätzen die Neutralisierung der Geschlechterkategorie (s. Kap. 3.4). Unterschätzt wird das ‚undoing‘ von der empirischen Forschung, die sich mit geschlechtlicher Ungleichheit auseinandersetzt (s. Kap. 3.1). (Vgl. Hirschauer 2001: 213) Darum entwerfen Hirschauer
sowie Pasero ein Theoriekonzept, das andere soziale Kategorien, wie Ethnie
oder Schicht, berücksichtigt und die Relevanz von Geschlecht in Frage stellt.
Hirschauer verfolgt "dabei einen Theorieansatz, der die Geschlechterdifferenz
nicht als Merkmal von Individuen, sondern als soziale Praxis fasst und den
Gegenstand so auf neue Weise in die allgemeine Soziologie einschreibt"
(ebd.: 209) – ein hehres Ziel. Ob Hirschauer dies auch erreicht, werde ich im
Folgenden überprüfen. Der Schwerpunkt liegt zunächst auf Hirschauers ‚undoing gender‘-Konzept. Pasero wird ausführlich im darauffolgenden Kapitel
behandelt.
Der Duktus von Hirschauers Ansatz unterscheidet sich von Butlers politischen
Postulaten erheblich. Beide nehmen sich zwar der "Allgemeinplätze" (Pasero
1994: 264) von "‚Differenz‘ und ‚Konstruktion‘ von Geschlecht‘" (ebd.) an, denn

beide sind gewissermaßen optimistisch, was das ‚undoing' von Geschlecht angeht. Doch bleibt es bei dieser einen Gemeinsamkeit. Butler sieht in der radikalen Dekonstruktion von Geschlecht einen Ausweg aus den bestehenden Geschlechterverhältnissen, wohingegen Hirschauer eine generelle Schwächung der Geschlechterkategorie vermutet. Seines Erachtens nimmt die Relevanz der Geschlechterkategorie in modernen Gesellschaften generell ab.[61] Folglich sehen beide, Butler und Hirschauer, einen Weg aus dem oktroyierten Geschlechterdualismus, allerdings aus denkbar unterschiedlichen Richtungen. Der Grundtenor des ‚undoing gender'-Ansatzes ist leichter und unverkrampfter als Butlers kämpferische Parolen. Wie wird nun aus dem ‚doing gender' das ‚undoing gender'?

3.3.2.1 Von Omnirelvanz zu Omnipräsenz

Die Frage "Can we ever do not gender" (West/Zimmerman 1991: 24) ist nach West und Zimmerman, den Wegbereitern des ‚doing gender'-Ansatzes, zu verneinen. Für beide ist die Gesellschaftsordnung so gestaltet, dass die Geschlechterbinarität auf sämtliche soziale Strukturen einwirkt. Zudem ist die dualistische Geschlechterordnung gewollt, also gilt: "[D]oing gender is unavoidable." (Ebd.) Geschlecht ist keine individuelle Eigenschaft mehr, sondern ein kollektives Phänomen. Es zeigt sich auf semiotischer Ebene in der Sexuierung der Lebenswelt, so kennen wir beispielsweise männliche oder weibliche Kleidungsstücke und Verhaltensweisen. Geschlecht ist im ‚doing gender'-Ansatz eine fortlaufende *Praxis*, die im Alltag zu ihrer vermeintlichen Naturalisierung kommt. (Vgl. Hirschauer 1994: 670)

Daran kritisiert Hirschauer, dass die Kontingenz der Geschlechterkonstruktion nicht umfassend anerkannt wird. Geschlecht ist im ‚doing gender'-Ansatz zwar eine Praxis, allerdings beschränkt sich die Kontingenz auf die Geschlechtszugehörigkeit.[62] Das ‚doing gender' selbst wird nicht als kontingentes Phänomen

---

[61] Vermutlich müsste man hier genauer von ‚postmodernen' Gesellschaften reden. Da Hirschauer auf diese Unterscheidung allerdings nicht eingeht, soll ein Hinweis darauf genügen. Zum Wandel von Moderne zu Postmoderne vgl. Bauman 1997.
[62] Es sei daran erinnert, dass Lindemann am Beispiel der Transsexuellen feststellte, dass die Geschlechtszugehörigkeit keine unwiderrufliche und eindeutige personelle Eigenschaft ist.

verstanden. Dadurch wird, so Hirschauers Kritik, Geschlecht nicht nur als ein dauerpräsentes Thema konzipiert, sondern auch als "*omnirelevante* Hintergrunderwartung" (ebd.: 676; Hervorh. EF) dargestellt. Die Vertreter des ,doing gender' sehen in jedem ,doing' auch ein ,doing gender'. Die Möglichkeit, dass andere sozial relevante Kategorien das ,doing' bestimmen, wird ausgeblendet. Daran kritisiert Hirschauer, dass sich der Blick zu sehr verengt und sich ausschließlich auf Geschlecht richtet.

Individuen sind nämlich identitätspolitisch keineswegs nur Männer oder Frauen, sondern auch Schwarze oder Weiße, Arbeitnehmer oder Arbeitgeber, Deutsche oder Nicht-Deutsche, usw. Die Soziologie hat diese sozialen Teilungsdimensionen lange Zeit separat untersucht und die Augen vor möglichen Interferenzen verschlossen.[63] Mittlerweile gibt es aber Untersuchungen, die ebenjene Kategorien auf Gemeinsamkeiten, Verknüpfungen und Korrelationen überprüfen. Diese Analysen zeigen, dass zwischen den Teilungsdimensionen durchaus Übereinstimmungen bestehen (vgl. Müller 2003 sowie die Beiträge in Rademacher/Wiechens 2001). Beispielsweise lässt sich bei der Schichtzugehörigkeit eine geschlechtsspezifische Ausprägung feststellen: Die berufliche Position ist in oberen und mittleren Schichten weniger geschlechtsabhängig als in unteren Schichten. Auch bei der ethnischen Zugehörigkeit erweist sich das Einkommen als geschlechtsabhängig – der Unterschied zwischen weißen und farbigen Männern ist größer als zwischen weißen und farbigen Frauen. Die geschlechtsspezifischen Einkommensunterschiede sind also je nach Schicht- und Ethnienzugehörigkeit unterschiedlich ausgeprägt. (Vgl. Heintz 2001: 23f)

Diese Untersuchungen zeigen, dass es andere relevante soziale Kategorien gibt, die ebenfalls über die gesellschaftliche Position eines Individuums entscheiden. Dass mittlerweile auch andere Teilungsdimensionen in den Blick der Geschlechtersoziologie rücken, bestätigt Hirschauers These, Geschlecht büße

---

[63] Ein Manko, das die vorliegende Arbeit auch aufweist. Es werden keine der angesprochenen sozialen Kategorien analysiert. Ein aussichtreiches Unterfangen bestünde darin, das entworfene Modell (s. Kap. 4.4) auch auf andere Teilungsdimensionen anzuwenden und zu überprüfen, wie groß das Erklärungspotential dieses Ansatzes auf anderem soziologischen Terrain sein kann.

an sozialer Relevanz ein. Zudem bleibt bei der ‚doing gender'-Annahme, dass Geschlecht eine omnirelevante Kategorie darstellt, unklar, *warum* Geschlecht für die individuelle Identitätspolitik bedeutender sein soll als andere soziale Teilungsdimensionen. Kategorien wie Rasse, Klasse, Ethnie, Geschlecht können einander aufheben, sich kreuzen, sich aneinander ausrichten, sich aneinander koppeln, usw. Eine herausragende Relevanz von Geschlecht ist nicht mit Sicherheit festzustellen.[64] Folglich kann Hirschauer keine Omnirelevanz von Geschlecht erkennen. Geschlecht ist für ihn nicht das Thema, das die sozialen Interaktionen andauernd bestimmt. Darum stellt er die Frage, unter welchen Umständen Geschlecht Thema ist und wann es keine Rolle spielt: In welchen Situationen sind Menschen sich des Geschlechts, des eigenen oder eines fremden, gewahr und in welchen nicht? Wie sehen alltägliche Interaktionen aus? Sind sie von der Geschlechterfrage geprägt? Es gilt zu unterscheiden, wann das Geschlecht bewusst thematisiert wird und wann es nur im Hintergrund wirkt. Dabei ist die konkrete Situation entscheidend. Beispielsweise sollte im Arbeitsumfeld das Geschlecht weniger thematisiert werden, als bei einem abendlichen Kneipenbesuch.[65] Es bleibt fraglich, was schließlich den Ausschlag zur Thematisierung gibt. (Vgl. Hirschauer 1994: 676f)

So unzutreffend die These von der Omnirelevanz der Geschlechtskategorie für Hirschauer auch ist, er sieht, dass sich Geschlecht, anders als andere Teilungsdimensionen, durch eine "kulturell garantierte Sichtbarkeit" (Hirschauer: 2001: 214) auszeichnet. Damit bezieht er sich allerdings nicht auf den anatomischen Unterschied der primären Geschlechtsmerkmale, zumal dieser im alltäglichen Leben nur ausgesprochen selten überprüft wird. Entscheidender sind die semiotischen und praxeologischen Unterschiede: Kleidung, Namen,

---

[64] Dies lässt sich auf die funktionale Ausdifferenzierung der Gesellschaft zurückführen. Aufgrund der Systemausbildung übernehmen systemspezifische Kategorien je die soziale Relevanz, die bislang dem Geschlecht zu geschrieben wurde (s. dazu ausführlich Kap. 3.4). "Dethematisierung ebenso wie Thematisierung von Geschlecht gehören zur Moderne" (Pasero 1994: 265).
[65] Mit der Thematisierung von Geschlecht ist nicht nur das verbale Ansprechen gemeint. Ein figurbetontes Kleid macht ebenfalls deutlich, dass wir es mit einer Frau zu tun haben. Eine solche Kleiderwahl ist abends angebracht, am Arbeitsplatz würde man dafür sicherlich despektierliche Bemerkungen oder zumindest fragende Blicke erhalten.

Auftreten uvm. Sie geben darüber Aufschluss, ob das Gegenüber als männlich oder weiblich einzuordnen ist. Die Geschlechtszugehörigkeit ist ein "master status" (Hughes zitiert nach Hierschauer 2001: 215) – dauerhaft und ubiquitär wirksam.

Es scheint paradox, dass Hirschauer Geschlecht dennoch keinen omni-relevanten Status einräumt. Er löst dies auf, indem er *Omnirelevanz* von *Omnipräsenz* abgrenzt. "Dass die Geschlechterdifferenz kein Reservat kennt, sondern omnipräsent ist und unberechenbar überall relevant werden kann, bedeutet nicht, dass dies auch in jeder Situation geschieht." (Ebd.) In den Interaktionen läuft die Geschlechtszugehörigkeit zwar stets mit und ist ergo omnipräsent, gleichwohl ist sie nicht zwangsläufig die relevante soziale Kategorie. Dies gilt allerdings nur für den Fall, dass die Einordnung des Gegenübers in das exkludierende Schema ‚weiblich/männlich' mit Hilfe der kulturellen Insignien und Praktiken problemlos funktioniert. Bei Irritationen tritt die Geschlechtszugehörigkeit unmittelbar in den Vordergrund, weil uns keine dritte Kategorie, außer dem Geschlechterdualismus, zur Verfügung steht. Es ist jedoch die Ausnahme, dass die Zuordnung nach dem ‚entweder weiblich oder männlich'-Muster nicht glückt. Im Regelfall ist das Geschlecht "geheimnislos [.], man kann sich nicht ‚outen'" (Ebd.: 216). Dann kann die Geschlechtszugehörigkeit in den Hintergrund treten, man kann sie vergessen. Folglich ist sie interaktiv wie institutionell (sensu Goffman) omnipräsent aber nicht omnirelevant. In sozialer Interaktion kann Geschlecht an Bedeutung verlieren und gerät wegen seiner erkennbaren Eindeutigkeit in Vergessenheit. Geschlecht ist dann sichtbar, aber kein Thema. Gleiches gilt für die selbstreferentielle Identitätsgeschichte: "Biographische Konstanz und sozialräumliche Ubiquität ist nicht gleich interaktive Permanenz: Allerorten und für immer ist nicht jederzeit." (Ebd.: 217) Nicht nur das Geschlecht des Interaktionspartners ist in der Situation irrelevant. Man muss auch nicht ständig für sich selbst das eigene Geschlecht thematisieren. Somit kann Geschlecht sowohl auf der fremd- wie auch auf der selbstreferenziellen Ebene präsent, nicht aber relevant sein.

Hirschauer stellt dem Begriff des ‚doing gender' das ‚undoing gender' zur Seite. Dass ‚doing gender' ein aktiver Prozess ist, wurde bereits ausführlich dargelegt. Hirschauer schlägt vor, dass auch das Nicht-Thematisieren eine Handlung ist. Soziales Vergessen der Geschlechterzugehörigkeit ist "selbst eine konstruktive Leistung" (Hirschauer 1994: 678). Dies betont der Begriff ‚un*doing*'. Welche und wie sind die Bedingungen, die ‚undoing gender' ermöglichen?

3.3.2.2 Strategien der Neutralisierung

Hirschauer stellt klar, dass es keinen biologischen Bezugspunkt gibt, der mittels ‚undoing gender' ungeschehen gemacht werden könnte. Ebenso wenig handelt es sich beim ‚undoing gender' um eine ‚Anti-Zuschreibung', zumal jede Zuschreibung des ‚Unweiblichen' oder ‚Unmännlichen' ein ‚doing gender' mit umgekehrten Vorzeichen ist. Denn nur wer eine Vorstellung von ‚weiblich' besitzt, weiß auch, was ‚unweiblich' ist. ‚Undoing gender' bedeutet die Neutralisierung der Geschlechter, die sich in der zeitlichen und räumlichen Dimension vollzieht.[66]

Zeitlich kann Geschlecht dann neutralisiert werden, wenn sich seiner bereits plausibel versichert wurde. Ein Beispiel: Bezieht eine Frau eine traditionell männliche Berufsposition, dann bleibt ihre Geschlechtszugehörigkeit zunächst Thema. Eine männliche Geschlechtszugehörigkeit würde von vornherein neutralisierend wirken, einer Frau bleibt dies verwehrt. In dem Beispiel reicht beim Mann seine Geschlechtszugehörigkeit aus, damit sein Geschlecht kein Thema mehr ist. Bei einer Frau ist das Gegenteil der Fall. Ihre Strategie kann nach Hirschauer nur darin bestehen, ihr Geschlecht vorab, beispielsweise mit Hilfe stereotyper Attribute, darzustellen. Die weibliche Geschlechtszugehörigkeit kann erst dann in den Hintergrund treten, wenn sie zuvor im Vordergrund steht. Hinsichtlich der zeitlichen Abfolge, muss die Frau ihr Geschlecht zuerst mitteilen, um anschließend auf eine geschlechtsneutrale Position rücken zu

---

[66] Ein Kritikpunkt an Hirschauers Ausführungen ist, dass die Begriffe Geschlecht, Geschlechterkonstruktion und Geschlechtszugehörigkeit zuweilen durcheinander zu gehen scheinen. Dies führt zu dem Problem, dass nur schwer auszumachen ist, was er dem ‚undoing' unterziehen möchte. Da er aber schreibt, dass "Geschlecht in sozialen Situationen auftaucht und wieder verschwindet" (Hirschauer 1994: 677), nehme ich an, dass er Geschlecht insgesamt meint.

können. Die Frau erarbeitet sich ihre Geschlechtsneutralität. Der Mann hat sie bereits inne. In diesem Beispiel tritt die Frau von einer weiblichen Geschlechtszugehörigkeit zu einer in ihrem Berufsfeld neutralisierten Geschlechterposition über. Das ‚undoing gender' besteht folglich darin, dass die Frau zu einer ungeschlechtlichen Person wird, die der Mann von Anfang an sein darf. Sie muss eine "trans-sexuelle Arbeit" (Hirschauer 1994: 679) auf sich nehmen, um die gleiche Geschlechtsneutralität zu erlangen, die der Mann im Kontext seines Arbeitsumfeldes immer schon genießt.[67]

Außer dieser zeitlichen Neutralisierungsstrategie kann auch der *räumliche* Kontext das ‚undoing gender' bewirken. Hierbei zielt Hirschauer wieder auf das Geheimnislose sowie die Offensichtlichkeit der Geschlechtszugehörigkeit ab. Geht eine Frau auf die Damentoilette, ist die Frage nach der Geschlechtszugehörigkeit irrelevant, weil der räumliche Kontext sie bereits beantwortet. ‚Doing gender' wird zu ‚undoing gender', da der Raum die Thematisierung der Geschlechtszugehörigkeit ruhen lässt. Entsprechend sind die Orte, an denen das Geschlecht evident ist, laut Hirschauer dazu geeignet, dem Geschlecht seine soziale Bedeutung zu rauben. Dort, wo das Geschlecht offensichtlich [sic!] wird, wie beispielsweise bei einer ärztlichen Untersuchung oder in öffentlichen geschlechterseparierten Toiletten, ist die Geschlechtszugehörigkeit kein Thema mehr und als solches damit neutralisiert.[68] (Vgl. ebd.: 678f)

‚Undoing gender' muss "als Gegenstrategie zu Sexuierungsprozessen" (ebd.) verstanden werden, "eine Art Negationsphase, durch die die Neutralisierung hindurch muß." (Ebd.) Dank des Neutralisierens und Ruhenlassens vollzieht

---

[67] Die gleiche Problematik gilt selbstverständlich für Männer in ‚klassischen' Frauenberufen. Gemäß Hirschauer müsste so der männliche Kindergärtner vorab seine Männlichkeit thematisieren, beispielsweise das Stereotyps des Machos bedienen, um anschließend sein Geschlecht im Rahmen seines Arbeitsumfeldes zu neutralisieren. Dass diese zeitlich vorhergehende Betonung der Geschlechtszugehörigkeit praktische Probleme mit sich bringen dürfte, lässt dieses Beispiel schon vermuten.

[68] Dirk Baecker argumentiert in ähnlicher Weise. Er konstatiert, dass es neutralisierende Kommunikationsstrategien gibt, die "eine Pazifizierung der Interaktion" (Baecker 2003: 136) bewirken. Das Phänomen des ‚glass ceiling effects' bezieht er darauf, dass es "[w]eder Männern noch Frauen gelingt, in dem Moment, in dem eine Frau einen Anspruch auf eine Spitzenposition [...] erhebt oder nahegelegt bekommt, auf die Attribution der geschlechtlichen Identität zu verzichten." (Ebd.: 139) Die Kritik, die an Hirschauer geübt wird, gilt in ähnlicher Weise auch für Baecker: Wie sich Interaktionspartner zwar geschlechtlich wahrnehmen, sich

sich Geschlecht nur noch in diskontinuierlichen Episoden, "in denen Geschlecht in sozialen Situationen auftaucht und verschwindet." (Ebd.: 677) Zwar kategorisieren wir unser Umfeld und die Personen, mit denen wir interagieren, geschlechtsspezifisch, gleichwohl vollziehen wir diese Einordnung laut Hirschauer nur sporadisch, nicht kontinuierlich. In neutralisierenden Kontexten, zeitlichen wie räumlichen, wird die Geschlechtszugehörigkeit zu einer Episode der Vergangenheit. Außerdem birgt die geschlechtliche Kategorisierung nicht zwangsläufig soziale Konsequenzen; sie kann folgenlos bleiben. (Vgl. Heintz 2001: 17)

Bis hierhin habe ich ausgeführt, wann und wie für Hirschauer die Geschlechtszugehörigkeit vergessen werden kann, wann die Neutralisierungsstrategien im Alltag greifen, welche Kontexte sie in den Hintergrund rücken lassen. Hirschauer schaut aber auch auf "jene soziale Einheit, in der sich die Geschlechterdifferenz am nachdrücklichsten zur Geltung bringt: Interaktionen." (Hirschauer 2001: 217)[69] Die Geschlechtszugehörigkeit der Interaktionspartner wird entweder ins Zentrum oder an den Rand der Interaktion gerückt. Durch interaktive Repetition baut sich die Geschlechterunterscheidung auf, wobei sie zwei verschiedene Ausgangspunkte haben kann: die Mitgliedschafts- oder die Relationskategorie.

Bei der *Mitgliedschaftskategorie* nehmen die Interaktionsteilnehmer eine konkrete soziale Position ein, die sie geschlechtsspezifisch definiert. Dies macht die Adressierung möglich, die den Interaktionsteilnehmer als entweder Frau oder Mann ausweist – sei es implizit, beispielweise anhand von Namen und Titeln, oder explizit in einer Formel gemäß ‚Sie als Frau'. Dabei wird das ‚entweder Frau oder Mann'-Prinzip strikt befolgt und eine dritte Form ausgeschlossen. (Vgl. Pasero 2003: 107) Derart wird die Geschlechtszugehörigkeit thematisiert und der Angesprochene erkennt seine geschlechtliche ‚Zustän-

---

jedoch nicht so behandeln (vgl. ebd.: 135), erscheint problematisch und mit dem Modellentwurf dieser Arbeit (s. Kap. 5) unvereinbar.
[69] Am Rande soll kritisch Erwähnung finden, dass für Hirschauer "Interaktionszug für Interaktionszug [.] die Geschlechterdifferenz als relevantes Schema aufgerufen oder vernachlässigt werden bzw. abgewehrt werden" (Hirschauer 2001: 217) kann. Zuvor betont er die kontextuellen Bedingungen, die erfüllt sein müssen, damit sich eine Neutralisierungsstrategie durch-

digkeit', nach der jeder zu agieren hat. Hirschauer fasst daher die Aktivierung der Geschlechtskategorie als *"Mobilisierungsprozess"* (Hirschauer 2001: 218, Hervorh. im Org.) auf, mit dem Frauen und Männer erst zu "Geschlechtsaktivisten" (ebd.) werden. Durch die geschlechtsspezifische Mitgliedschaftskategorie werden sich Frauen und Männer ihres Geschlechts bewusst und agieren entsprechend ihrer Geschlechtszugehörigkeit. Konzipiert man Geschlecht als Mitgliedschaftskategorie, dann wird der Einzelne durch die Interaktionspartner, also fremdreferentiell, geschlechtlich markiert.

Die *Relationskategorie* betont die Beziehung zwischen den Interaktionspartnern. Geschlecht dient dazu, die Beziehung der Interaktionsteilnehmer zu benennen: Entweder sie haben das gleiche Geschlecht und bilden ein Kollektiv oder sie gehören zum anderen Geschlecht und sind Teil des antipodischen Kollektivs. Die Geschlechtszugehörigkeit baut sich in der Beziehung zu den Interaktionsteilnehmern, über Abgrenzung oder Einbeziehen, auf. Über den Dualismus ,gleich/verschieden' bilden sich laut Hirschauer aber nicht nur die geschlechtsspezifischen Gruppen heraus, auch die Interaktion selbst wird geschlechtlich markiert. Daher ist die gesamte Interaktion als "Durchführung einer Geschlechterbeziehung" (ebd.: 220) zu verstehen. Geschlecht bietet als komplexitätsreduzierende Struktur auch für Außenstehende Anknüpfungspunkte. Sie können über ihre Geschlechtszugehörigkeit in eines der beiden Kollektive einsteigen und damit einfacher den Zugang zur Interaktion finden. Hirschauer geht noch weiter: Die Geschlechtszugehörigkeit ermöglicht es, "aus Fremden Bekannte zu machen" (ebd.). Er folgert, dass "[d]ie Geschlechterdifferenz [.] insofern eine passepartout der Kommunikation" (ebd.) ist. Geschlecht als Relationskategorie markiert die Interaktionsbeziehung zwischen den, durch die Mitgliedschaftskategorie geschlechtlich markierten, Interaktionsteilnehmern und öffnet damit eine Tür für Außenstehende. Geschlecht dient folglich sowohl der Ordnungsbildung als auch der Orientierung.

---

setzt. Scheinbar sind sowohl Kontext als auch Interaktion in der Lage, Geschlecht zu neutralisieren. Wie Interaktion und Kontext allerdings theoretisch zueinanderstehen bleibt unklar.

3.3.2.3 Konsequenzen für den Feminismus

Wenn dem ‚doing gender' nun auch ein ‚undoing gender' zur Seite steht, welche Konsequenzen hat dies für feministische Postulate? Hirschauer vertritt eine gewissermaßen ‚agnostische' Haltung, wenn es um Geschlechterhierarchie und geschlechtsspezifische Repressionsstrategien geht. Für ihn werden die geschlechtlichen Ungleichheiten in ihrer Komplexität erst dann begreifbar, wenn man sich von vorgegebenen Asymmetrien verabschiedet. (Vgl. Hirschauer 1993: 63) Er unterstellt dem Feminismus eine reduktionistische Betrachtung der Geschlechterordnung. Die feministischen Vertreter sind für Hirschauer stets auf der Suche nach dem universellen androzentrischen Prinzip.

> "Wenn Frauen Offiziere, Philosophen, Regierungschefs und gewalttätig werden und Männer Hausfrauen, Krankenschwestern und magersüchtig – so lassen sich diese Verschiebungen natürlich immer noch in Termini einer rekonstruierten Geschlechterdifferenz beschreiben. Aber der Differenzfeminismus ist einfach eine schlecht emotionale Vorbereitung auf die sich abzeichnende Möglichkeit, daß Frauen die besseren Männer sein können. Die Reessentialisierung von Geschlechtseigenarten [...] wirken wie prophylaktische Zurückweisungen der umgekehrten Ersetzbarkeitskränkung: daß sich Männer auch als ganz brauchbare ‚Frauen' erweisen können." (Ebd.: 65)

Es scheint so, als würde sich für Hirschauer der Feminismus vor allem dadurch auszuzeichnen, dass er die Grenze zwischen den Frauen und den Männern hochzieht und von der Frauenseite scharf auf die Gegenseite geschossen wird. Allerdings bleibt diese Grenze zwischen den Geschlechtern nicht unverändert, sondern wird durch die Angriffe immer wieder verschoben und an einigen Stellen eingerissen. Dadurch, dass insbesondere die Frauen beginnen, männliche Insignien aufzugreifen und für sich in Anspruch zu nehmen, werden diese Symbole der Konnotation mit dem Männlichen entrissen. Dadurch entsteht ein ‚undoing', ein ‚De-Sexuieren' des geschlechtsspezifischen Repertoires. Weiter oben wurde dieser Prozess bereits als ‚trans-sexuelle' Arbeit eingeführt, die insbesondere Frauen leisten müssen, um sich einen geschlechtsneutralen Status, beispielsweise im Arbeitsumfeld, zu sichern. Dieser trans-sexuelle "Mißbrauch" (ebd.) geschlechtlicher Insignien hat nach Hirschauer für das Individuum das Potential, "ohne ein Geschlecht zu sprechen, zu denken und zu handeln" (ebd.). Verfolgt man eine solche trans-sexuelle

Strategie, dann verschieben sich die Geschlechtergrenzen weiter, bis Geschlecht schließlich neutralisiert zurückbleibt. Damit entwirft Hirschauer eine konkrete feministische Strategie und verhilft dem ‚undoing gender' zu einer greifbaren politischen Dimension.

Allerdings relativiert er diesen idealistisch anmutenden Entwurf später, indem er dem Geschlechterdualismus eine nur schwerlich zu erschütternde Stabilität zuschreibt und das auch, wenn die Umstände zur trans-sexuellen Neutralisierung gegeben sind. Die Beständigkeit ergibt sich aus der normativen, moralischen und emotionalen Besetzung des Geschlechterdualismus. Anatomische Unterschiede und ökonomische Ungleichheit der Geschlechter werden mit erotischen Spannungen und Egalitätsnormen aufgeladen. Ein universelles Prinzip, das diese Ungleichheiten generiert, liegt nicht vor. Es gibt allerdings "ein rekursiv verknüpftes Geflecht von Strukturen, das Geschlechtseffekte hervorbringt." (Hirschauer 2001: 230) Dieses Netz an affirmativ besetzten Geschlechterunterschieden ist beständig und kann damit nicht einfach neutralisier werden. Hirschauers ‚undoing gender' ist somit ein hoch voraussetzungsvoller Prozess, der dem ‚doing gender' an der Seite steht, ohne dass er das ‚doing' in jedem Fall verhindern könnte.

3.3.2.4 Kritik

Hirschauer begründet das ‚undoing gender'-Konzept mit der Annahme, dass neben der Geschlechterkategorie auch andere Teilungsdimensionen wie Ethnie oder Schichtzugehörigkeit interaktionsrelevant sind. Allerdings verpasst er, das Verhältnis dieser jeweiligen Kategorien näher zu bestimmen. Damit meine ich keine empirische Überprüfung möglicher Schnittstellen oder Überschneidungen der konkreten Teilungsdimensionen, sondern eine grundsätzliche Einschätzung, wie die verschiedenen sozialen Kategorien zueinander stehen. Differenzlogisch heißt das, dass eine Kategorie nur über die Abgrenzung zu einer anderen semantisches Profil erhält. Erst mit der Differenz zu anderen Kategorien erhält die einzelne Kategorie ihr distinktes Profil und kann bedeutungsvoller oder eben auch bedeutungsloser sein als eine andere. (Vgl.

Schmidt 2004b: 21) Dieser distinktionslogische Ansatz kann Hirschauers Basisannahme, dass aufgrund der funktionalen Differenzierung unterschiedliche
Teilungsdimensionen, abhängig vom Kontext, thematisiert oder ruhen gelassen werden, abstützen. Geschlecht ist dann eine Kategorie, die sich von anderen Kategorien unterscheidet und erst durch ihre Distinktivität in den interaktiven Vorder- oder Hintergrund tritt. Eine Unterscheidung also, die einen Unterschied macht – ganz im Sinne George Spencer Browns "Draw a distinction!"
(1997: 3) Hirschauer könnte so die Debatte über die einzelnen Kategorien
theoretisch abstrahieren und die Basisannahme seines ‚undoing gender' substanziell festigen.

Christine Weinbach, die im nächsten Kapitel ausführlich vorgestellt wird, kritisiert den ‚undoing gender'-Ansatz bezüglich der zeitlichen und räumlichen
Kontexte, die Hirschauer für die Neutralisierung als ausschlaggebend ansieht.
Für ihn besteht die zeitliche Neutralisierungsstrategie darin, die Geschlechtszugehörigkeit erst zu betonen, um sie anschließend ruhen zu lassen. Laut
Weinbach macht die Neutralisierung die vorangestellte Darstellung des Geschlechts damit unsinnig. Wenn jemand seine Geschlechtszugehörigkeit erst
betont, sie dann aber neutralisieren will und folglich überhaupt nicht mehr
thematisiert, stiftet dieses Verhalten Verwirrung. Für Weinbach sieht man sich
dann einer Person gegenüber, die sozial nicht mehr zu verorten ist: Sie hätte
dann ihre soziale Existenz verloren. Sollte sich der Beobachter an die vorangegangene geschlechtsspezifische Darstellung erinnern, löst auch dies das
Problem laut Weinbach nicht. Während der Neutralisierung würde die Erinnerung an die geschlechtliche Darstellung nachwirken, und somit wäre die Geschlechtszugehörigkeit weiterhin präsent. Hirschauers ‚undoing gender' ist auf
zeitlicher Ebene folglich keine neutralisierende Aktivität. Es kann dem ‚doing
gender' nicht plausibel gegenüber gestellt werden. (Vgl. Weinbach 2003: 163)
Auch die Neutralisierung auf räumlicher Ebene, Hirschauers zweite ‚undoing
gender'-Strategie, ist problematisch. Ob beispielsweise in einer Sauna, wo
Menschen gewöhnlich spärlich bekleidet und die Geschlechtsmerkmale nur
allzu sichtbar sind, Geschlecht tatsächlich ‚unthematisiert' bleibt, halte ich für

fragwürdig. Sicherlich stellt sich nicht mehr die Frage nach der Geschlechtszugehörigkeit, zumal wir kulturell erlernt haben, welche anatomischen Merkmale die primär geschlechtlichen sind und welche uns demnach als Frau oder
Mann ausweisen. Dennoch finde ich Hirschauers Argumentation nicht plausibel. Denn nur, weil die Frage nach ‚weiblich oder männlich' beantwortet ist,
wird geschlechtliche Körperlichkeit nicht automatisch weniger thematisiert.
Sein Beispiel der gynäkologischen Untersuchung, bei der es ebenfalls zu einer
Neutralisierung kommen soll (vgl. Hirschauer 1994: 679), legt diesen Denk-
fehler offen. Der Besuch beim *Frauen*arzt ist vielmehr eine einzige Thematisierung des Geschlechts und keinesfalls eine Neutralisierung. Mit dem Betreten
der gynäkologischen Praxis und spätestens bei der Untersuchung mag die
weibliche Geschlechtszugehörigkeit zwar eindeutig sein, gleichwohl bleibt Geschlecht als Thema unbedingt vordergründig. Einen "Neutralisierungseffekt
‚nach innen', nämlich in bezug auf die geschlechtliche Entspannung dieser
Situation selbst" (ebd.), erscheint mir daher nicht plausibel. Zudem berücksichtigt Hirschauer dabei nicht, dass der Geschlechterdualismus ein ord-
nungsbildendes Strukturmerkmal ist – in positiver wie in negativer Hinsicht.[70]

Zudem erscheint mir der Begriff ‚Thematisierung' und damit einhergehend
‚Neutralisierung' der Geschlechtszugehörigkeit problematisch. Es stellt sich die
Frage, ob mit ‚Thematisierung' nur das Darstellen der Geschlechtszugehörigkeit gemeint ist. Hirschauer unterstützt diese Annahme, in dem er vor allem
von der semiotischen und der praxeologischen Thematisierung ausgeht. Meine Kritik richtet sich, wie schon bei Butler, gegen die impliziten kommunikationstheoretischen Annahmen. Dass sich an das Nicht-Thematisieren eine Neutralisierung, die sich auf der Ebene der Wahrnehmung vollzieht, anschließen
soll, ist kommunikationstheoretisch schwierig. Implizit liegt dem ein Ursache-
Wirkungs-Modell zugrunde. Nur so führt eine Nicht-Thematisierung auch zu
einer Nicht-Wahrnehmung. Fällt der Stimulus (hier: das Thema Geschlechts-

---

[70] Was diese positiven und negativen Eigenschaften sein könnten, wird in Kap. 5.2.2 ausführlich dargelegt. An dieser Stelle soll der Hinweis darauf genügen, dass nicht jeder Reduktionismus zwangsläufig negativ sein muss.

zugehörigkeit) durch den Kommunikator (hier: durch den räumlichen oder zeitlichen Kontext) weg, dann tritt beim Rezipienten die entsprechende Wirkung
(hier: Neutralisierung der Geschlechtszugehörigkeit) ein. Wie schon bei Butler
haben wir es dann mit einem ‚Kontextdeterminismus' zu tun: Stimmt der Kontext, kann Geschlecht gezielt dethematisiert und somit neutralisiert werden.
Warum machen wir das dann nicht ‚einfach'?[71]

Gleiches gilt im Übrigen für Hirschauers Konzept, Geschlecht als Mitglied-
schafts- und als Relationskategorie anzusehen. Die Mitgliedschaft wird über
die Adressierung aktiv. Die Adressierung ‚erinnert' den Einzelnen daran, seine
geschlechtliche Mitgliedschaft wahrzunehmen. Auch der Anstoß, sich selbst
geschlechtsspezifisch in die Interaktion einzubringen, kommt, aufgrund der
geschlechtsspezifischen Adressierung, von außerhalb. In beiden Fällen reagiert der Adressat, wie es die Mitteilung des Absenders gebietet. Die Mitgliedschaft bei einer Seite des Geschlechterdualismus wird nach dem Ursache-
Wirkungs-Prinzip entschieden.

Auch Hirschauers Gedanke, dass Raum und Zeit eine Neutralisierung ermöglichen, ist kritisch zu beurteilen. Die zeitliche Strategie sieht so aus, dass der
Einzelne erst das Geschlecht betont, um dann eine geschlechtsneutrale Position einzunehmen (s.o.). Aber es kann doch sein, dass die Interaktionspartner
dem nicht folgen.[72] Dann liegen Dissonanzen vor, die über Feedbackschleifen
mitgeteilt werden. Der Kommunikationsverlauf ist gestört. Das ‚undoing gender' ist gescheitert, weil die Irritationen zwischen den Interaktionspartnern offensichtlich sind oder sogar thematisiert werden.

Die kommunikationstheoretische Kritik lautet folglich, dass Hirschauers ‚undoing gender' auf einem Stimulus-Response-Modell beruht. Weil damit ein so
wesentlicher Kommunikationsmodus wie Reflexivität unberücksichtigt bleibt,
lehne ich dies ab. Implementiert man Reflexivität, dann zeigt sich die Komplexität des Kommunikationsprozesses, die Hirschauer anscheinend unter-

---

[71] Diesen Gedanken aufgreifend, werde ich an späterer Stelle darlegen, dass unsere kulturelle Programmierung das schlichtweg nicht zulässt (s. Kap. 5)
[72] Im oben angeführten Beispiel könnte dies bedeuten, dass die Arbeitskollegen schlicht nicht
vom Thema Geschlecht ablassen wollen und beispielsweise weiterhin betonen, dass ihr neuer
Kollege im Kindergarten ein Mann ist oder in der Autowerkstatt nun eine Frau mit dabei ist.

schätzt. Denn durch Rückkopplungen wird evident, dass Nicht-Thematisieren und Neutralisieren keineswegs kausal zusammenhängen. Reflexivität führt das ‚undoing gender' ad absurdum.

Zudem trifft auch hier die an den anderen Ansätzen geübte Kritik zu. Hirschauer bemüht einen völlig undifferenzierten Kommunikationsbegriff. Dies wird dort besonders sichtbar, wo er explizit von Interaktionen spricht: Interaktionen bringen Geschlecht zur Geltung und aktivieren die geschlechtliche Mitgliedschaft (vgl. Hirschauer 2001: 217). Doch wie diese Aktivierung vollzogen wird, bleibt ungewiss.

Es wäre zu klären, wie Interaktion konzeptualisiert wird. Solange die Mechanismen von Interaktionen nicht dargelegt sind, kann die Frage, wie die Aktivierung der Geschlechterzugehörigkeit abläuft nur schwerlich geklärt werden. Stattdessen benutzt er Metaphern: "[E]rst einmal angestoßen auf den ‚Zahnrädern' [hier nimmt er Bezug zu Goffman 1983; Anm. EF] der Interaktion, wird die Geschlechtszugehörigkeit [...] zu einem Effekt des Interaktionsverlaufs." (Ebd.) Die Fragen bleiben: Welcher Prozess liegt diesem Effekt der Geschlechtszugehörigkeit zugrunde? Wofür steht das Bild der Zahnräder? Für die Ebene der interaktiven Darstellung des Geschlechts? Oder für dessen Wahrnehmung?

Interaktion in ein theoretisches Konzept einbinden zu wollen, ohne vorab eine Definition von Interaktion zu liefern, ist meines Erachtens ein konzeptuelles Theoriedefizit.

3.4 Systemtheoretische Geschlechterforschung

Das gemeinsame Defizit aller vorgestellten feministischen Ansätze ist die Vernachlässigung von Kommunikation(stheorie).

Alle feministischen Theoretiker sehen in Geschlecht ein Prozessresultat. Diesen Prozess benennen sie als Interaktion, Kommunikation oder Dialog. Wie Kommunikation aber theoretisch konzeptionalisiert sein muss, um Geschlecht hervorzubringen, lassen alle Ansätze offen. Die systemtheoretische Geschlechterforschung, die im Folgenden ausführlich vorgestellt wird, ist hierbei eine Ausnahme. Seit dem Beginn der neunziger Jahre mehren sich die Versuche, mit systemtheoretischem Rüstzeug Antworten auf Geschlechterfragen zu finden (vgl. Pasero 1994 und 1995, Stichweh/Weinbach 2001, Weinbach 2004a und 2004b). Systemtheoretiker beziehen als Erste Kommunikation konzeptuell in die Auseinandersetzung mit der sozialen Kategorie Geschlecht ein. Gleichwohl scheinen auch hier die Synergieeffekte von Kommunikationstheorie und Geschlechterforschung noch nicht ausgeschöpft.

Einleitend möchte ich einige systemtheoretische Basisannahmen vorstellen, die in Kapitel 4 noch ausführlich dargelegt werden, ohne die die systemtheoretische Geschlechterforschung allerdings kaum nachvollziehbar ist. Dazu stelle ich wesentliche Elemente der Distinktionstheorie sowie systemtheoretische Grundmechanismen kurz dar. Niklas Luhmann schrieb in den 80ern einen viel zitierten und oft kritisierten Aufsatz, der die ‚Frauenforschung‘, wie er sie nannte, und die Frauenbewegung analysiert. Den Einstieg in die systemtheoretische Geschlechterforschung mache ich mit Hilfe dieses polemischen Beitrags "Frauen, Männer und George Spencer Brown" (Luhmann 1988b). Anschließend werde ich die jüngsten Arbeiten im Bereich von Systemtheorie und Geschlechterforschung vorstellen und kritisieren.

3.4.1 Frauen, Männer und Niklas Luhmann

Die Systemtheorie beruht auf der Annahme, dass Gesellschaften heute funktional ausdifferenziert sind. Die gesellschaftliche Genese der vergangenen Jahrhunderte ging von einer Klassen- über eine Schichtgesellschaft hin zu einer funktional ausdifferenzierten. Meilensteine der gesellschaftlichen Entwicklungen sind u.a. die Erfindung des Buchdrucks, Kriege und die industrielle Revolution. Die vorindustrielle Agrargesellschaft hat sich über Jahrhunderte hinweg zur hochtechnologischen Gesellschaft entwickelt. Aus einem Bund von Fürstentümern wurde die Bundesrepublik, die sich heute als führendes Mitglied internationaler Bündnisse versteht. Die Lebenswelten haben sich grundlegend verändert, der heutige Alltag ist mit dem Leben vor 150 Jahren kaum zu vergleichen. Jeder Lebensbereich des Individuums ist von der funktionalen Differenzierung betroffen, so dass es sich bei der Ausdifferenzierung der Gesellschaft um ein umfassendes soziales Phänomen handelt. Wie ich zeigen werde, führen Luhmann und andere Systemtheoretiker dies als Schlüsselargument dafür an, warum Geschlecht sukzessive an Bedeutung verliert und weiterhin verlieren wird. Doch was zeichnet eine ausdifferenzierte Gesellschaft aus? Was sind die wesentlichen Unterschiede zu vorherigen Gesellschaftstypen? Was bedeutet das für die soziale Kategorie Geschlecht?

3.4.1.1 Die Ausdifferenzierung der Gesellschaft

Die vormoderne Gesellschaft war durch eine patriarchale Familienführung geprägt. Alle Familienmitglieder arbeiteten in der lebensnotwendigen Produktion mit und die Familie entsprach mehr einer zweckgerichteten Wirtschaftseinheit als einer Gefühlsgemeinschaft. Alle Autorität ging vom Patriarch, vom männlichen Familienoberhaupt, aus, der die Position jedes Angehörigen innerhalb dieser Wirtschaftsgemeinschaft festlegte. Das Individuum nahm sich den Erwartungen sowie Aufgaben an und füllte seinen angewiesenen Platz in der Familie aus. (Vgl. Eickelpasch 2002: 54ff.) Außerhalb der Familie gab es wenig, was das Leben des Einzelnen bestimmte. Bei den Frauen änderte sich die räumliche Lebenswelt einmal, nämlich mit der Vermählung. Nun mussten sie ausziehen und sich im Lebensbereich ihres Mannes einrichten, was, bei aller Er- und Hingabe, häufig ein Schock war. (Vgl. Beauvoir 2008: 516ff.)

In Zeiten der industriellen Revolution nahmen viele Menschen eine Erwerbstätigkeit außerhalb des eigenen Heims auf. Dadurch entstand ein Gegenentwurf zum privaten häuslichen Leben.[73] Mit der Industrialisierung beschränkte sich

---

[73] Als feministische Randnotiz sei bemerkt, dass auch Frauen einer Arbeit außer Haus nachgingen. In der Agrargesellschaft arbeiteten sie auf dem Feld, in der industriellen Gesellschaft waren sie als Angestellte beschäftigt, "denn die Einkommen der Arbeiter [...] waren viel zu niedrig, als dass die Frau Gemahlin sich nur Kind und Küche hätte widmen können." (Rikkens 2007: 115) Dass die Bestimmung der Frau von jeher im häuslichen Bereich vorzufinden ist, kann demnach historisch nur als Unsinn gelten. Diese Mär ist eine 'Erfindung' der fünfziger Jahre, des deutschen Wirtschaftswunders in denen Familien und Ehepaare es sich erstmals finanziell leisten konnten, dass die Frau nicht erwerbstätig war. Die Moral, die daraus

das Leben nicht mehr auf diesen häuslichen Bereich, sondern erweiterte und differenzierte sich. Damit ergab sich die soziale Position des Einzelnen nicht mehr nur qua Geburt.

"Für immer mehr Menschen – zuerst für den Mann aus dem gehobenen Bürgertum – wurde es nun möglich, die Geschlossenheit ihres Herkunftsmilieus zu durchbrechen und in Kontakt zu kommen mit einer Vielfalt von unterschiedlichen Lebensformen und Daseinsmöglichkeiten." (Eickelpasch 2002: 67)

Die stratifikatorische Gesellschaft war weitgehend homogen nach Abstammung und Eigentumsverhältnissen aufgebaut. Eine strenge Hierarchie machte die verschiedenen Lebenswelten undurchlässig.

In der industrialisierten Gesellschaft wurden die Erwartungen an das Individuum komplexer: Aus dem bäuerlichen Patriarch, der allein über seine familiäre Wirtschaftsgemeinschaft befand, wurde beispielsweise ein Vater, der zudem Angestellter in einer fertigenden Produktion war. Oder der adlige Sohn wurde Fabrikbesitzer mit unternehmerischer Verantwortung, die wirtschaftliche und juristische Kenntnisse verlangte. Es entstanden verschiedene "Teilbereiche, die auf die Erledigung bestimmter Aufgaben spezialisiert waren: Politik, Wirtschaft, Verwaltung, Wissenschaft etc." (Ebd.) Dem Einzelnen musste es gelingen, sich nicht mehr ausschließlich als Familienmitglied, sondern als plurale Persönlichkeit, an die unterschiedliche Rollenerwartungen herangetragen werden, zu begreifen. Moderne Individuen müssen eine Diversifizierung ihrer Identitäten nicht nur aushalten, sondern sie in den unterschiedlichen sozialen Teilbereichen suchen und verfolgen – als "permanente Wanderer zwischen den Funktionswelten" (ebd.: 68).

Die Soziologie nennt die Ausbildung sozialer Teilbereiche ‚funktionale Differenzierung'. Soziale Systeme übernehmen eine Funktion für die Gesellschaft, die sie mit Hilfe systemspezifischer Programme leisten können. Damit gehen funktionale und systemspezifische Erwartungen an den Einzelnen einher und eine "Folge ist die Auflösung der Geschlechtsrolle als geschlechtsspezifisches Rollenbündel." (Weinbach 2004: 16) Frau- oder Mannsein ist nicht mehr

---

erwuchs, ist bis heute spürbar und spiegelt sich in Debatten, wie sie bisweilen von einer ehemaligen Tagesschausprecherin angeheizt wurden, wider. (Vgl. ebd.: 114f)

zwangsläufig mit anderen Erwartungen verbunden, die bislang für alle Frauen oder Männer galten.

3.4.1.2 Luhmanns männliche Logik

Der Wegbereiter der Systemtheorie Niklas Luhmann formulierte den Universalitätsanspruch, dass nämlich die Systemtheorie auf alle relevanten gesellschaftlichen Phänomene anzuwenden sei (vgl. 1971: 378). Er nutzte ursprünglich Überlegungen aus der Zellbiologie zur Erläuterung soziologischer Sachverhalte (vgl. dazu Maturana 1982, Maturana/Pörksen 2002, Maturana/Varela 1987). Kenntnisse über biologische Prozesse der Zellproduktion wendete er auf die Entstehung und Existenz gesellschaftlicher Systeme an (s. Kap. 4.2.2). Ein Schlüsselbegriff und -mechanismus ist dabei ‚Autopoiesis‘: Zellen reproduzieren sich selbst fortwährend und dieser Prozess läuft nach einem systemspezifischen Modus ab.

Auf die Soziologie übertragen heißt das: Alle sozialen Systeme operieren gemäß einer spezifischen Logik. Systeme beobachten ihre Umwelt und bearbeiten solche Bereiche, die für das einzelne System relevant sind. Zudem erhält ein System Informationen nicht in Form von ‚Inputs‘, denn das würde bedeuten, dass ‚etwas‘ unbearbeitet von der Umwelt ins System eindringen könnte. Informationsgewinnung beruht vielmehr auf systemspezifischen Prozessen. Es scheint

"also Unsinn zu sein, daß die Farben, die Formen und die gegenständlichen Beziehungen, die die Welt unseres Erlebens ausmachen, als ‚Informationen‘ aus einer realen Außenwelt in unsere Wirklichkeit tauchen. Sie können […] nie mit dem verglichen und geprüft werden, was Realisten als Ursachen unserer Beobachtungen erkennen möchten." (Von Glasersfeld 1996: 24)

Für die Informationsverarbeitung hat man den zellbiologischen Begriff der Interpenetration übernommen. Dieser beschreibt, dass ein ‚etwas‘ nur unter systemspezifischer Bearbeitung in das System Einlass findet. Einlass und Bearbeitung finden zeitgleich statt und zu diesem Zeitpunkt ist ‚es‘ bereits Teil des Systems und kein ungefilterter Umwelteinfluss mehr. Eine Information ist folglich immer systemspezifisch sowie systeminhärent.

Die Autopoiesis hat eine weitere Funktion, denn sie stabilisiert das soziale System. So kann es seine Funktion für die Gesellschaft wahrnehmen, wozu es eines systemspezifischen Programms bedarf. Beispielsweise bearbeitet das System Wirtschaft seine Umwelt nach dem Thema ,Geld'. Für die systemtheoretische Terminologie operiert Wirtschaft nach dem binären Code ,zahlen/nicht-zahlen' und das Leitmedium ,Geld' garantiert die Kommunikation, die die systemische Autopoiesis vorantreibt.[74]

Luhmann arbeitet sich an verschiedenen sozialen Teilbereichen ab, zum Geschlechterverhältnis steuert er allerdings nur wenig bei. Lediglich in der Zeitschrift für Soziologie erscheint sein Artikel "Frauen, Männer und George Spencer Brown" (1988b, hier zitiert aus Pasero/Weinbach 2003). Luhmann irritiert mit diesem Artikel viele Geschlechterforscher, was sicherlich zum Teil dem provozierenden Ton des Aufsatzes geschuldet ist. Bis heute ist der Aufsatz für Feministen ein ,Stein des Anstoßes'. Luhmann bescheinigt der Frauenforschung, dass sie unbedachte Handlungen evoziert, sich in Selbstreferenz verstrickt und theoretische Reflexion vermissen lässt. Die Aktionen, die sich aus dieser vermeintlichen Forschung herleiten, sind aufdringlich und unbedacht. (Vgl. Luhmann 1988b: 16f) Seine Vorbehalte gegenüber der Frauenbewegung sorgen dafür, dass die Rezeption dieses Artikels sich mehr daran orientiert, "ob Luhmann ,gegen' oder ,für' die feministischen Forderungen war" (Esposito 2003: 63) und sich "nicht auf die von Luhmann erhobenen Punkte konzentriert" (ebd.).

Luhmann kritisiert die Geschlechterforschung wegen ihrer Art der Auseinandersetzung mit der sozialen Kategorie Geschlecht und nicht per se. Seine Kritik bezieht sich folglich auf die Metaebene, die Beobachtungsebene zweiter Ordnung, der Frauenforschung. Seines Erachtens muss die feministische Theorie sich von der feministischen Bewegung distanzieren. Tut sie es nicht, identifiziert sich die feministische Theorie mit den gleichstellungspolitischen Zielen und ist damit stets aktionistisch geprägt. Geschlechterforschung sollte sich aber nicht an dem Ziel der Gleichberechtigung aufreiben, sondern die so-

---

[74] Die Bedeutung der Autopoiesis für Kommunikation und soziale Systeme wird in Kap. 4.2.2 ausführlich dargelegt.

zialen Mechanismen und Strukturen aufspüren, die für geschlechtsspezifische Ungleichheiten sorgen. (Vgl. Luhmann 1988b: 56)

Luhmann wittert weitere Schwachstellen der Frauenforschung. Er unterstellt der feministischen Theorie einen Mangel an Reflexionspotential, der in dieser Arbeit bereits mehrmals thematisiert wurde: das "Paradox der Ununterscheidbarkeit des Unterschiedenen" (ebd. 33). Denn nur für das, was sich unterscheidet, kann man Gleichheit fordern. Es kann nur dort Gleichheit geben, wo es Ungleichheit gibt. Wenn Gleichstellung das Ziel der feministischen Bewegung ist, dann bedarf es Ungleichheit, um sich ex negativo an ihr zu orientieren. So wird das, was abgelehnt wird, zur Voraussetzung für die Zielformulierung und -erreichung. (Vgl. Hellmann 1994: 16)

Wenn die feministische Theorie es schafft, sich von der Frauenbewegung zu lösen, dann gibt es dieses Paradox nicht mehr. Luhmann sieht in den differenztheoretischen Überlegungen George Spencer Browns das Instrumentarium, dies zu erreichen. Den Seitenhieb auf die Frauenforschung, dass sich die feministische Theorie bislang daran nicht probiert hat, weil sie nicht den "Zugang zu derjenigen Logik gefunden hat, die ihrer Struktur nach eine maskuline Logik und deshalb abzulehnen ist" (Luhmann 1998: 15f), konnte Luhmann sich nicht verkneifen.[75] Mit Hilfe systemtheoretischer Begriffe sowie Spencer Browns Distinktionstheorie macht sich Luhmann daran, Geschlecht von der Beobachtungsebene zweiter Ordnung her zu analysieren und so das Paradox der Ununterscheidbarkeit des Unterschiedenen aufzulösen.

Die Frauenforschung verstärkt die Grenze zwischen Frau und Mann, weil ihre grundlegende Differenz, das "Draw a distinction!" (Spencer Brown 1999: 3), die Unterscheidung ‚Frau/Mann' ist. Was aber ist überhaupt eine Unterscheidung, wie entsteht sie und was für Konsequenzen hat sie?

Distinktionstheoretisch spaltet sich mit einer Unterscheidung ein Raum, der zusammen mit dem Inhalt dieses Raums die Form ergibt. Die Unterscheidung wurde zuvor ebenfalls unterschieden, daher kann es keinen bedingungslosen Anfang geben. Mit anderen Worten: Jeder Anfang ist paradox. (Vgl. Luhmann

---

[75] Dass dem nicht sein muss, zeige ich mit dem Exkurs Kap. 3.4.4.

1988b: 17f) Nach der Unterscheidung können alle Räume, Zustände oder Inhalte auf beiden Seiten der Unterscheidung bezeichnet werden (vgl. Spencer
Brown 1999: 1). Unterscheiden und Bezeichnen sind zwei Funktionen der
gleichen Operation, denn nur das, was unterschieden wurde, kann bezeichnet
werden und eine Unterscheidung hat immer eine Bezeichnung zum Ziel. Die
Seite, die bezeichnet wird, ist die Innenseite einer Unterscheidung, die Außenseite wird nicht bezeichnet. Die Innenseite einer Unterscheidung ist für den
Beobachter erster Ordnung beobachtbar. Der Beobachter zweiter Ordnung
kann sowohl die Innen- als auch die Außenseite beobachten. Er beobachtet
die bezeichnete und die nicht bezeichnete Seite der Unterscheidung, wobei er
selbst wiederum unterscheidend operiert und dabei ausschließlich die bezeichnete Innenseite beobachten kann – ad infinitum.

Für den Beobachter erster Ordnung ist die Außenseite nicht erkennbar. Sie
bleibt gleichwohl zugänglich, denn die Grenze, die durch die Unterscheidung
gezogen wurde, kann gekreuzt werden. Jede Unterscheidung ordnet die unterschiedenen Seiten so an, "daß ein Punkt der einen Seite die andere Seite
nicht erreichen kann, ohne die Grenze zu kreuzen." (Ebd.) Das Kreuzen zwischen Innen- und Außenseite wird ermöglicht, indem in der Ausgangsoperati-
on (nicht Anfangsoperation) bereits eine unaufhebbare Asymmetrie für eine
Seite angelegt ist (vgl. Luhmann 1988b: 18). Spencer Brown argumentiert,
dass jeder Unterscheidung ein Motiv zugrunde liegen muss, denn ansonsten
gäbe es keinen Grund für eine Unterscheidung. Ein Motiv ergibt sich daraus,
dass "Inhalte als unterschiedlich im Wert angesehen werden" (Spencer Brown
1999: 1) – was nichts anderes als eine der Unterscheidung implizite Asymmetrie bedeutet.[76]

3.4.1.3 Luhmanns Weg des Feminismus

Mir der jeder Unterscheidung innewohnenden Asymmetrie spannt Luhmann
den Bogen zur Geschlechterordnung. Durch die Asymmetrie wird eine Seite

---

[76] Eine solche, der Unterscheidung inhärenten, Asymmetrie ist problematisch, weil sie letzt-
endlich ontologisch begründet ist. Eine Kritik folgt in Kap. 3.4.4 und ein alternativer Weg wird
in Kap. 5 aufgezeigt

der Unterscheidung bezeichnet und steht somit als Grundlage für andere Prozesse bereit. Ohne eine, noch so marginale Präferenz für eine Seite der Unterscheidung, würde die Unterscheidung in der Unterscheidung stecken bleiben – Stillstand. Luhmann bezieht die Asymmetrie auf den Geschlechterdualismus. Seines Erachtens ist eine Asymmetrisierung "als Perfektionsmerkmal
in die Grundoperation einzubauen. Wir vermuten: bereits darin steckt die Entscheidung dieser Logik für den Mann." (Luhmann 1988b: 21) Für Luhmann
sind Asymmetrien je nach Gesellschaftsformen unterschiedlich angelegt. In
einer stratifikatorischen Gesellschaft kommt die Asymmetrie der Unterscheidung ‚Frau/Mann' anders zustande als in einer funktional differenzierten Gesellschaft.

Stratifikatorische Gesellschaften führen die Repräsentation des Ganzen in
seinen Teilen mit sich, so dass ein System in sich selbst als Subsystem vor-
kommt (vgl. ebd.: 32). In den einzelnen sozialen Schichten wiederholt sich die
gesamtgesellschaftliche Ordnung. Die Hierarchie zeigt sich auch in den Unterscheidungen innerhalb der kleineren sozialen Teilbereiche, sie unterliegen den
gleichen Repräsentationsasymmetrien. In stratifikatorischen Gesellschaften
obliegt die Repräsentation der Ordnung, man könnte auch sagen: des Unter-
scheidungsmanagements, dem Mann. Frauen hingegen repräsentieren keine
soziale Ordnung, sondern die garantierte Fortführung bestehender Unterscheidungen: Sie gebären Kinder. (Vgl. ebd.: 26f) Unterscheiden und Bezeichnen folgen der asymmetrischen Hierarchiesemantik, die durch den Mann
bestimmt wird. Die Frau ist nicht vielmehr als soziale Peripherie.

Funktional differenzierte Gesellschaften zeichnen sich für Luhmann hinsichtlich ihrer Geschlechterpolitik durch zwei Dinge aus: das Unterscheidungsparadox und die Funktionslosigkeit der Geschlechterunterscheidung. Funktional
differenzierte Gesellschaften erheben Egalität zur Norm, und Asymmetrien
werden unbrauchbar und anachronistisch. Luhmann nennt das ‚unterscheidungsparadox'. Denn die Asymmetrien sind jeder Unterscheidung inhärent,
und ohne Unterscheidung kann es keine Bezeichnung und keine Beobachtung
geben. "[D]ie Welt resultiert aus der formgebenden Unterscheidung" (Nassehi

2003: 221). Kurzum: keine Unterscheidung, keine Welt. Fordert man aber Egalität, steht man vor einem Unterscheidungsparadox.

Das gilt auch auf der Ebene sozialer Systeme. In funktional ausdifferenzierten Gesellschaften bildet sich Ordnung nicht mehr über Repräsentation heraus, sondern aufgrund systemischer Logik. Systeme operieren nach ihrem jeweils eigenen systemspezifischen Programm. Auch Systeme können nur dann unterscheiden, wenn eine Unterscheidungsasymmetrie vorliegt. Die Asymmetrie zu überwinden, die in der Unterscheidung ‚Frau/Mann' liegt, kann distinktionslogisch folglich keine Lösung sein. Dann würde nach Luhmann die autologische Falle zuschnappen: Ohne Asymmetrie keine Unterscheidung, und ohne Unterscheidung keine Gleichheit. (Vgl. Luhmann 1988b: 33) Das Unterscheidungsparadox, an dem die feministische Theorie krankt, ist für Luhmann jeder Unterscheidung eingebaut. Die Geschlechterforschung hat für ihn somit ein strukturelles Problem. Wie kann es behoben werden? Die Antwort liegt für Luhmann in der Distinktionslogik.

Eine Unterscheidung benennt die Innenseite und blendet die Außenseite aus. Nur wenn die Außenseite unbezeichnet bleibt, kann die Innenseite bezeichnet und als ‚marked space' zur Voraussetzungen aller weiteren Beobachtungen werden. Ein Beobachter zweiter Ordnung kann sowohl den ‚marked' als auch den ‚unmarked space' beobachten. Hinsichtlich des Unterscheidungsparadoxes in der Frauenforschung ist Luhmann so zu interpretieren, dass sich die feministische Theorie auf die Beobachtungsebene zweiter Ordnung begeben muss. Nur so kann sie die Form ‚Geschlecht' beidseitig beobachten und analysieren. Sie darf Frausein nicht als ‚marked space' bezeichnen und Mannsein als ‚unmarked space' invisibilisieren. Für den Beobachter zweiter Ordnung ist ein ‚crossing' von Innen- und Außenseite möglich, ohne dabei die Unterscheidung rückgängig zu machen. Durch die Wiedereinführung der nicht bezeichneten Außenseite wird die Form, als Einheit der Unterscheidung, beobachtbar. Noch einmal: Dieser re-entry ist ausschließlich auf der Beobachtungsebene zweite Ordnung möglich. Die Frauenforschung schafft es aber nur dann auf die Beobachtungsebene zweiter Ordnung, wenn sie sich von ihren "aufdringlichen Aktivitäten" (ebd.: 17) verabschiedet.

Das Unterscheidungsparadox entsteht aus der funktional differenzierten Gesellschaft heraus und löst das Paradox der stratifikatorischen Gesellschaft –
wie kommt ein System im System vor – ab. Denn es übernehmen soziale Teilbereiche spezifische Funktionen für die Gesellschaft und das ‚Große' wird
nicht mehr im ‚Kleinen' repräsentiert. Dies wirft neben dem Unterscheidungsparadox eine zweite Problematik für die Frauenforschung auf: Was ist überhaupt die soziale Funktion der Geschlechterunterscheidung?[77]
Funktional differenzierte Gesellschaften setzen sich aus einzelnen Systemen
zusammen. Jedes System definiert sich über die Funktion, die es für die Gesellschaft erfüllt. Es arbeitet nach systemspezifischen Programmen, Leitmedi-
en und Codes, die Asymmetrien abbauen. Das Gefälle in einer Unterscheidung nimmt ab, und so wird das ‚crossing' maßgeblich erleichtert. Luhmann
sieht in der Unterscheidung ‚Frau/Mann' jedoch keine binäre Codierung, die
das ‚crossing' einfacher macht. Dieser Dualismus schwächt Asymmetrisierung
nicht ab. (Vgl. ebd.: 41f sowie Hellmann 1996: 15) Allerdings ist für Luhmann
die Hierarchiesemantik der Geschlechterkategorie in funktional differenzierten
Gesellschaften wirkungslos, weil ‚Frau/Mann' für kein Funktionssystem als binärer Code dienen kann. Der Geschlechterdualismus entscheidet nicht über
den Systemzugang. Folglich ist die Geschlechterdifferenz auf der Ebene sozialer Systeme unbedeutend. Das Credo, dass Geschlecht "suffuses all a-
spects of our lives, from the micro- to the macro-level" (Lorber/Farrell 1991:9),
gilt aus systemtheoretischer Sicht für moderne Gesellschaften nicht mehr.
(Vgl. Hellmann 2004: 35)

Die Frauenbewegung wird sich nicht von ihrer Leitdifferenz ‚Frau/Mann' verabschieden, zumal sie ihr als Ideologie dient. Nur stehen sich der Code und das
Ziel der Frauenbewegung antipodisch gegenüber: "Ihr Code ist die Unter-

---

[77] Interessant erscheint mir die Frage dahingehend zu sein, welchen *Nutzen* die Unterscheidung für die Gesellschaft hat. "Geschlecht wurde zwar in der Gender-Forschung oftmals [...]
problematisiert" (Waniek 2001: 147), doch "wie dieses für uns *bedeutsam* wird" (ebd.; Hervorh. im Org.), blieb dabei unreflektiert. Die feministischen Theoretiker scheinen besonders
vorsichtig zu sein, in der Unterscheidung ‚Frau/Mann' einen nutzbringenden Prozess zu erkennen, vermutlich weil sie zumeist damit beschäftigt sind, à la Butler, die Dekonstruktion zu
fordern. Kap. 5.2.2 führt diesen Gedanken aus.

scheidung von Frau und Mann. Ihr Programm ist die Gleichstellung." (Ebd. 49) Man könnte es mit Luhmann so formulieren, dass die Frauenbewegung das Unterscheidungsparadox ‚Gleichheit durch Ungleichheit' braucht, um überhaupt existieren zu können. Die Frauenforschung muss sich von dem Postulat der Geschlechteregalität, das die funktional differenzierte Gesellschaft ausrief, verabschieden. Sie braucht die Unterscheidung und keine Egalität. Für Luhmann hat sich die gegenwärtige Frauenforschung jedoch diesen politischen Zielen der Geschlechtergleichheit verschrieben: Sie stellt Unterschiede zwischen Frauen und Männern fest, prangert Ungleichheit an und verharrt letztlich in Wirkungs- sowie Belanglosigkeit.

> "Frauen leben länger als Männer, haben aber schlechtere Karrierechancen und geringere Renten. Sie sind in physischen Kämpfen unterlegen, in verbalen überlegen. In bestimmten Berufen, zum Beispiel unter Professoren, Müllarbeitern und Leuchtturmwärtern, findet man sie seltener, in anderen, zum Beispiel bei Schreibarbeiten und in der Krankenpflege, findet man sie häufiger als Männer. Sie greifen weniger häufig zur Pfeife als Männer und sind, weil sie dieses Symbol zwangloser Verhandlungsbereitschaft nicht handhaben können, sondern allenfalls spitze Zigaretten rauchen, nach traditioneller britischer Auffassung für den civil service ungeeignet. [...] Feststellungen dieser Art bleiben jedoch wissenschaftlich uninteressante Tatsachenberichte. Wer dies bestreiten will, und es wird bestritten werden, muß sich zu einer relativ anspruchslosen Auffassung von wissenschaftlicher Forschung bekennen." (Ebd.: 36)

Wenn sich die Geschlechterforschung, wie Luhmann sagt, vom Gleichheitsgedanken lösen muss, wird empirische Geschlechterforschung weitgehend überflüssig. Sie hätte nur noch den Charakter unterhaltsamer Anekdoten. Die feministische Theorie muss als Beobachterin zweiter Ordnung das ganzheitliche Phänomen Geschlecht in seiner Unterscheidungsasymmetrie begreifen.

3.4.2 Die Weiterentwicklung von Luhmann

Neuere systemtheoretische Arbeiten versuchen, die Postulate der feministischen Bewegung zu überwinden und stattdessen den Kontext zu analysieren, der Geschlecht als sozial konstruiertes Phänomen hervorbringt. Diese jüngsten Ansätze der Geschlechterforschung nähern sich mit systemtheoretischer Logik der Geschlechterdifferenz. Dabei wenden sie sich von ontologischen Beschreibungssystemen ab und schließen sich dem erkenntnistheoretischen

Paradigma an, dass auch die eigenen Erkenntnisse nur als Beobachtungsresultate gelten. Sie alle sind "schon längst auf dem Weg konstruktivistischer Perspektiven" (Pasero 1994: 264), der sowohl einen undogmatischeren Feminismus als auch theoretische Tiefenschärfe verspricht (vgl. ebd.: 282). Im Folgenden erläutere ich die Begriffe der Kontingenz sowie der doppelten Kontingenz, denn aus ihnen ergibt sich für Pasero, dass die Geschlechterkategorie dethematisiert wird und somit an sozialer Bedeutung verliert. Nach dieser Einführung widme ich mich Christiane Weinbachs Monographie "Systemtheorie und Geschlecht" (2004), um die kommunikationstheoretische Weiterentwicklung, als Verknüpfung von Geschlechterforschung und Systemtheorie, exemplarisch vorzustellen.

3.4.2.1 Dethematisierung

In sozialen Beziehungen haben die Interagierenden verschiedene Entscheidungsmöglichkeiten – im Sinne der Distinktionstheorie: Unterscheidungsmöglichkeiten –, aus denen sie wählen. Folglich ist Verhalten kontingent, es hätte immer auch anders sein können. Weil eine fortwährende Erwartungsunsicherheit lähmen würde, bilden sich Orte, an denen sich Prozesse bündeln und soziale Ordnung entsteht. Das dient langfristig der sozialen Orientierung (s. auch Kap. 4.1.3). Soziale Systeme sind ebendiese Orte, die Unsicherheiten nach systemspezifischen Modi absorbieren. Kontingenz wird hier sinnhaft nach systemischen Regeln (Codes, Programme, usw.) bearbeitet. (Vgl. Pasero 1994: 85) Auch das Geschlecht ist prinzipiell kontingent. Denn die Regeln, nach denen Frauen und Männer klassifiziert werden, hätten auch anders sein können (s. Kap 2.2 sowie vgl. Pasero 1995: 52). Gleichwohl sind diese Regeln derart internalisiert, dass die Kontingenz normalerweise nicht spürbar ist.

Ein Ergebnis dieser kontingenten Geschlechterzuordnung, die nur eine Facette der Kontingenzerfahrung in modernen Gesellschaften darstellt, ist, dass die Vielfalt der möglichen Geschlechterarrangements eine "substantielle Interpretation" (Pasero 1994: 267) nicht mehr zulässt. Kommunikation und nicht Individuen sind die Elemente sozialer Systeme.[78] In funktional differenzierten Gesellschaft ist die Anwesenheit des Individuums häufig nicht zwingend erforderlich, weil die Funktionssysteme selbsterhaltend und nicht zwangsläufig mit Hilfe der Präsenz der Systemmitglieder operieren. Dadurch "verblassen sowohl die rigide Zweiteilung der Geschlechter als auch das Modell komplementärer Vollständigkeit. Die Geschlechterdifferenz ist nur ein Ordnungsmuster unter anderen." (Pasero 1995: 59) Die sozialen Orte erscheinen geschlechtlich neutral, und Gleichheit sowie Gleichstellung sind Ziele der funktional differenzierten Gesellschaft. Asymmetrien erscheinen, wie in Kap. 3.4.1 dargelegt, als unzeitgemäß und müssen abgebaut werden. Aufgrund der funktionalen Differenzierung ergeben sich vielmehr Symmetrisierungsprozesse, die der Asymmetrie, die im Geschlechterdualismus liegt, entgegenwirken. (Vgl. Pasero 2003: 105)

All dies führt nach Pasero dazu, dass die Geschlechterzugehörigkeit meist nicht relevant ist, ein Verweis darauf sogar unpassend erscheinen kann. Das Leben in einer funktional differenzierten Gesellschaft erfordert kein geschlechtliches Statement, um Zugang zu den verschiedenen sozialen Systemen zu erhalten. Geschlecht wird abgeschwächt, neutralisiert und tritt in den Hintergrund. Die Folge ist die programmatische Dethematisierung von Geschlecht (vgl. Pasero 1994: 267 sowie Pasero 1995: 50).

3.4.2.2 Kommunikation und Person

Die systemtheoretischen Geschlechterforscher beschwören den Bedeutungsverlust der Geschlechterkategorie in funktional differenzierten Gesellschaften. Die Systemzugänge, die Inklusion und die Exklusion, sind ausschließlich nach funktionseigenen, bzw. systemspezifischen Mustern organisiert. Alter, Geschlecht oder Schicht sind keine Inklusionskriterien mehr. Sie verlieren ihre ordnungsbildende Funktion und schließlich ihre soziale Relevanz. Diesen Gedanken greift Christine Weinbach in ihrer bemerkenswert systematischen Verknüpfung von Geschlechterforschung und Systemtheorie auf. Ihre Ausführun-

---

[78] Diese Ansicht vertritt vor allem Luhmann, die in Kap. 4 kritisiert wird.

gen werde ich im Folgenden auf ihr kommunikationstheoretisches Potential hin überprüfen.[79] (Vgl. Weinbach 2004)

Positiv zu bewerten ist, dass Weinbach ein Modell von Kommunikation vorstellt. Sie konzipiert Kommunikation, ganz im Sinne der Systemtheorie, als autopoietisches und selbstreferentielles System. Kommunikation kommt zustande, indem auf eine Mitteilung eine andere Mitteilung folgt, welche von verschiedenen Interaktionsteilnehmern kommen. Der Kommunikationsprozess treibt sich über seine Elemente, die Mitteilungen, selbst voran und die Autopoiesis der Kommunikation läuft. Aus dem autopoietischen Kommunikationsprozess emergiert dann sozialer Sinn. (Vgl. Weinbach 2004: 65f) Sinn ist ein Produkt systemischer Operationen und keine Entität, die unabhängig von den beiden sinnverwendenden Systemen Kommunikation und Bewusstsein gedacht werden kann. Sinn entsteht dort, wo die Unterscheidung von Selbst- und Fremdreferenz vollzogen wird – wie im Kommunikationsprozess, in dem sich Mitteilungen verschiedener Interaktionspartner aneinanderreihen (vgl. dazu ausführlich ebd.: 19ff.). Obwohl alle Mitteilungen von Personen ausgehen, ist der Sinn eines Kommunikationsprozesses nicht bei der mitteilenden Person zu suchen. Sinn emergiert, er ergibt sich aus dem Fortlauf der Kommunikation und nicht aus dem Inhalt einer Mitteilung.[80] Dazu zählt ebenfalls non-verbales Handeln – auch daraus emergiert Sinn. (Vgl. ebd.: 67)

Nach Weinbach entsteht durch das Aneinanderreihen einzelner Mitteilungen "eine kommunikative Realität sui generis" (ebd.). Kommunikation ist folglich mehr, als die Summe ihrer einzelnen Elemente. Sie generiert etwas Eigenes. Etwas, das sich nicht auf die eingebrachten Mitteilungen rückbeziehen lässt. Sinn und Realität erfüllen bei Weinbach die konstruktivistischen Paradigmen.

---

[79] Ihre systemtheoretischen Verknüpfungen von Systemtheorie und Geschlechterforschung können im Rahmen dieser Arbeit nicht komplett nachgezeichnet werden. Darum steht ihr Kommunikationsbegriff im Vordergrund meiner Analyse.

[80] Differenztheoretisch emergiert Sinn aus der Operationalisierung von Differenzen. Unterschieden und benannt kann nur das werden, was ‚Sinn macht'. Ohne Sinn könnte nichts unterschieden werden, alles "wäre [...] in unendlicher Differentialität zur Unbeobachtbarkeit in unendlicher Amorphität bis zur Differenzlosigkeit verwischt. Sinn [...] identifiziert das Differentielle, macht Welt erfahrbar." (Jahraus 2003: 86)

Sie sind nicht einfach ‚schon da', sondern erst Kommunikation bringt sie prozessual hervor.

Zweiter wesentlicher Baustein Weinbachs systemtheoretischer Geschlechterforschung ist die ‚Person'. So wie Kommunikation ist auch Bewusstsein ein autopoietisches System, beide sind füreinander Umwelt. Sie stehen zueinander in einem Abhängigkeitsverhältnis, da Bewusstsein über Wahrnehmung operiert, diese aber nicht mitteilen kann. Kommunikation sozialisiert, kann jedoch nicht wahrnehmen. Damit ein Interpenetrationsverhältnis entstehen kann, bedarf es eines Mechanismus', der Kommunikation und Bewusstsein koppelt, denn nur so können sie ihre je spezifische Leistung dem anderen System zur Verfügung stellen und ‚gemeinsam' arbeiten. Diesen Mechanismus nennt Weinbach ‚Person'. Die Person synchronisiert die beiden autopoietischen Systeme Kommunikation und Bewusstsein und ist folglich Generator der strukturellen Kopplung.[81] Damit ermöglicht die Person die Beobachtung des anderen Systems nach der eigenen Systemspezifik. (Vgl. Weinbach 2003: 150f) Die systemtheoretische Funktion der Person ist es, die Einheit der Unterscheidung Kommunikation und Bewusstsein zu bilden, die sie in beide Systeme anhand der Unterscheidung von Selbst- und Fremdreferenz wiedereinführt. So nimmt das jeweilige System nicht nur sein strukturell gekoppeltes System wahr, durch die Wiedereinführung beider kann es auch sich selbst beobachten, ohne dass die Autopoiesis unterbrochen wird. (Vgl. Weinbach 2004: 27) Dank der strukturellen Kopplung überprüfen Kommunikation und Bewusstsein ihr Operieren und richten sich aneinander aus. Die Person sorgt dafür, dass es nicht zu Dissonanzen kommt: So, wie kommuniziert wird, sollte auch wahrgenommen werden.

---

[81] Das Prinzip der strukturellen Kopplung beschreibt ein ‚inniges' Verhältnis mindestens zweier Systeme, die stetig Bezug aufeinander nehmen oder gemeinsame Bezugnahmen auf ein ausgeschlossenes Drittes vollziehen. So bildet sich ein stabiles wechselseitiges Verhältnis aus, das durch eine gemeinsame Entwicklung, Ko-Evolution, sich fortwährend selbst stabilisiert. (Vgl. dazu ausführlich Maturana/Pörksen 2002: 72ff.)

Weinbach überträgt dies nun auf die Geschlechterunterscheidung, indem sie "[d]ie Form Person als *geschlechtlich gefaßtes* Erwartungsbündel" (Weinbach 2003: 152; Hervorh. im Org.) definiert.[82] Auf der Interaktionsebene bedeutet dies, dass sich Frauen und Männern unterschiedlichen Erwartungen gegenüber sehen. Weinbach definiert die Person weiter als "Einheit interner und externer Rollenverpflichtungen" (ebd.: 153). Frauen und Männer müssen die internen sowie externen Rollenverpflichtungen geschlechtsspezifisch und kongruent erfüllen. In Interaktionen ist die Person "immer auch geschlechtlich gefasste Form ,Person', die das Bewusstsein dazu auffordert, sich in der Interaktion mit Bezug auf den eigenen Körper als männlich oder weiblich zu beobachten". (Weinbach/Stichweh 2001: 47)

Der Körper ist dabei die "Sicherheitsbasis" (Bette 1987: 603; im. Org. hervorgehoben), die einen lückenlosen Rückbezug auf *ein* Geschlecht bietet. Sich selbst als geschlechtlich ,einseitig' – entweder Frau oder Mann – zu beobachten, ist für Weinbach eine Art der Kontingenzbearbeitung. Sich für ein Geschlecht zu entscheiden und dies entsprechend zu kommunizieren, schafft für einen selbst wie für die Interaktionspartner Erwartungssicherheit. Werden die Erwartungen erfüllt und die internen und externen Rollenverpflichtungen stimmen überein, entsteht die Geschlechtsrollenidentität. Weinbachs Konzept der Geschlechtsrollenidentität speist sich folglich sowohl aus der Einordnung geschlechtsspezifischer Körpermerkmale als auch aus den sozial suggerierten und tradierten Erwartungen an den Geschlechtsinhaber.[83]

Das geschlechtsspezifische Erwartungsbündel Person ist zudem auch die Adresse der Mitteilungen. Im Interaktionsprozess ist beides relevant: Auf der Beobachtungsebene erster Ordnung dient die Person als Adresse für Mitteilungen. Auf der Beobachtungsebene zweiter Ordnung ist die Person ein geschlechtlich gefasstes Erwartungsbündel. Davon ableitend analysiert Wein-

---

[82] Dabei führt die Person die Kategorie Geschlecht wieder in die Interaktion ein, was an späterer Stelle noch einmal aufgegriffen wird, wenn es um die Relevanz der Geschlechterkategorie in funktional ausdifferenzierten Gesellschaften geht (s. Kap 3.4.3.2).
[83] Sie führt dazu die Kontingenzformel als Einheit der Unterscheidung Selbst- und Fremdreferenz ein, über die sich schließlich eine Geschlechtsrollenidentität ausbildet. Diese differenziert sich auf zeitlicher, sachlicher und sozialer Dimension aus (vgl. Weinbach 2004: 40ff.)

bach anhand diverser Studien die geschlechtsspezifischen Unterschiede des Kommunikationsverlaufs. Männliche Kommunikation beschreibt sie "als selbstreferenziell und handelnd" (Weinbach 2004: 75) und weibliche Kommunikation als "sich fremdreferenziell erlebend" (ebd.). Sie konstatiert, dass sich die Kommunikationsteilnehmer als körperliche Personen und somit als geschlechtliche Personen wahrnehmen. "Kommunikation orientiert sich in ihrer Beobachtung am Geschlecht der Person." (Ebd.) Das Geschlecht bietet in der präkommunikativen Phase Orientierung und fungiert somit ordnungsbildend (vgl. ebd.: 76).

3.4.2.3   Ein Rest sozialer Relevanz

Wie die anderen Systemtheoretiker spricht auch Weinbach der Geschlechterkategorie nicht mehr die Relevanz zu, die sie in stratifikatorischen Gesellschaften noch hatte. Gleichwohl hält Weinbach Geschlecht nicht für prinzipiell bedeutungslos, sondern differenziert hier nach Funktions-, Organisations- und Interaktionssystemen.

Auf der Ebene der Funktionssysteme spielt Geschlecht für Weinbach keine wesentliche Rolle. Sie schließt sich Luhmann an und stellt fest, dass in funktional differenzierten Gesellschaften die Geschlechterkategorie nicht länger als Inklusionsmechanismus fungiert. Alle Akteure handeln gemäß der Rolle, die sie im Funktionssystem einnehmen. Es gilt das systemspezifische Programm. Der binäre Code regelt den Zugang zum System. Geschlecht ist für kein soziales System das Inklusionskriterium und verliert folglich auf der Ebene der Funktionssysteme an Bedeutung. (Vgl. Weinbach/Stichweh 2001: 34)

Bezüglich der Organisationssysteme kommt Weinbach zum gleichen Ergebnis, nämlich "dass kein zwingender Grund zu erkennen ist, warum die interne Differenzierung der Organisation eine geschlechtliche Arbeitsteilung widerspiegeln sollte." (Ebd.: 41) Organisationales Handeln ist stets Entscheidungshandeln, da eine Organisation sich selbst über ihre Entscheidungen beobachtet und konstituiert. Die organisationsspezifische Hierarchie bildet sich da-

---

Dass erst die Kontingenzformel zu einer Identität führt, ist meines Erachtens ein unnötiger

nach aus, welches Organisationsmitglied welche Entscheidungen fällt. Jedes Organisationsmitglied hat eine Mitgliedsrolle inne. Diese symbolisiert die Grenze von System und Umwelt, indem sie als Einheit der organisationsinternen und -externen Rollenverpflichtungen fungiert, wobei diese Verpflichtungen zweckgebunden und organisationsspezifisch sind. Die Organisation bestimmt eigenverantwortlich über ihren Zweck und damit über ihre Umweltbezüge, ihre System-Umwelt-Grenze und ihre Erwartungen an die Mitglieder. Weinbach sieht darin die nötige Flexibilität und Lernfähigkeit, um geschlechterpolitische Strategien durchzusetzen. Wie schon auf der Ebene der Funktionssysteme zeigt sich auch auf der Ebene der Organisationssysteme "eine systemstrukturelle Entbehrlichkeit der Geschlechterdifferenz, eine Art Entropie ihrer informativen Relevanz." (Ebd.: 30)

Einzig auf der Ebene der Interaktionssysteme hält Weinbach die Geschlechterkategorie noch für relevant. Weil jede Mitteilung auf eine mitteilende Person zurückzuführen ist, wird das Geschlecht der mitteilenden Person in die Interaktion wieder eingeführt. Dabei dient es "als systeminterne Orientierungshilfe" (ebd.: 43). Dass die Personen und ihre Rollenverpflichtungen als geschlechtlich gesehen werden, ist eine Konstruktion des Interaktionssystems. Geschlecht strukturiert die kommunikativen Prozesse und operiert darüber im Funktionssystem ordnungsbildend. Das Geschlecht eignet sich hervorragend zur Strukturbildung innerhalb der Kommunikation, weil es nur in den seltensten Fällen zu Unsicherheiten in der Wahrnehmung kommt. Weil die Person immer schon eine geschlechtliche Person ist und damit das Geschlecht ins Interaktionssystem (wieder) einführt, ist die Interaktion selbst immer auch als weiblich oder männlich klassifizierbar. Das Interaktionssystem ist, anders als das Organisations- und Funktionssystem, "auf schnell verfügbare, handhabbare und durch visuelle Wahrnehmung gesteuerte Reduktion" (ebd.: 30) angewiesen. Das Geschlecht ist dabei hilfreich.

Auf der Interaktionsebene ist Geschlecht demnach noch immer ein Unterschied, der einen Unterschied macht (sensu Spencer Brown). Für Funktions-

---

Umweg (zur Identitätsbildung s. Kap. 4.3).

und Organisationssysteme aber hat Geschlecht seine Funktion als Inklusionskriterium verloren und ist damit weitgehend bedeutungslos.

3.4.3 Kritik

Wenn die vorgestellten Ansätze der systemtheoretischen Geschlechterforschung auch kommunikationstheoretische Weiterentwicklungen aufweisen, die
Defizite sind dennoch nicht überwunden. Die wesentliche Schlussfolgerung,
dass das Geschlecht in funktional differenzierten Gesellschaften an Relevanz
verliert, halte ich für problematisch – nicht weil ich die These ablehne, sondern
weil die Argumentationskette der systemtheoretischen Geschlechterforschung
nicht überzeugt.[84] Im Folgenden kritisiere ich zuerst Paseros Dethematisierungsansatz und anschließend Weinbachs Verbindung von Systemtheorie und
Geschlechterforschung. Im Exkurs kritisiere ich Luhmanns differenzlogischen
Ansatz und insbesondere sein harsches Urteil über die Frauenforschung.

Die Annahme, dass Geschlecht in funktional differenzierten Gesellschaften
programmatisch dethematisiert wird, speist sich bei Pasero aus begrifflichen
Ungenauigkeiten. Pasero unterscheidet nicht durchgängig zwischen der Geschlechtszugehörigkeit und dem Geschlechterdualismus (vgl. Pasero 1995:
60f).

Ihr Beispiel für eine Situation, in der Geschlecht nicht thematisiert wird, ist der
Einkauf beim Bäcker. Angenommen beim Bäckerbesuch thematisiert man
nicht selbst das eigene Geschlecht, so lehrt einen die Alltagserfahrung, dass
der Bäcker oder eine anderer Kunde das eigene Geschlecht durchaus thematisieren können. Möglicherweise nimmt der Bäcker das Geschlecht zum An-
lass, erst die junge Frau und danach den jungen Mann zu bedienen. Man kann
zwar nicht zweifelsfrei eine kausale Beziehung zwischen der Bedienung und

---

[84] Karl-Heinrich Bette formuliert die interessante "Annahme von einer gleichzeitigen Steigerung von Körperverdrängung und Körperaufwertung im Rahmen der modernen Gesellschaft." (1987: 600) Funktional differenzierte Gesellschaften zeichnen sich einmal dadurch
aus, dass der Körper in den Hintergrund rückt, weil nicht-körperliche Mechanismen das
Funktionieren der sozialen Prozesse sichern. Doch zugleich dient der Körper als Garant für
eindeutige Rückbezüge auf das Selbst. Zudem ist die Zeitstruktur in modernen Gesellschaften eine andere (vgl. auch Bauman 1997: 136). Als Reaktion darauf findet eine Aufwertung

der Geschlechtszugehörigkeit herstellen, gleichwohl sollte man einen Zusammenhang nicht kategorisch ausschließen. Meine Kritik zielt darauf, dass Pasero an dieser Stelle nicht zwischen Selbst- und Fremdreferenz unterscheidet: Ob ich meine Geschlechtszugehörigkeit thematisiere (oder nicht), hat nur bedingt Einfluss darauf, ob andere Interaktionspartner mein Geschlecht thematisieren (oder nicht).[85] Nur weil ich meine Geschlechtszugehörigkeit nicht thematisiere, bedeutet dies nicht, dass sie irrelevant (im Sinne von: unwirksam) ist.

Pasero lässt offen, in welchen konkreten Situationen Geschlecht aktual wird – oder eben auch nicht. Ihres Erachtens dient Geschlecht zwar nicht mehr der primären Differenzierung und entscheidet damit nicht mehr über die Systeminklusion, allerdings wirkt es als sekundäre Differenzierung durchaus noch diskriminierend (vgl. Pasero 1995: 61). Unter welchen Bedingungen es jedoch zu dieser geschlechtlichen Diskriminierung kommt, bleibt ungewiss. Könnte man dafür Parameter benennen, dann ergäbe sich die Möglichkeit, der Diskriminierung gezielt entgegenzusteuern, was sicherlich auch für Pasero ein wünschenswertes Ziel darstellt. Wenn Dethematisierung eine Option ist, dann ist die Frage: Wer hat daran Interesse? Wer dethematisiert unter welchen Umständen?

Der Hauptkritikpunkt setzt beim Begriff der Dethematisierung an, "denn handelte es sich um eine konkrete Operation, wäre mit der Dethematisierung wieder thematisiert worden, und die paradoxale Struktur der Dethematisierung machte sie in actu zunichte." (Nassehi 2003: 82) Weinbach nutzt den Begriff der Dethematisierung ebenfalls. Sie erkennt beispielsweise in unternehmerischer Gleichstellungspolitik, wie der Förderung von Arbeitnehmerinnen, eine programmatische Dethematisierung (vgl. Weinbach/Stichweh 2001: 43). Dieses Beispiel macht die von Nassehi angesprochene paradoxale Struktur deut-

---

der Gegenwart und des Verbleibens statt, die sich in somatischer Rückbesinnung vollziehen lässt. (Vgl. dazu ausführlich Bette 1987)
[85] Sollte hier Egos Thematisierung der eigenen Geschlechtszugehörigkeit von Alters Thematisierung Egos Geschlechtszugehörigkeit abweichen, dann wirkt dies im Übrigen mit Sicherheit auf Ego zurück. Pasero lässt folglich nicht nur den Unterschied von Selbst- und Fremdreferenz außer Acht, sondern auch den Modus der Reflexivität. (Dazu ausführlich Kap. 4.2.1.)

lich. Denn bei solchen Förderprogrammen, Diskussionen um Quoten u.ä. ist die Dethematisierung von Geschlecht ein Dauerthema. Eine distinktionslogische Tiefenschärfe, wie sie Luhmann von der Geschlechterforschung fordert, kann der Dethematisierungsansatz nicht vorweisen. Er obliegt vielmehr einem distinktions(un)logischen Thematisierungsparadox.

Neben diesem distinktionstheoretischen Paradox weist der Dethematisierungsansatz das bekannte kommunikationstheoretische Defizit auf. Nicht nur, dass der Kommunikationsprozess schlichtweg nicht erwähnt wird, auch der Reflexivitätsmodus findet nicht genügend Beachtung.

Weinbach erläutert die Form Person "als geschlechtlich gefasstes Erwartungsbündel" (Weinbach 2003: 152) und definiert weiter, dass die Person auch "die Einheit interner und externer Rollenverpflichtungen" (ebd.: 153) ist, aus der heraus sich wiederum geschlechtsspezifische Kommunikationsstrategien bilden. Dieser Gedankengang ist für mich nicht plausibel.

Weinbach kommt zur ersten Definition, indem sie auf das Verhältnis der autopoietischen Systeme Kommunikation und Bewusstsein eingeht. Die Person ist der Mechanismus der strukturellen Kopplung von Kommunikation und Bewusstsein. Damit beschreibt sie, wie sich diese beiden Systeme gegenseitig beobachten. Eine gemeinsame Umwelt berücksichtigt sie allerdings nicht. Der Begriff ‚Erwartungsbündel' suggeriert jedoch eine dritte Instanz. Erwartungen richten Kommunikation und Bewusstsein aneinander aus, allerdings haben beide gemeinsam – in gemeinsamer Fremdreferenz – das Ziel, ‚nach außen' ein kongruentes Bild abzugeben. Erwartungen sind immer auch Erwartungs-Erwartungen. Die strukturell gekoppelten Systeme Kommunikation und Bewusstsein unterstellen der Umwelt (beispielsweise anderen Interaktionspartnern oder Organisationsregeln), dass sie geschlechtsspezifische Erwartungen hat. Daraus leiten sich die Erwartungs-Erwartungen ab. Dies wird in der zweiten Definition deutlich: Die internen Rollenverpflichtungen sind die Erwartungen, die von Kommunikation und Bewusstsein synchronisiert werden müssen. Die externen Rollenverpflichtungen zielen unterdessen auf eine gemeinsame Umwelt ab. Diese Differenzierung nimmt Weinbach allerdings nicht vor, zu-

mindest macht sie nicht darauf aufmerksam. Der Umweltbezug, das ausgeschlossene Dritte, fehlt.

Hier zeigt sich eine weitere Ungenauigkeit: Der Modus, der die strukturelle
Kopplung zwischen Kommunikation und Bewusstsein ermöglicht, ist derselbe,
der die internen und externen Rollenverpflichtungen synchronisiert: Reflexivität. Weinbach beschreibt reflexive Prozesse, wenn sie, auf Luhmann verwei-
send, von oszillierenden Perspektiven zwischen Alter und Ego spricht (vgl.
Weinbach 2004: 64). Gleichwohl benennt sie diese Prozesse nicht als reflexiv.[86]

Ganz im Sinne der Systemtheorie stellt Weinbach fest, dass Geschlecht in
funktional differenzierten Gesellschaften nicht mehr die soziale Relevanz besitzt, die es noch in stratifikatorischen Gesellschaften hatte. Dabei unterscheidet sie zwischen den drei Systemtypen Funktionssystem, Organisationssystem und Interaktionssystem. Diese Abgrenzung von Interaktions- und Organisationssystem halte ich für problematisch. Unabhängig davon, wie sinnvoll
diese Aufteilung generell ist, übernimmt Geschlecht eine ganz wesentliche
Funktion, wenn es mittels interaktiver Prozesse als "systeminterne Orientierung" (Weinbach/Stichweh 2001: 43) dient. Laut Weinbach führt die Person
das Geschlecht ins Interaktionssystem ein, weshalb Geschlecht auf dieser
Ebene noch relevant ist. Doch damit ist die Frage nach der Bedeutung von
Geschlecht in funktional differenzierten Gesellschaften nicht abschließend beantwortet. Denn über die Interaktion findet Geschlecht ins Organisationssystem Eingang und ist damit auf der Ebene der Organisation ebenfalls relevant.
Weinbachs Beispiel der organisationsspezifischen Dethematisierung, wie
Frauenquoten o.ä., zeigt, dass Geschlecht auf der Organisationsebene ein
Thema ist und darüber hinaus handlungsleitend sein kann. Über das Interaktionssystem kann Geschlecht in das Organisationssystem eingeführt werden –
mit möglicherweise weitreichenden Folgen für das systemische Organisati-

---

[86] Dies mag den Eindruck einer theoretischen Kleinigkeit machen, allerdings konzipiert die
vorliegende Arbeit Reflexivität als den wesentlichen Modus für Kommunikation und Identitätsbildung, so dass der Hinweis berechtigt erscheint.

onsprogramm. Das steht Weinbachs Grundannahme entgegen, dass Geschlecht in funktional differenzierten Gesellschaften nur noch auf Ebene der Interaktionen relevant ist.

> "Wenn sich die Person als ein Bündel von Erwartungen verstehen läßt, dann bedarf dieses Erwartungsbündel dazu spezifische Semantiken oder genauer: Stereotype, die für seine Symbolisierung zur Verfügung stehen und stets geschlechtsbezogen sind. Das Geschlecht der Person spielt also in dem Sinne eine Rolle, daß es unterschiedliche, nämlich geschlechtstypische, Rollenbündel symbolisiert. So werden Männer und Frauen, auch wenn sie innerhalb einer Interaktion die gleichen Rollen einnehmen, unterschiedliche externe Rollenverpflichtungen einnehmen." (Weinbach 2003: 153)

Doch wer stellt hier diese Erwartungen auf? Wer erfüllt sie? Und wo kommen plötzlich die Männer und Frauen in der Interaktion her?

Weinbach bietet ein überaus systematisches Modell für eine systemtheoretische Auseinandersetzung mit Geschlecht, was ich sehr begrüße. Meine Kritik daran bezieht sich im Folgenden vorrangig auf kommunikationstheoretische Aspekte und nicht auf Weinbachs Theorie insgesamt.

Dass Geschlecht zur Orientierung sowie zur Ordnungsbildung dient, dem stimme ich zu. Begrüßenswert ist zudem, dass Weinbach Kommunikation theoretisch modelliert und feststellt, dass aus Kommunikation eine Realität sui generis emergiert (vgl. Weinbach 2004: 67). An dieser Stelle zieht sie allerdings nicht den entscheidenden Schluss: *Geschlecht* ist jene Realität sui generis, die aus Kommunikation emergiert und strukturierend und ordnungsbildend fortwirkt. Stattdessen konzipiert Weinbach Geschlecht als basales Strukturmerkmal, anhand dessen sie Kommunikation in typisch ‚weiblich' und typisch ‚männlich' klassifiziert. Dabei entsteht der Eindruck, dass sich Geschlechtsidentität als Ergebnis eines durch *natürliche* Unterschiede determinierten Kommunikationsprozesses sozial konstituiert. Damit wäre der überwunden geglaubten ‚Kultur/Natur'-Debatte wieder Tür und Tor geöffnet – diesmal nur mit einem wissenschaftlich zeitgemäßen systemtheoretischen Begriffsgerüst.

Dass körperliche Merkmale und Unterschiede wahrnehmbar sind, außerdem ordnungsbildend auf kommunikative Prozesse, auf Wirklichkeitskonstruktionen und auf das kollektive Wissen wirken, ist nicht zu bestreiten. Doch anstatt wiederholt nach geschlechtstypischen Kommunikationsstrukturen zu fragen, sollte man die zugrunde liegenden Kommunikationsprozesse erkenntnistheoretisch betrachten. Geschlecht ist die kommunikative Emergenz. Damit lässt sich auch die Frage nach der Relevanz der Geschlechterkategorie in modernen Gesellschaften neu stellen.

Wenn Weinbach feststellt, dass Kommunikation prozesshaft Realität konstituiert, ebnet sie den Weg für ein kommunikationstheoretisches Geschlechtermodell. Allerdings fehlt meines Erachtens der nächste Schritt, Geschlecht als Ergebnis autopoietischer Kommunikation zu sehen. Damit lässt sie die Möglichkeit, Geschlecht konsequent konstruktivistisch im Rahmen eines systemtheoretischen Erklärungsmodells zu konzipieren, ungenutzt.

3.4.4 Exkurs I: Distinktionstheorie und Geschlecht

"Es kann keine Unterscheidung geben ohne Motiv, und es kann kein Motiv geben, wenn nicht Inhalte als unterschiedlich im Wert angesehen werden." (Spencer Brown 1999: 1) Luhmann folgt seinem Vorbild der männlichen Logik, George Spencer Brown, und konstatiert, dass in jeder Unterscheidung eine Asymmetrie angelegt ist. In der Unterscheidung von Frau und Mann fällt diese Asymmetrie zugunsten des Mannes und zum Nachteil der Frau aus (s. Kap. 3.4.1). Luhmann hält die Unterscheidung ‚Frau/Mann' folglich nicht für seitenneutral.

Nur differenziert Luhmann nicht zwischen der Unterscheidung und dem Prozess des Unterscheidens – die Unterscheidung ‚an sich'[87] ist nicht asymmetrisch. Allerdings ist der Prozess des Unterscheidens immer ein Vollzug des aktualen Kulturprogramms und folglich nicht seitenneutral. Die Asymmetrie wird kulturprogrammatisch in jeder Unterscheidung vollzogen. Das erlaubt, sich weiter von allen ontologischen Argumentationen zu entfernen. In der Unterscheidung ‚Frau/Mann' liegt folglich keine Asymmetrie, wie Luhmann sie annimmt. Vielmehr haben wir gelernt, im Prozess des Unterscheidens und

---

[87] Man verzeihe den ontologischen Terminus, er dient hier der Veranschaulichung.

Operierens die eine Seite zu bevorzugen und die andere zu benachteiligen.[88]
Luhmann ist in seiner Anwendung von Spencer Browns Distinktionslogik außerdem zu kritisieren, weil er die Symbiose von Distinktionstheorie und Geschlechterforschung noch weiter hätte treiben können.

Spencer Brown schreibt: "Wenn ein Inhalt einen Wert hat, kann ein Name herangezogen werden, diesen Wert zu bezeichnen. Somit kann das Nennen des
Namens mit dem Wert des Inhalts identifiziert werden." (Ebd.) Kommunikationstheoretisch interpretiert heißt dies, dass die Anrufung, um Butlers Begriff
zu verwenden, den Wert des Inhalts erkennen lässt. Eine Anrufung als Frau
bringt zugleich die Asymmetrie der ‚Frau/Mann'-Unterscheidung hervor, so
dass sich die kulturell bedingte Benachteiligung offenbart.[89] Im ersten Axiom,
dem "Gesetz des Nennens" (ebd.: 2; auf englisch ‚law of calling'), stellt Spencer Brown fest, dass eine wiederholte Nennung die Unterscheidung nur bestätigt, jedoch nicht verändert. Die Unterscheidung bleibt durch die Wiederholung
bestehen, ohne dass sich die Zustände oder der Inhalt wandeln. Die Information, die durch die Unterscheidung auf der Innenseite entsteht, bleibt ebenfalls,
wie sie ist – unabhängig davon, wie häufig sie wiederholt wird.[90] Zusammen
mit der Annahme, dass durch Nennen des Namens ebenfalls die Asymmetrie
identifiziert wird, bedeutet eine Wiederholung bzw. die Anwendung des Namens, dass die Markierung und ihr Inhalt unbeeinflusst bleiben. Es scheint so,
als sei eine einmal getroffene Unterscheidung unaufhebbar. Dies ist richtig
und falsch zugleich.

Richtig ist es insofern, weil eine Unterscheidung nicht zurückgenommen werden kann. Beobachter treffen ihre Unterscheidungen ‚in der Zeit', die sie nicht

---

[88] Damit sind nicht zwangsläufig die Benachteiligung der Frauen und die Bevorzugung der
Männer gemeint. Schließlich wird ein Nachteil nicht von jedermann als solcher, vielleicht sogar als sein Gegenteil, empfunden. Dass Frauen beispielsweise die unumstößliche Mutterliebe zugesprochen wird, ist erstens nicht unbedingt ein Vorteil für die Frau und zweitens für so
manch modernen Mann definitiv ein Nachteil.
[89] Dies funktioniert auch dann noch, wenn die Asymmetrie nicht mehr der Unterscheidung inhärent ist, sondern dem Prozess des Unterscheidens zugeschrieben wird.
[90] Diese Wiederholungen, zu denen auch Erinnerungen zählen, nennt Spencer Brown ‚token'. Auf eine Nachfrage von Gregory Bateson bei einer gemeinsamen Konferenz erklärt
Spencer Brown die Bestätigung durch den ‚token' so: "I said here, if you call a name twice, it
is the same as calling it once. Your name is Gregory. If I call you twice, it is still calling you."
(Zitiert nach Winter 1999: 103)

zurückzudrehen und dadurch diese Unterscheidungen ungeschehen machen können. Gleichwohl ermöglicht das zweite Axiom "Gesetz des Kreuzens" (ebd.; auf englisch ‚law of crossing') das Streichen einer Unterscheidung. "Im Gegensatz zum ‚law of calling', das die Bestätigung einer Distinktion repräsentiert und damit das Eigenverhalten stabilisiert, steht das ‚law of crossing' für das Streichen einer Unterscheidung." (Winter 1999: 104) Wird die Grenze der Unterscheidung von der Innenseite in Richtung Außenseite gekreuzt, dann gelangt man in den ‚unmarked state', der bislang auf der Ebene erster Ordnung nicht zu beobachten war. Prinzipiell gilt, man kann nicht zum ‚unmarked state' zurück, zumindest nicht, um es zum ‚marked state' zu machen. Kreuzen bedeutet markieren (Festlegung der Innen- und Außenseite durch Bezeichnung) und darum sagt Spencer Brown: "Wieder-Kreuzen ist nicht Kreuzen." (Spencer Brown 1999: 2) Allerdings führt das ‚recrossing' zur Aufhebung der Unterscheidung und so kehrt man "zum Ausgangspunkt, dem ‚empty space' zurück." (Winter 1999: 105) Die Unterscheidung ist gestrichen.

Möchte man Spencer Brown akribisch auf die Geschlechterforschung anwenden, wie es Luhmann empfiehlt, ließen sich auch diese beiden Axiome aufgreifen: ‚Frau/Mann' ist im Sinne Spencer Browns eine asymmetrische Unterscheidung, die durch Anrufung (s. Axiom 1) bestätigt und durch ‚recrossing' (s. Axiom 2) gestrichen werden könnte. Auf der Beobachterebene zweiter Ordnung sind die Innenseite einer Unterscheidung sowie ihr ‚blinder Fleck', die Außenseite, beobachtbar, so dass das ‚recrossing' von hier aus möglich ist.[91] Man erinnere sich, dass Luhmann postuliert, die feministische Theorie muss die Beobachtungsebene zweiter Ordnung einnehmen, um sich so von den Zielen der Frauenbewegung zu lösen (s. Kap. 3.4.1). Gelingt ihr das, dann wird sie durch den ‚re-entry' die Unterscheidung wieder einführen, so dass sie "das durch sie Unterschiedene auf ihre *beiden Seiten* hin beobachten kann" (Winter 1999: 109; Hervorh. im Org.). Gemäß Axiom 2 würde dann das ‚re-

---

[91] Winter stellt zwar fest, dass auch ein Beobachter erster Ordnung durch Selbstreferentialität zum Beobachter zweiter Ordnung werden kann und somit nicht zwingend ein eigenständiger Beobachter zweiter Ordnung eingeführt werden muss (vgl. 1999: 92). Dass dies aber nicht gänzlich unproblematisch ist, belegen Beispiele aus der interventionistischen Psycho- und

crossing' starten und eine Streichung der Unterscheidung wäre möglich. Damit käme die Frauenforschung zur Beobachtungsebene zweiter Ordnung und könnte dank des ‚recrossing' sogar die Unterscheidung ‚Frau/Mann' streichen – welch subversiver (und ehrlich gesagt: absurder) Gedanke!

Die vorgestellte Verknüpfung von Distinktionstheorie und Frauenforschung ist sicherlich ein abstraktes Gedankenspiel und darum nur als Exkurs in die vorliegende Arbeit eingebettet. Gleichwohl kann man Luhmanns Versuch, die Logik Spencer Browns auf die Geschlechterforschung anzuwenden, weiter treiben, als Luhmann es selbst in seinem Aufsatz "Frauen, Männer und George Spencer Brown" (1988) versucht hat. Unabhängig davon, ob die Asymmetrie in der Unterscheidung oder im Prozess des Unterscheidens liegt, lässt sich Spencer Browns Axiom, dass durch Nennung des Namens der Wert identifiziert wird, auf die Geschlechterforschung übertragen: In der Anrufung einer Person als Frau wird dieser (geringere) Wert erfahrbar. In einer zweiten Weiterentwicklung lassen sich die beiden Axiome ‚Gesetz des Nennens' und ‚Gesetz des Kreuzens' auf die Geschlechterunterscheidung anwenden und mit dem Konzept der Geschlechtersubversion verknüpfen.[92] Warum Luhmann diesen ‚maskulinen' Gedankengang nicht ausgeführt hat, bleibt ein Rätsel.

Mit diesem Exkurs habe ich versucht, einen streng logischen Zusammenhang von Unterscheidung, Bezeichnung, Asymmetrie sowie von Geschlecht, Benachteiligung und Subversion anzureißen, den Luhmann vorgegeben hat.

3.5 Zwischenstand I

Im ersten Teil des dritten Kapitels wurden die empirischen Studien der deutschen kommunikationswissenschaftlichen Geschlechterforschung vorgestellt. Die Analysen beantworten Fragen zu geschlechtsspezifischen Inhalten, Re-

---

Organisationtheorie (vgl. Wilke 1987 und Watzlawick 2007: 43ff.) Ob und unter welchen exakten Bedingungen dies tatsächlich möglich ist, kann hier nicht diskutiert werden.
[92] Und diese Bemerkung sei gestattet: So hätte die Frauenforschung doch noch ihren Zugang zur maskulinen Logik gefunden – immerhin.

zeptionen, Produktionen und systemischen Strukturen. Die empirische Forschung identifiziert geschlechtsspezifische Unterschiede und sucht nach möglichen Korrelationen von Geschlecht und Dimensionen wie Berufswahl, Einkommen und berufliche Position. Die Ergebnisse bieten Aufschluss über den
Status quo der Geschlechter in den verschiedenen kommunikations- und me-
dienrelevanten Bereichen. Doch unterlassen es die empirischen Geschlechterforscher, die basalen Strukturen explizit und mit der notwendigen Exaktheit
zu konzeptualisieren. Die entscheidende Frage muss lauten: Welche theoretischen Modelle muss eine so genannte feministische Kommunikationswissenschaft anwenden?

Wenn das beantwortet ist, kann von einer kommunikationswissenschaftlichen
Geschlechterforschung oder von feministischer Kommunikationswissenschaft
die Rede sein – und erst dann ist eine Diskussion über das Verhältnis beider
Disziplinen sinnvoll.

Der zweite Teil dieses Kapitels zeichnete die inhaltliche Transformation der
Kategorie Geschlecht innerhalb der Geschlechterforschung wissenschaftshistorisch nach.

Die Ausdifferenzierung in sex und gender, die erstmals die soziale Dimension
von Geschlecht betont, löst sich noch nicht vollständig von biologischen Annahmen. Dennoch ist diese Differenzierung ein bedeutender Schritt, um endlich auch terminologisch zu betonen, dass kulturelle Prozesse besonders da
wirken, "wo man sich auf scheinbar ‚natürliche', gegebene und objektive Tat-
sachen beruft." (Lutter 2001: 24)

Der ‚doing gender'-Ansatz rückt das Aktive des ‚gendering' in den Fokus.
Zweigeschlechtlichkeit wird aktiv hergestellt und "once the differences have
been constructed, they are used to reinforce the 'essentialness' of gender"
(West/Zimmerman 1991: 24). Dadurch können schließlich geschlechtsspezifi-
sche Eigenschaften deklariert bzw. behauptet werden. Die Vertreter dieses
Ansatzes schauen dabei besonders auf institutionalisierte Strukturen und die
Verwendung von Symbolen.

Judith Butler fordert die Dekonstruktion von Geschlecht und den Kollaps der patriarchalischen Gesellschaftsform. Die heterosexuelle Norm und die Geschlechterhierarchie sind für Butler Resultate des Diskursprodukts der vermeintlich biologischen Zweigeschlechtlichkeit. Performativität generiert die normativen Strukturen, die als gesellschaftliches Regelwerk auf die individuellen Erwartungen an die Geschlechter einwirken. So wie performative Sprechakte Geschlecht konstituieren, wird Performativität auch bei der Geschlechtersubversion wirksam. Da der Geschlechtskörper, die Geschlechtsidentität und die heterosexistische Matrix Diskursprodukte sind, müssen sie laut Butler auch diskursiv subvertiert und letztlich dekonstruiert werden.

‚Undoing gender' ist, ähnlich dem systemtheoretischen Ansatz, ein eher ‚optimistisches' Geschlechterkonzept. Für Stefan Hirschauer tritt Geschlecht in gewissen interaktiven Situationen in den Hintergrund. Geschlecht ist zwar in jeder Interaktion präsent, doch nicht zwangsläufig auch relevant, da es zeitlich oder räumlich ‚undone' sein kann. Wenn die Geschlechterzuweisung durch die Interaktionspartner problemlos gelingt und der Kontext ein ‚undoing gender' unterstützt, dann wird Geschlecht irrelevant. Für Geschlecht gilt im ‚undoing gender': Omnipräsenz ja, Omnirelevanz nein.

Auch die systemtheoretischen Ansätze sehen die Relevanz der Geschlechtskategorie schwinden. In einer funktional ausdifferenzierten Gesellschaft hat Geschlecht auf der Ebene der Systeme und der Organisationen laut Christine Weinbach keine erkennbare Funktion mehr, da es weder als Kommunikationsmedium noch als binärer Code dient.[93] Anders auf der Ebene der Interaktionssysteme. In Interaktionen bearbeitet Geschlecht Kontingenz und wirkt darüber strukturierend und ordnungsbildend.

Alle vorgestellten Strömungen innerhalb der feministischen Theorie zeichnen sich durch ein Misstrauen gegenüber jedweder biologischer Argumentation aus. Ob sie einen natürlichen Körper zulassen oder diesen als neutrale und bedeutungslose Oberfläche, auf der Geschlecht diskursiv eingeschrieben wird, konzeptualisieren, sind Variationen derselben Skepsis. Die gesamte Ge-

---

[93] Zur Erläuterung systemtheoretischer Begriffe wie Kommunikationsmedium und binärer Code vgl. Jensen 1999, Galindo 2006 sowie Luhmann 2005a.

schlechterforschung ist "schon längst auf dem Weg konstruktivistischer Perspektiven." (Pasero 1994: 265) Aus Furcht vor Ontologisierung und Essentialisierung vermeiden es ihre Vertreter häufig, geschlechtliche Leiblichkeit und körperliche Unterschiede mit gesellschaftlicher Bedeutung auszustatten. Bei aller Konstruktion bleibt aber nun mal der Eindruck der, auch körperlichen, Geschlechtereigenheiten. Der prioritäre Blick auf die *Konstruktion* von Geschlecht bedeutet nicht selten eine "Tabuisierung der Rekonstruktion der Realität des Geschlechts als einer spezifischen Existenzweise, der Frage also, wie Individuen nicht nur zu Geschlechtern gemacht werden, sondern auch als solche leben." (Maihofer 1994b: 255) Im fünften Kapitel werde ich auf diesen Aspekt eingehen, da sich die feministische Theorie meines Erachtens häufig ebendieser Verkürzung ergibt.

Frausein und Mannsein ist gelebte Wirklichkeit. Deshalb müssen feministische Theoretiker nicht nur die Frage nach der Entstehung der Kategorie Geschlecht stellen, sondern die Analyse auch auf das Gefühl, ein Geschlecht zu *sein*, und möglicherweise auf den Gewinn dieses Gefühls richten. Warum ist der Geschlechterdualismus so beständig? Was ist der Gewinn? Der Begriff ‚Gewinn' wird Feministen vermutlich auf die Barrikaden bringen, doch wer sich dieser Frage verstellt, der muss sich gegebenenfalls Kurzsichtigkeit und Einseitigkeit vorwerfen lassen.

Nachdem die verschiedenen Ansätze vorgestellt und dahingehend kritisiert wurden, dass sie keine kommunikationstheoretische Auseinandersetzung leisten, stellt sich die Frage, ob dieser Vorwurf überhaupt gerechtfertigt ist. Oder ist ein kommunikationstheoretischer Blick auf Geschlecht überflüssig? Gute Gründe sprechen dafür, an der vorgebrachten Kritik festzuhalten.

Die kommunikationswissenschaftliche Geschlechterforschung (s. Kap. 3.1) muss schon deshalb ein Kommunikationskonzept darlegen, weil sie sich selbst als eben kommunikationswissenschaftlich bezeichnet. Zudem analysieren ihre Vertreter medienwissenschaftliche und publizistische Strukturen, die auf kommunikativen Prozessen basieren. Die fünf vorgestellten Ansätze der feministischen Geschlechterforschung (s. Kap. 3.2 und 3.3) operieren mit Begriffen der

Identitätspolitik, ohne die theoretischen Voraussetzungen jeder Identitätsbildung darzulegen. Kommunikation als den Basisprozess zu benennen und ihn theoretisch zu modellieren, bietet ein stabileres Fundament, um die frei paraphrasierte Gretchenfrage ,Wie hältst Du es mit dem Geschlecht?' beantworten zu können.

Der Ansatz	legt den Fokus auf	berücksichtigt Kommunikation
Kommunikations- wissenschaftliche Geschlechterforschung	• Empirie (publizistisch und medienwissenschaftlich ausgerichtet) • Medienproduzenten, Medieninhalte, Medientechniken, Rezipienten, Wirkung	
sex vs. gender	• Ausdifferenzierung der Geschlechterkategorie	
doing gender	• Soziale Konstruktion von Geschlecht • Symbole und Repräsentation • Studien zu Transsexualität	
performing gender	• Performativität der Geschlechter • Diskursivität des Körpers • Heterosexuelle Matrix • Parodie der Geschlechter (Subversivität)	
undoing gender	• Dethematisierung von Geschlecht • Omnipräsenz aber keine Omnirelevanz	
Systemtheoretische Geschlechterforschung	• Bedeutungsverlust von Geschlecht in funktional ausdifferenzierten Gesellschaften	✖

Tab. 1: Synopse der vorgestellten Ansätze[94]

Unabhängig davon, ob biologische Elemente konzeptuell erfasst, eingeschränkt zugelassen oder abgelehnt werden, dient ein erkenntnistheoretisch verorteter Kommunikationsbegriff zur theoretischen Fundierung der Geschlechterforschung. Einzig im Bereich der Systemtheorie wird Kommunikation als autopoietisches System konzipiert. Allerdings sind die Schlussfolgerungen erkenntnistheoretisch inkonsequent und teilweise nicht plausibel. Weinbach fragt nach ,maskulinen' und ,femininen' Kommunikationsverläufen, an-

---

[94] Quelle: eigene Darstellung.

statt nach den kommunikativen Mechanismen zu forschen, die Geschlecht generieren.

Daher erscheint meine Kritik sowohl an den kommunikationswissenschaftlichen Ansätzen als auch an den Konzepten der feministischen Geschlechterforschung gerechtfertigt.

4 Weichenstellung: Kommunikation und Identität

*"Die Grenzen der Kommunikation
sind die Grenzen unserer Welt."*

(Jensen 1999: 330)

*"Ein Effekt zu sein bedeutet für eine Identität weder,
daß sie schicksalhaft determiniert ist,
noch, daß sie völlig künstlich und arbiträr ist."*

(Butler 1991:215)

Dieses Kapitel stellt die basalen kommunikationstheoretischen Elemente Kommunikation und Identität vor. Da sich meine Kritik an der Geschlechterforschung auf den fehlenden Zusammenhang dieser Aspekte bezieht, reiche ich die Konzepte Kommunikation und Identität an dieser Stelle nach. Dazu ist es unabdingbar, zuerst einige konstruktivistische Basisannahmen darzulegen. Dieses erkenntnis- und kommunikationstheoretische Vokabular ist notwendig, um Identität und Kommunikation umfassend zu definieren. Im anschließenden Theorietransfer (s. Kap. 5) dient es zur konzeptuellen Fundierung der Geschlechterforschung.

Die vorliegende Arbeit nimmt einen eindeutig konstruktivistischen Standpunkt ein. Anhand der folgenden Begriffserläuterungen wird diese erkenntnistheoretische Perspektive präzisiert und es soll deutlich werden, dass der Konstruktivismus kein Relativismus ist.

4.1 Theoretische Prämissen

Der Dualismus ist die Denkstruktur der abendländischen Philosophie. Er basiert auf der Spaltung von Subjekt und Objekt. Dualismen sind permanent wirksam, weil die Vorstellung von Wirklichkeit weitgehend auf einem dualistischen Modell basiert.[95] Ohne eine Debatte um non-dualistische Konzepte, sensu Joseph Mitterer, loszutreten, lässt sich der Konstruktivismus so beschreiben, dass er versucht, die Subjekt-Objekt-Spaltung zu überwinden. In der Unterscheidung von Subjekt und Objekt steckt die ontologische Annahme, dass es eine Realität unabhängig von der Beobachterwirklichkeit gibt.[96] Der Konstruktivismus, wie ich ihn vertrete, negiert nicht prinzipiell die Realität. Denn dann würde er sich der solipsistischen Annahme anschließen, dass es ausschließlich eine Beobachterwirklichkeit gibt. Allerdings ist die Frage nach der Realität für einen Konstruktivisten im Kern falsch gestellt, da sich die Realität niemals und niemandem zu erkennen gibt. Jeder Beobachter beobachtet nur gemäß seiner kognitiven Autonomie (s. dazu Kap. 4.1.3). Eine konstruktivistische Arbeit stellt auf Beobachterwirklichkeiten ab und lässt Wahrheitsansprüche nicht zu. Dies lässt sich aus den unterschiedlichen Beobachtungsebenen, die auch Luhmann heranzieht (s. Kap. 3.4.1), ableiten:

> "Die Begriffe erster Ordnung basieren auf einer scheinbar objektiven Betrachtung der Welt, die zu einem Äußeren wird. Die Begriffe zweiter Ordnung lassen sich auf sich selbst anwenden; sie gestatten die strikte Trennung von Subjekt und Objekt, dem Beobachter und Beobachteten nicht mehr. Man gesteht sich ein, daß jemand, der über Fragen des Bewußtseins oder des Erkennens spricht, ein Bewußtsein und einen Erkennenden benötigt, um dies zu tun. Eine Beobachtung braucht, so wird einem klar, einen Beobachter. Die Wahrnehmung der Welt verlangt nach einem Menschen, der diese wahrnimmt." (von Foerster/Pörksen 2001: 116)

Der Mehrwert dieses konstruktivistischen Konzepts besteht darin, einen undogmatischen Blick auf die Umwelt richten zu können. Dies kann der feministischen Theorie und Geschlechterforschung nur helfen, da stimme ich Luhmann zu. Wie die vorgestellten Ansätze allerdings zeigen, arbeiten sich die feministischen Theoretiker häufig an dem Verhältnis von Kultur und Natur ab und verfallen so in politische Paradigmen.

---

[95] Diese tiefe Verwurzelung in die europäische Philosophie (vgl. Schmidt 1998: 26) zeigt sich auch im Geschlechterdualismus. Seine Omnipräsenz zwingt jeden, sich auf eine Seite der Unterscheidung ,Frau/Mann' zu schlagen.
[96] Ich unterscheide strikt zwischen Realität und Wirklichkeit. Die Realität kann niemals erkannt werden, da sie unabhängig vom Beobachter ist. Die Wirklichkeit ist immer beobachtungs- und damit beobachterabhängig. Der Titel der Arbeit "Geschlecht: die kommunikative Realität" ist folglich paradox.

Nimmt man die Beobachterabhängigkeit der Wirklichkeit ernst, dann ist der Beobachter das Zentrum des Erkennens und der Wirklichkeit (vgl. Pörksen 2002: 22). Ein Abgleich mit einer wahrhaftigen Realität ist unmöglich, da sich diese dem Beobachter unter keinen Umständen und zu keinem Zeitpunkt offenbart. Wenn also jede Wirklichkeit die Wirklichkeit eines Beobachters ist, dann haben wir es erstens nicht mit nur *einer* Wirklichkeit zu tun, und zweitens müssen Wirklichkeiten *kontingent* sein. Jeder Beobachter kann andere beim Beobachten beobachten, und ist in diesem Moment Beobachter zweiter Ordnung. "Er weiß aber auch, daß ein anderer Beobachter in bezug auf seine Perspektive dasselbe tun kann. Er kann also keine Perspektive – nicht einmal die eigene – als die ‚korrekte' Position annehmen." (Esposito 2003: 73)

Diese Sichtweise bringt dem Konstruktivisten nicht selten den Vorwurf ein, relativistisch zu argumentieren und gesellschaftlich relevante Themen nicht bearbeiten zu können. Dem ist zweierlei zu entgegnen: Zum ersten leitet sich aus den konstruktivistischen Basisannahmen eine Verantwortlichkeit des Einzelnen ab, die keineswegs relativistisch ist: Wenn Beobachtungen vom Beobachter abhängen, dann nimmt dies jedes Mitglied einer Gemeinschaft in die Verantwortung, die eigenen Wirklichkeitsentwürfe auf ihre soziale Kompatibilität hin zu prüfen. Damit "haben wir die Verantwortung für jede unserer Entscheidungen übernommen." (Von Foerster 1993: 73f) Selbstverständlich ist es einer Gemeinschaft unbenommen, sich gegen inkompatible und schädigende Wirklichkeiten zu schützen (vgl. Pörksen/Watzlawick 1995: 3). Zweitens beweist beispielsweise die konstruktivistische Geschlechterforschung trotz ihrer kommunikationstheoretischen Defizite, dass sie sozial relevante Fragen stellen und Antworten darauf geben kann.

Den Fokus von der gegenständlichen Realität abzuwenden und auf die prozessuale Wirklichkeit zu richten, ist der erkenntnistheoretische Versuch, ontologischen Wahrheiten abzuschwören. Ob es "eine externe Welt gibt oder ob wir die Wirklichkeit als eine Illusion begreifen müssen […], ist jetzt nicht mehr das Problem." (Maturana/Pörksen 2002: 63)

4.1.1 Setzung und Voraussetzung

Alles, was wir tun, ist eine Setzung. Jede Handlung ist eine Festlegung, weil man das Eine und alles andere nicht tut. Das ist für andere beobachtbar und lässt sich auf die handelnde Person zurückführen. Wir treffen dauernd und immerfort Setzungen, die unser zukünftiges Handeln festlegen. (Vgl. Schmidt 2005a: 17) Sie werden zur Voraussetzung aller Anschlusshandlungen, unabhängig davon, ob sich diese direkt anschließen oder weiter in der Zukunft liegen. Setzungen und Voraussetzungen gewährleisten eine stringente und kohärente Lebensgeschichte, die für die selbst- und fremdreferenzieller Identitätspolitik wesentlich ist (s. Kap. 4.3).

Jede Setzung wird zur Voraussetzung, und bei jeder Setzung ziehen wir mindestens eine Voraussetzung heran. Im Regelfall sind es sogar unzählige Voraussetzungen, wie es sich an alltäglichen Handlungen bereits zeigen lässt. Um sich beispielsweise die Schuhe binden zu können, müssen nicht nur die motorischen Fähigkeiten vorhanden sein, auch das Wissen, wie man eine Schleife bindet und dass es Schuhe gibt, die keine Schnürsenkel haben, ist Voraussetzung. Setzungen können nur dann vollzogen werden, wenn entsprechende Voraussetzungen da sind, also nur dann, wenn es andere Setzungen bereits gibt. Damit stehen Setzung und Voraussetzung in einem autokonstitutiven Wirkungszusammenhang. Nur beides zusammen kann sinnvoll gedacht werden. "Setzungen und Voraussetzungen sind darum strikt *komplementär*. [...] Akzeptiert man die Autokonstitutivität von Setzung und Voraussetzung, dann akzeptiert man damit auch, dass es keinen voraussetzungslosen Anfang geben kann." (Schmidt 2003a: 27f; Hervorh. im Org.) Man beginnt immer schon am Punkt des bereits Begonnenen, darum konstatiert Luhmann: "Der Anfang ist fatal." (1988b: 19)

Distinktionstheoretisch sind Setzungen immer die Seite einer Unterscheidung, die beobachtet und bezeichnet wird. Eine Setzung unterscheidet sich erstens von anderen Setzungen und zweitens von der Außenseite der Unterscheidung, die nicht bezeichnet und somit nicht beobachtbar ist (vgl. Luhmann 2005b: 16). Alles Tun und Handeln findet in einem Fluss von Setzungen statt und bildet gewissermaßen eine ‚Setzungsgeschichte'. Jeder Einzelne befindet sich zeitlich und inhaltlich im Kontext seiner Voraussetzungen und zukünftigen Setzungen. Voraussetzungen sind nicht zwangsläufig bewusst, wie das triviale Beispiel mit den Schuhen zeigt. Setzungen laufen häufig unbewusst und absichtslos ab, denn anderenfalls wären das kognitive System überlastet und die Handlungsfähigkeit eingeschränkt. Würde man alles Tun sowie die ausgeschlossenen Möglichkeiten ständig reflektieren, dann ergäben sich für die individuelle Handlungssicherheit und Handlungsfähigkeit erhebliche Probleme. Darum wird längst nicht jede Setzung als solche bewusst wahrgenommen (vgl. Merten 1977: 100).

Jemand muss Setzungen setzen, so dass sich hier die Frage stellt, wer Setzungen vollzieht. Im Gegensatz zu Luhmanns Systemtheorie, die das Individuum ausschließt, wähle ich einen Ansatz, der den Einzelnen berücksichtigt. Dazu beziehe ich mich auf Siegfried J. Schmidts Begriff der ‚Aktanten‘. Schmidt bezeichnet damit "setzungskompetente Instanzen" (2003a: 33): Diese vollziehen sowie bestätigen Setzungen und sich darüber selbst. Bei kognitiven Prozessen, wie Wahrnehmen oder Denken, ist das Bewusstsein für den Vollzug der Setzungen verantwortlich. Es operiert im autokonstitutiven Zusammenhang von Setzung und Voraussetzung. Reflexivität ist der Modus, der die Bezugnahmen auf die Voraussetzungen im Prozess der Setzung bestimmt und damit Handlungen ermöglicht.

Setzungen sind, wie beschrieben, die Seite einer Unterscheidung, die beobachtet und bezeichnet wird. Im Prozess des Unterscheidens konstituieren Setzungen Kontingenz. Aktanten vollziehen eine bestimmte Setzung und eine Vielzahl anderer Setzungen nicht. Die nicht getroffenen Setzungen belegen die Kontingenz, die im Prozess der Unterscheidung steckt. In der Entscheidung für eine und gegen eine andere Setzung ist Kontingenz schließlich beobachtbar. (Vgl. ebd.: 28)

4.1.2 Kontingenz und Selektion

Der Begriff der Kontingenz wurde bereits an verschiedenen Stellen der Arbeit gebraucht, um konstruktivistische Basisannahmen darzulegen: Wirklichkeitskonstruktion, Beobachterabhängigkeit, Abkehr von der Realitätsfrage sind die Schlagwörter. So wie Setzung und Voraussetzung in komplementärem Verhältnis zueinander stehen, so sind auch Kontingenz und Selektion komplementär.

"Kontingent ist, was weder notwendig noch unmöglich ist; was also so, wie es ist, sein kann, aber auch anders möglich wäre." (Schmidt 2005a: 25) Eine Setzung ist eine Entscheidung zwischen verschiedenen, kontingenten Optionen und folglich das Resultat eines Selektionsprozesses. Anhand der Setzung erkennt man den zugrundeliegenden Selektionsprozess und damit die Kontingenz, die mit der Setzung bearbeitet wird. Selektionen konstituieren Kontingenz und über die Setzung wird die Kontingenz ex negativo beobachtbar.

Das, was nicht unterschieden wurde, kann von demjenigen, der unterschieden hat, nicht beobachtet werden.[97] Denn dazu bedarf es eines Beobachters zweiter Ordnung, der beide Seiten der Unterscheidung beobachten kann. Wenn der Beobachter A[98] beobachtet, hat er A von B unterschieden. Ein Beobachter zweiter Ordnung erkennt die zur Voraussetzung gewordene Setzung A und die Nicht-Setzung B. Die Kontingenz der Setzung A wird für den Beobachter zweiter Ordnung sichtbar, wobei auch er eine Unterscheidung A/B und nicht C trifft, die für einen Beobachter dritter Ordnung beobachtbar ist usw. usf. (Vgl. Schmidt 2003a: 29)

Folglich bedingen sich die Komplementaritäten ‚Setzung/Voraussetzung' und ‚Selektion/Kontingenz': Setzungen sind selektiv und konstituieren als Voraussetzungen Kontingenz, welche innerhalb neuer selektiver Setzungen bearbeitet wird. Kontingenz liegt allem Handeln zugrunde, da man sich auch immer

---

[97] Die Distinktionslogik kennt den Fall, dass der Beobachter erster Ordnung durch Selbstreferentialität seine eigene Beobachtung beobachten kann (vgl. Winter 1998: 92). Letztlich wird er dadurch aber zum Beobachter zweiter Ordnung, weil er aufgrund der Einführung einer weiteren Unterscheidung die erste Unterscheidung beobachten kann. Bildlich gesprochen haben wir es dann zwar mit demselben Beobachter zu tun, doch hat er sich durch Selbstreferentialität zum Beobachter zweiter Ordnung ‚befördert'.
[98] A steht für ‚etwas', B für ‚alles andere'.

hätte anders entscheiden können – Kontingenz ist ubiquitär. Sie muss fortwährend bearbeitet werden, was die Selektionen erledigen. Und so wird aus
der ubiquitären Kontingenz spezifische Kontingenz. Diese Kontingenzbearbeitung führt dazu, dass der Einzelne handlungsfähig wird. (Vgl. Schmidt
2005b: 31)

Offenbar ist Handlungsfähigkeit ein sehr voraussetzungsreiches Prozessresultat, da ihr sowohl der komplementäre Modus ‚Selektion/Kontingenz' sowie
‚Setzung/Voraussetzung' zugrundeliegen. Wie gelingt es nun Aktanten, trotz
kontingenter Unterscheidungsoptionen, Setzungen zu vollziehen? Warum
stecken Aktanten nicht in der ubiquitären Kontingenz fest, sondern bearbeiten
diese erfolgreich? Noch bemerkenswerter ist es, dass Individuen sich verstehen und ihren Handlungen gegenseitig Sinn unterstellen. Wie ist Verstehen
möglich? Bei der Vielzahl denkbarer Selektionsmöglichkeiten erscheint Verstehen eigentlich unwahrscheinlich.

4.1.3 Kognitive Autonomie und soziale Orientierung

Bei aller Unwahrscheinlichkeit erfahren wir im alltäglichen Miteinander, dass
wir einander meist ohne größere Komplikationen verstehen. Wir reden miteinander, führen Debatten und treffen konsensuelle Entscheidungen. Verstehen
funktioniert: Geht man zum Bäcker und bestellt drei Brötchen, kann man davon ausgehen, ebendiese und nicht zwei Graubrote zu bekommen. Und auch
bei abstrakten und komplexen Gebilden wie Recht und Moral haben wir anscheinend ähnliche Vorstellungen. Gleichwohl wird in diesen Fällen schon ersichtlich, dass es sich mitunter um fragile Konstruktionen handelt, über die
bisweilen heftig gestritten wird. Beispielsweise weicht der religiöse Diskurs
über Moral erheblich von einer politischen Auseinandersetzung zum Thema
Moral ab.

Auch wenn Auseinandersetzungen geführt werden, Debatten aufkommen,
Streitereien geschlichtet werden – Kommunikation kann sich genauso durch
Übereinstimmung, Konsens und Gemeinsamkeit auszeichnen. Sowohl Dis-
sens als auch Konsens sind wesentliche Bestandteile der alltäglichen und zwi-

schenmenschlichen Interaktion und des Verstehens. All das wirft die Frage auf, in welchem Zusammenhang ‚wir' zueinander stehen. In welchem Verhältnis stehen Individuum und Gesellschaft?

Dies kann unter dem Aspekt der kognitiven Autonomie und sozialen Orientierung erkenntnistheoretisch geklärt werden, ohne konstruktivistische Paradigmen aufzugeben. Wohlgemerkt, Verstehen funktioniert auch deshalb, weil Menschen biologische Gemeinsamkeiten haben (vgl. Schmidt 2002: 64). Da diese Arbeit aber nicht das Verhältnis von Kultur und Natur diskutiert, konzentriere ich mich im Folgenden auf die erkenntnistheoretische Dimension von Verstehen: den Zusammenhang von kognitiver Autonomie und sozialer Orientierung.

Der Konstruktivismus postuliert die Subjektzentriertheit des Individuums und unterstützt, dass eine Realität von niemandem und unter keinen Umständen erkannt wird. Zugleich lehnen seine Vertreter den Solipsismus ab und bewegen sich stattdessen auf einem erkenntnistheoretischen ‚Mittelweg'.

> "Ich behaupte nicht, dass es eine Willkür und Beliebigkeit bei der Realitätserfindung gibt, die es mir erlaubt, den Himmel einmal blau, dann grün und beim nächsten Öffnen der Augen gar nicht mehr zu sehen. Natürlich ist jeder Mensch in ein soziales Netzwerk eingebunden; das Individuum ist kein isoliertes Wunderphänomen, sondern auf andere angewiesen und muss – um eine Metapher zu wählen – mit ihnen tanzen, Wirklichkeit in der Gemeinsamkeit konstruieren." (Von Foerster/Pörksen 2002: 40)

Der Einzelne ist ein soziales Wesen, das sich an seiner Umwelt orientiert und keinesfalls in einer autistischen Gedankenwelt, abgeschottet von allem und jedem, lebt.

Aktanten, um Schmidts Begriff zu verwenden, prozessieren als operativ geschlossene Systeme. Schließung heißt, dass sich ein System innerhalb seiner Grenzen durch rekursive Vor- und Rückgriffe selbst reproduziert. Geschlossene Systeme operieren autonom, so dass Externalitäten keinen unmittelbaren Einfluss auf das System haben können. Informationen, die die Umwelt zur Verfügung stellt und an das System heranträgt, bearbeitet das System stets nach systemspezifischen Maßgaben und nimmt sie nicht als externen Input nur auf. Durch die Schließung organisiert und erhält sich das System selbstständig. "Selbsterhaltende Systeme sind Systeme, deren Komponenten sich gegenseitig und damit den Zyklus (das System) erhalten" (Hejl 2005: 114), womit die Autopoiesis von Systemen beschrieben ist. Selbstreferentialität ist die Voraussetzung, um geschlossen zu operieren und sich selbst zu erhalten. Die Schließung ist somit Grundlage des Systemerhalts und zudem die Basis des Erkennens. Erkennen, als kognitiver Prozess, kann nur im Rahmen operationaler Geschlossenheit, also innerhalb systemischer Grenzen, stattfinden. Denn das System erkennt und bearbeitet die Umwelt nur unter systemspezifischen Prämissen. (Vgl. ebd.: 115f) Bleibt die Frage, was Umwelt ist.

Auch die Umwelt existiert nur in der Unterscheidung zum System und somit innerhalb systemischer Beobachtungen und nicht als Entität außerhalb der Systemgrenzen. So, wie das System sich reproduziert, reproduziert es auch die Umwelt – mit Hilfe von Grenzziehungen. (Vgl. Luhmann 1988a: 16) Geschlossenheit heißt dabei Fortbestehen, denn ohne die Systemgrenzen würde "das System sich laufend in seine Umwelt auflösen" (ebd.: 52). Die Schließung des Systems (bei Aktanten: ihres kognitiven Systems) ist folglich die Voraussetzung für die Wahrnehmung sowie für das Erkennen der eigenen Umwelt. Der Aktant ist darauf angewiesen, dass seine Kognition autonom prozessiert, denn nur so kann er Informationen systemspezifisch verarbeiten und seine Umwelt ebenfalls systemspezifisch aufbauen. Es gibt nur das Konstruieren und Bearbeiten der systemspezifischen Umwelt. Eine Verknüpfung mit der Umwelt ist ausgeschlossen. (Vgl. Schmidt 1994a: 3)

Wir verstehen uns, obwohl wir nicht auf eine unabhängige Realität zurückgreifen können, sondern immer nur auf unsere eigene Wirklichkeit. Eine von Beobachtern unabhängige Realität würde so vieles einfacher gestalten: Moral, Schuld, Wissen uvm. Doch darauf können wir nicht bauen. Stattdessen bilden sich andere soziale Orientierungsmuster heraus, die gemeinsame Bezugnahmen und damit Verstehen ermöglichen. Bevor ich auf diesen sozial emergierten Orientierungsrahmen eingehe, bedarf es der Klarstellung, was mit ‚Verstehen' gemeint ist, wenn es sich dabei nicht um eine identische Bezugnahme auf eine externe Realität handelt. Wesentlich ist die Unterscheidung zwischen kognitivem und sozialem Verstehen.

Kognitives Verstehen ist insofern unmöglich, weil es niemand beobachten oder gar belegen kann. Es gilt das Sprichwort: Man schaut den Leuten immer nur vor den Kopf. Diese Redewendung bringt die Problematik des kognitiven Verstehens auf den Punkt. Nur wenn man kommunikationstheoretisch von einem Container-Modell ausgeht, nach dem Informationen vom Sender encodiert und vom Empfänger decodiert werden, kann man jemandem richtiges oder falsches Verstehen attestieren. Nur sind diese Kommunikationsmodelle unhaltbar (s. Kap. 5). Ob eine Mitteilung derart verstanden wird, wie es der Kommunikator beabsichtigt, ist aufgrund der kognitiven Autonomie der Aktanten nicht feststellbar. Kognitives Verstehen kann lediglich zufällig entstehen, und auch dann werden die Beteiligten dies nie erfahren.

Was mitteilbar ist, ist *soziales* Verstehen. Jede Interaktion von mindestens zwei Aktanten ist eine Orientierungshandlung. Gebhard Rusch differenziert "die für Orientierungsinteraktionen beschriebenen Zusammenhänge [.] in die Begrifflichkeit des Meinens und Verstehens" (1994: 71). Ein Aktant kann in Hinblick auf seine Handlung nur dann etwas meinen, wenn er die Handlung an etwas oder an jemandem ausrichtet. Durch eine Zielformulierung, aufgrund von Erwartungen oder mit einer Absicht, bekommt die Handlung eine Ausrichtung. Das ‚Gemeinte' ist eine kognitive Leistung des Aktanten. Reagiert der Interaktionspartner in der angenommenen oder gewünschten Weise, dann unterstellt der Aktant dem Interaktionspartner Verstehen. Verstanden wird also erstens dann, wenn Interaktionserwartungen erfüllt werden und zweitens, wenn der Aktant entscheidet, dass verstanden wurde. Dies ist die Umkehrung der verbreiteten Vorstellung von Verstehen. Für gewöhnlich wird Verstehen und Nicht-Verstehen bei demjenigen angesiedelt, der eine Mitteilung empfängt – ganz im Sinne der Container-Metapher. Doch tatsächlich ist Verstehen ein sozialer Prozess, über den alle Interaktionspartner entscheiden. Über Feedback, verbal wie non-verbal, kann der mitteilende Aktant nun ausdrücken, ob er beim Interaktionspartner Verstehen oder Nicht-Verstehen wähnt. (Vgl. ebd.: 72ff.) Wenn man zwischen kognitivem und sozialem Verstehen unterscheidet, dann erscheint (soziales) Verstehen längst nicht mehr unwahrscheinlich.

Wann immer im Folgenden von ‚Verstehen' die Rede ist, ist das soziale Verstehen gemeint, das sich interagierende Individuen gegenseitig unterstellen. Verstehen ist eine Zuschreibung durch den Kommunikator und eine Beobachterkategorie, die ohne Zugriff auf den ‚verstehenden' Empfänger funktioniert, denn alles andere verbietet die kognitive Autonomie. (Vgl. Schmidt 2003b: 150)

Alles menschliche Handeln vollzieht sich unter der Prämisse der kognitiven Autonomie. Eine Verknüpfung mit der Umwelt ist unmöglich (vgl. Schmidt 1994a: 8). Folglich ist auch eine Verbindung zwischen zwei Individuen ausgeschlossen. Eine gemeinsame Wirklichkeit, auf die wir uns verständigen, ist daher ein komplexes Unterfangen.

Aktanten handeln über Bezugnahmen. Sie beziehen sich auf erworbenes Wissen, auf common-sense-Wissen. (Vgl. Schmidt 1994b: 616) Dieses Wissen eignet sich zwar jedes Individuum selbst an, jedoch gibt es gute Gründe, anzunehmen, dass es dieses Wissen mit anderen teilt. Wissen ist keine ontologische Wahrheit, sondern eine Unterstellung und Prozessresultat intersubjektiver Handlungen. Wissen ist also nie objektiv. Handlungen sind Orientierungshandlungen, wie zum Begriff des Verstehens dargelegt wurde. Jeder Aktant richtet sein Handeln an anderen Aktanten sowie an antizipierten Anschlusshandlungen aus. Ständig werden Setzungen vollzogen, die als Voraussetzungen weiterer Handlungen fungieren. Dabei setzt der Aktant nicht nur seine eigenen Setzungen. Sein Handeln wird zudem zur Handlungsvoraussetzung für den Interaktionspartner und vice versa. Handeln ist Bezug nehmen. Über die Bezugnahmen und den Reflexivitätsmodus[99] schaffen Interaktionspartner ein System doppelter Kontingenz.

Die inhaltliche Seite dieser reflexiven Bezugnahmen bildet das kollektive Wissen. Aktanten unterstellen sich dieses Wissen und dadurch dient es dem Einzelnen zur Orientierung. (Vgl. Schmidt 2003a: 34) Die Reflexivität der Bezugnahmen ist bei den Unterstellungen offensichtlicher: Denn der Erwerb und die

---

[99] Dies wird in Kap. 4.2.1 ausführlich beschrieben.

Anwendung des common-sense-Wissens funktionieren, indem der Einzelne das Wissen den anderen unterstellt und annimmt, dass die anderen es dem Einzelnen unterstellen, womit es sich der Einzelne letztlich selbst unterstellt. Kognitiv wird es kollektiv unterstellt und umgekehrt wird es kollektiv kognitiv unterstellt, so dass es sich jeder selbst kognitiv unterstellt. Schmidt nennt "[d]iesen Reflexivitätsmodus kognitiver Erwartung kollektiver Erwartungen [...] operative Fiktion." (2005b: 34) Die operative Fiktion schafft eine überindividuelle, nicht aber eine vom Individuum unabhängige Gemeinsamkeit zwischen den Aktanten, die

> "kognitive Autonomie und soziale Orientierung dadurch miteinander versöhnt, dass die Systemspezifik aller Setzungen sich selbst an fiktiv unterstellten sozialen Orientierungsmöglichkeiten orientiert. Mit anderen Worten, kognitive Systeme überspringen gewissermaßen die Unmöglichkeit, sich gegenseitig durch direkte Intervention zu steuern, indem sie sich an selbst konstituierten Steuerungsgrößen orientieren, die sie für sozial effektiv und legitim halten." (Schmidt 2003a: 47)

Aufgrund operativer Fiktionen kann soziale Orientierung ohne Interventionen in kognitive Systeme hinein funktionieren. Kognitive Autonomie und soziale Orientierung lassen sich mit Hilfe von Unterstellungen und Erwartungen versöhnen. Unterstelltes Wissen, als operative Fiktion, ist das Bindeglied zwischen sozialer Orientierung und kognitiver Autonomie. Was für legitim und sozial effektiv gehalten wird, wird durch die operative Fiktion erlernt, dass alle auf ein kollektives Wissen Bezug nehmen. Das schafft eine sozial verbindliche Ordnung, die sich über Sanktionen stabilisiert. Kollektives Wissen fungiert als Orientierungsrahmen, der aber nicht als Mechanismus zur Intervention in die kognitive Autonomie verstanden werden darf.

Hier wird erneut deutlich, worin sich Konstruktivismus und Solipsismus unterscheiden: Der Solipsismus lehnt eine äußere Welt kategorisch ab. Der Konstruktivismus verneint die Existenz einer solchen Entität nicht, allerdings beschreibt er sie als nie erkennbar und damit uninteressant. Der Konstruktivismus betont, dass jede Wirklichkeit die Wirklichkeit eines Beobachters ist, und somit lässt sich der Beobachter nie wegkürzen. Er ist autonom, allerdings nicht autark. Eine vollständige Autarkie von Systemen, seien es soziale oder kognitive, lehnen Konstruktivisten ab (vgl. Maturana/Pörksen 2002: 63). Sie beobachten die Muster und Mechanismen der sozialen Orientierung, um zu klären, wie ein selbstreferentielles und autonomes System viable Wirklichkeitskonstruktionen erzeugt (vgl. Hejl 2005: 117). Kognitive Autonomie und soziale Orientierung sind folglich keine Antagonismen, sondern Komplementaritäten. Nur *weil* die operationale Geschlossenheit eines jeden kognitiven Systems operative Fiktionen generiert und die Umwelt gemäß des unterstellten gemeinsamen Wissens aufbaut, kann es überhaupt zu sozialer Orientierung kommen.

Dieser dargelegte Zusammenhang von kognitiver Autonomie und sozialer Orientierung zeigt, wie sehr individuelle und soziale Prozesse miteinander verzahnt sind. Darum plädiere ich weiterhin dafür, entgegen systemtheoretischer Annahmen, Individuen in der Theorie zu berücksichtigen. Es nicht zu tun, ist kontraintuitiv, denn schließlich führt ,jemand' Handlungen durch, der eine sinnstiftende und sozialorientierte Absicht verfolgt. Schmidt fasst dies in seiner Definition des ,Aktanten' zusammen, den er "als Einheit der Differenz von kognitiver Autonomie und sozialer Orientierung" (2003a: 67) modelliert. Die "setzungskompetenten Instanzen" (ebd.: 33) operieren folglich mit ihrer kognitiven Autonomie in Hinblick auf soziale Orientierung.

4.1.4 Kultur und Wirklichkeitsmodell

Alles Handeln findet im Modus von Setzung und Voraussetzung statt. In der Logik der Setzung ist die Differenzierung enthalten. Eine Differenz kann distinktionstheoretisch unterschieden, gesetzt und benannt werden.[100] Wenn eine Differenz gewissermaßen eine Aufteilung ist, dann muss es auch eine Einheit der Differenz geben: eine Kategorie. Nur wenn ich die Kategorie ,Temperatur' kenne, kann ich mit der Differenz ,kalt/heiß' etwas anfangen und umgekehrt. Kategorie und Differenzierungen können nur zusammen sinnhaft Anwendung finden.

---

[100] Die Distinktion ist die Unterscheidung von etwas Unterschiedenem zu etwas Nicht-Unterschiedenem. Differenz meint, etwas Unterschiedenes von etwas anderem Unterschiedenem zu unterscheiden.

Kategorien differenzieren sich nicht zwingend dichotom aus. Gewissermaßen bilden zwei Antipoden die Enden einer Achse, auf der es verschiedene Stufen gibt. Neben ‚heiß‘ und ‚kalt‘ gibt es auch ‚warm‘, ‚kühl‘ und ‚lau‘. Außer ‚schön‘ und ‚hässlich‘ kennen wir ‚hübsch‘ und ‚unansehnlich‘. Die Beispiele sind unzählig. Sie alle sind Differenzierungen einer Kategorie, die aufgrund der sich voneinander abgrenzenden Unterscheidungen ihr semantisches Profil erhalten.

In Hinblick auf das Thema dieser Arbeit fällt auf, dass die meisten Kategorien ein Spektrum ihrer Differenzierungen aufweisen, Geschlecht hingegen ist binär. Es gibt keine Achse mit den Polen ‚männlich‘ und ‚weiblich‘ und einem Kontinuum dazwischen, sondern nur eine Entscheidung für die eine oder andere Seite. Doch, dass sich Geschlecht strikt dichotom ausdifferenziert, ist nicht zwangsläufig. Die biologische Argumentation, man habe es beim Geschlecht mit anatomischen Gegebenheiten zu tun, greift zu kurz. Denn auch das Lebensalter ist biologisch, und trotzdem sind Differenzierungen über ‚jung/alt‘ hinaus vorgesehen.[101] Die Biologie reicht als Grund für strikte Dualismen folglich nicht aus.

Die Gesamtheit aller Kategorien, ohne dass diese jemals ausgemacht werde könnte, bildet auch die Gesamtheit der für den einzelnen Aktanten möglichen Bezugnahmen. Dieses Netzwerk an Kategorien und deren Differenzen nennt Schmidt "Wirklichkeitsmodell, verstanden als ein Modell *für* Wirklichkeiten" (2003a: 30; Hervorh. im Org.).

Unsere Wahrnehmung funktioniert auf Basis des Wirklichkeitsmodells, indem Aktanten Kategorien heranziehen und im Modus der Setzung die Differenzierungen nutzen. Was wir wahrnehmen, nehmen wir in Abgrenzung zu anderem wahr (vgl. Schmidt 2004b: 21). Wir erkennen eine Person als jung und als nicht alt, als klein und als nicht groß, als brünett und als nicht blond. Die Setzung ist nur dann informativ, wenn ich die abgegrenzte Seite der Differenz kenne. Was ‚krank‘ bedeutet, weiß ich, weil ich es von ‚gesund‘ unterscheide.

---

[101] Es sei noch einmal daran erinnert, dass sich das Zwei-Geschlecht-Modell erst im Laufe des 18. Jahrhunderts herausbildete (s. Kap 2.2).

Die Dichotomien erhalten dadurch semantisches Profil, dass sie im Wirklichkeitsmodell immer unauflösbar über die Einheit mit ihrer Gegenseite verknüpft sind. "Differenzen markieren darum mehr ein Ineinander als ein Ausschlussverhältnis" (Schmidt 2003a: 30).[102]

Die Kategorien mit ihren semantischen Differenzierungen sind die Eckpunkte für das individuelle Handeln der Aktanten. Sie zeigen den Rahmen auf, in dem sich ein Mitglied einer Gemeinschaft bewegen kann. Damit geht die Unterstellung einher, dass die anderen Mitglieder diesen Rahmen ebenfalls kennen, akzeptieren und sich in ihren Handlungen darauf beziehen. Das kollektive Wissen gibt Antworten auf die Fragen,

> "was als wirklich gilt und was nicht (= ontologische Frage), sodann die damit zusammenhängenden Fragen, wie man sich in bzw. gegenüber der Wirklichkeit verhält (Welterkundungs- und Technikprogramme), wie Ego und Alter sich und ihre Beziehungen einschätzen (Menschenbilder) und interagieren (soziale Verhaltensprogramme), welche Werte und Normen konsensuell sind (Wert- und Normsysteme) und wie Emotionen sozial ‚inszeniert' und kommuniziert werden (dürfen)". (Schmidt 2003b: 230)

Die Bezugnahmen auf das Wirklichkeitsmodell funktionieren anhand von Verknüpfungen der semantischen Differenzierungen. So sind wir gewohnt, ‚alt' mit ‚krank' (und nicht mit ‚gesund'), mit ‚hilfsbedürftig' (und nicht mit ‚selbstständig'), mit ‚teuer' (und nicht mit ‚gewinnbringend') zu verbinden. Die Kontingenz dieser Verknüpfungen wird unmittelbar evident. Es ist vorstellbar, ‚alt' auch anders zu verknüpfen, was nicht bedeutet, die antagonistische Seite der Differenzierung heranzuziehen. Es könnten gänzlich abweichende Kategorien und ihre positiv konnotierten Differenzierungen genutzt werden: ‚Erfahren' (und nicht ‚naiv'), ‚weise' (und nicht ‚senil'), ‚wertvoll' (und nicht ‚wertlos').[103]

Obgleich die Verknüpfungsmöglichkeiten der Anzahl der Kategorien überproportional gegenüberstehen, ist das Wirklichkeitsmodell keinesfalls ein fragiles Konstrukt. Es bietet sogar einen stabilen Handlungsrahmen. Wie Differenzierungen zu verknüpfen und zu bewerten sind, obliegt offenkundig einem Kontingenzbearbeiter: Das Programm, das die Möglichkeiten begrenzt, ist Kultur.

---

[102] Dies wird in Kap. 4.3.2 mit dem Modus der Komplementarität eingehend beschrieben.
[103] Dieses Beispiel dient nur dazu, die Kontingenz bei den Verknüpfungen von semantischen Differenzierungen deutlich zu machen. Was tatsächlich die gängigsten und demnach ‚wirklichen' Assoziationen in Bezug auf alte Menschen sind, kann ich nicht sagen.

Der Ansatz, Kultur als Programm zu verstehen (sensu Schmidt) problematisiert Kulturkonzepte, die "Kultur als Summe von Phänomenen oder als inhaltliches Abschlusskonzept" (Schmidt 2005b: 41) verstehen. Diskussionen um eine nationale Kultur werden überflüssig oder lassen sich auf ein streitbares Gedankenspiel reduzieren. Wenn Kultur das Programm ist, mit dem Bezugnahmen organisiert werden, dann kann eine deutsche Leitkultur – Friedrich Merz sei Dank (vgl. Krauel 2000) – nicht aus Richard Wagner, dem Oktoberfest und der Deutschen Einheit bestehen. Kultur ist kein Konglomerat an Ereignissen, keine Kumulation homogener Wertvorstellung und kein Archiv historischer Fakten einer Region.

Auf der anderen Seite gibt es eine Fülle von Konzepten, die Kultur so weit fassen, dass man sich fragt, was Kultur nicht ist. Ein zu dehnbarer Kulturbegriff neigt dazu, "dass eigentlich alles mit ‚Kultur' etikettiert wird und die Grenzen – beispielweise zwischen Kultur und Gesellschaft – verschwimmen." (Moebius/Quadflieg 2006: 10) Für Schmidt ist Kultur das Programm, das soziale Orientierung ermöglicht. Damit ist sie der Schlüssel zur Sozialität.

> "Das Programm der gesellschaftlich praktizierten bzw. erwarteten Bezugnahmen auf Wirklichkeitsmodelle, also auf Kategorien und semantische Differenzierungen, ihrer affektiven Besetzung und moralischen Gewichtung bzw. das Programm der zulässigen Orientierungen im und am Wirklichkeitsmodell einer Gesellschaft" (Schmidt 2003a: 38)

ist Kultur. Sie bearbeitet das Wirklichkeitsmodell und macht es damit anwendbar. Indem Aktanten ihr Handeln an sozial verbindlichen Eckpunkten ausrichten und sozial anerkannte Bezugnahmen auf das Wirklichkeitsmodell ausführen, dient Kultur der individuellen Sinnorientierung. Das Kulturprogramm besetzt emotional und moralisch die Kategorien und Differenzierungen, die durch das Wirklichkeitsmodell zur Verfügung stehen. Das ergibt für den Einzelnen Handlungssicherheit, weil das Kulturprogramm Handlungen einzelner Aktanten als beispielsweise ‚gut' oder ‚böse', ‚richtig' oder ‚falsch' deklariert. (Vgl. Schmidt 2002: 65) Das aktuelle Kulturprogramm ist gleichsam eine Kontrollinstanz, die anhand normativer und moralischer Besetzung die wünschenswerten Bezugnahmen festlegt. Kultur fungiert als Korrektiv eines Kollektivs.

Hier zeigt sich einmal mehr die undogmatische Ausrichtung des Konstruktivismus. Denn auch vermeintlich universale Werte sind aus dieser Sicht kontingent. Dass man anderen Menschen keinen Schaden zufügt, Eigentum akzeptiert und keine Gewalt anwendet, sind keine Werte ‚an sich'. Innerhalb einer kulturellen Genese haben wir uns – im Übrigen aus guten Gründen – dafür entschieden, diese Richtlinien zu setzen und sogar in Form von Gesetzen
festzuschreiben. Rückt man davon ab, dass es sich um allgemeingültige Ge-
bote handelt, dann tritt zwangsläufig die Eigenverantwortung in den Vordergrund. Der Mensch wird verantwortlich. Watzlawick geht davon aus, dass

"derjenige, der sich in einem ganz tiefen Sinn als den Architekten seiner eigenen
Wirklichkeit verstehen lernt, sich durch drei Eigenschaften auszeichnen wird. –
Erstens, wer diese Idee des Konstruktivismus begreift wird ein tief verantwor-
tungsvoller Mensch sein. [...] – Zweitens wird dieser Mensch ein freier Mensch
sein. [...] – Drittens wird ein solcher Mensch konziliant und tolerant sein." (1995:
3)

Nimmt man Wertvorstellungen, Normen und Gesetzen den Nimbus des Unan-
greifbaren und die Kontingenz somit ernst, wirkt sich dies also auch auf das
Menschenbild aus.

Kultur als Programm regelt das gemeinschaftliche Miteinander und orientiert
die Einzelnen am Gemeinsamen. Das Wirklichkeitsmodell bietet die Eckdaten
und das Kulturprogramm regelt die Bezugnahmen. Aus diesem Wechselspiel
emergiert schließlich Gesellschaft. Darum bestimmt Schmidt Gesellschaft als
Einheit von Wirklichkeitsmodell und Kulturprogramm (vgl. 2003a: 43). Somit ist
Gesellschaft ein Prozessresultat der Bezugnahmen auf das Wirklichkeitsmodell unter den Maßgaben des Kulturprogramms.

Damit stehen auch Wirklichkeitsmodell und Kulturprogramm in einem komplementären Wirkungszusammenhang, der die Basis zur Ausbildung und zum
Bestehen jeglicher Vergesellschaftung ist. Dieser Wirkungszusammenhang
von Wirklichkeitsmodell und Kulturprogramm stellt die dynamische Grundord-
nung allen Handelns dar. (Vgl. Schmidt 2005b: 46) Das Wirklichkeitsmodell,
als Netz aller zur Verfügung stehenden Kategorien und semantischen Differenzierungen, sowie Kultur, als Programm zur Anwendung dieser, bieten Individuen die Möglichkeit zur Kommunisierung.

Das Spezifische einer Gesellschaft ergibt sich folglich daraus, wie das Kulturprogramm das Wirklichkeitsmodell zur Verfügung stellt. Dass sich Gesellschaften unterscheiden, lässt sich auf die unterschiedliche Anwendung von
Kultur zurückführen.[104] Nicht nur eine, sondern eine Vielzahl von Kulturen lässt
eine spezifische Gesellschaft emergieren. Schmidt differenziert die Kulturen
nach der räumlichen Komponente, der gesellschaftlichen Akzeptanz, der So-
zialsystemspezifik, den repräsentativen Trägern sowie der Bindung an bestimmte Typen (vgl. Schmidt 2003b: 245f). Wenn im Folgenden von Kultur die
Rede ist, verbirgt sich dahinter kein statisches Gebilde, sondern ein Programm
zur Bearbeitung des aktualen kollektiven Wissens.

Kultur synchronisiert die individuellen Wirklichkeitsentwürfe dadurch, dass sie
bewertet, legitimiert und sanktioniert. Soziale Orientierung wird möglich und
Gesellschaft entsteht. Kultur organisiert Gesellschaft und kann als das
"grundlegende Prinzip der *Selbstorganisation* allen Lebens" (Schmidt 2000:
41; Hervorh. im Org.) gelten.

Wie schon beschrieben, operieren Aktanten im Modus von Setzung und Voraussetzung sowie im Wirkungszusammenhang von Wirklichkeitsmodell und
Kulturprogramm. Dabei bearbeiten sie Kontingenz kulturspezifisch und sichern
so ihre Handlungsfähigkeit. Allerdings bearbeitet Kultur die Vielzahl kontingenter Bezugnahmen nicht nur, sie invisibilisiert diese Leistung auch. Eine
Thematisierung der kulturellen Problemlösungsstrategien ist nicht sinnvoll,
zumal es ansonsten nicht zur notwendigen Einübung des Programms kommt.
Routinierte Muster sichern die Handlungsfähigkeit ab (s. Kap 4.2.7). Darum ist
es nötig, dass nicht nur die kontingenten Bezugnahmen ausgeblendet werden,
sondern auch das Ausblenden selbst invisibilisiert wird. Die Voraussetzungen,
die zuvor mit Hilfe des Wirkungszusammenhangs von Wirklichkeitsmodell und
Kulturprogramm gesetzt wurden, sind zumeist nicht bewusstseinspflichtig. Sie
geschehen unbewusst. Dies hat zur Folge, dass sie dem Aktanten selbstver-

---

[104] Häufig wird dies regional verortet: Die Deutschen sind anders als die Österreicher, die
Bayern anders als die Norddeutschen. Das gilt aber auch für kleinere (Sub)Systeme, wie

ständlich und ‚natürlich' vorkommen. Die Voraussetzungen, unter denen Wirklichkeit konstruiert wird, fallen meist in diesen unbewussten Bereich und wirken als blinde Flecken im Prozess der Wirklichkeitskonstruktion. Die blinden
Flecken werden nicht beobachtet, und so erscheinen die unbewussten Voraussetzungen als gegeben. (Vgl. Schmidt 2003b: 234) Je tradierter Bezugnahmen sind und je häufiger sie erfolgreich genutzt werden, desto schwieriger
ist es, sie wieder sichtbar zu machen. Sie dem Bereich des vermeintlich Natürlichen zu entnehmen und zu beobachten, bedarf besonderer Anstren-
gung.[105]

"Kultur, so kann man zusammenfassend sagen, ist die Einheit der Programme
sozialer (Re-)Konstruktion kollektiven Wissens in (durch) kognitiv autonome(n)
Individuen." (Schmidt 2000: 39) Der Wirkungszusammenhang von Wirklichkeitsmodell und Kulturprogramm ist unser stetiger Kontingenzbearbeiter und
zeitgleich das Programm zur Essentialisierung der eigenen und kollektiven
Wirklichkeitskonstruktionen. Darin ist kollektives Wissen Wahrheit, so dass
Verstöße gegen das common-sense-Wissen scharf sanktioniert werden können.

4.1.5 Geschichten und Diskurse

Kultur ist das Programm, das viable und sozial akzeptierte Wirklichkeitskonstruktionen generiert. Über den Modus der Setzung und Voraussetzung werden dabei komplexe Sinnzusammenhänge und Sozialstrukturen synthetisiert,
die Schmidt Geschichten und Diskurse nennt.

Geschichten und Diskurse entstehen über die Reflexivität von Setzung und
Voraussetzung. Sie sind "handlungs- und kommunikationsbezogene Ordnungsmechanismen" (Schmidt 2003a: 48) und synthetisieren gleichsam die

---

beispielsweise die unterschiedlichen Kulturen, die in Unternehmen oder Familien herrschen,
zeigen.
[105] Dies ist sicherlich der Grund, warum es schwerfällt, den Körper, der in Sachen Identitätspolitik immer ein guter Berater ist, nun unter sozialen Gesichtspunkten zu beobachten (s.
Kap. 2).

Kommunikationen und Handlungen eines Aktanten zu geordneten Sinnzu-
sammenhängen.

Geschichten bezeichnen die Zusammenhänge, die aus Handlungen resultieren. Die sinnvolle Abfolge von Handlungen lässt Geschichten entstehen. Hierbei geht es um ein kohärentes Aneinanderreihen von Handlungen, die einen
stringenten Ablauf erkennen lassen. Dadurch sind Handlungen niemals vor-
aussetzungslos. Sie haben aufgrund ihrer Voraussetzungen immer schon begonnen. Es gibt keinen neutralen Start, sondern nur ein Weitermachen. Eine
Geschichte ist Beginn und Ende anderer Geschichten und steht somit in einer
Handlungsabfolge, die sich als Ganzes nicht beobachten lässt. Es sind also
Unterbrechungen notwendig, um einzelne Handlungen beobachten zu können:
Nur dann lassen sich Strukturen erkennen und ausbilden. Einer dieser Kontinuitätsunterbrecher ist Reflexivität (vgl. Schmidt 3004a: 155). Reflexivität ermöglicht Strukturbildung, und die Strukturen wirken sich auf die Handlungen
und Aktanten aus – sei es als Bestätigung der vorherigen Handlungen, als Kritik oder als Sanktion. Dies treibt die Verstrickung der Aktanten weiter voran.

Kollektive Geschichten können dann entstehen, wenn Aktanten ihre jeweils eigenen Geschichten über einen gewissen Zeitraum synchronisieren. Es ist
nach wie vor der Aktant, der handelt und somit seine Geschichte schreibt. Allerdings ähneln sich die individuellen Bezugnahmen, so dass ein synchroni-
sierter Handlungsverlauf möglich wird. Eine Gesellschaft, die dadurch entsteht, dass Aktanten gemeinsame Bezugnahmen auf Wirklichkeitsmodell und
Kulturprogramm vollziehen, hat schließlich kollektive Geschichten zu erzählen.
(Vgl. ebd.: 49)

Aktanten sind stets in entweder individuelle oder in kollektive Geschichten verstrickt, die für sie einen sinnvollen Zusammenhang ergeben müssen. Sonst
entsteht kognitive Dissonanz. Ebenso werden die Geschichten anderer beobachtet, interpretiert und im Kontext der eigenen Geschichten gesehen. Durch
reflexive Bezugnahmen verstricken sich Aktanten immer in eigene und fremde
Geschichten, in denen sie sich positionieren und versuchen, sinnvolle Folge-
geschichten zu bilden. (Vgl. Schmidt 2005b: 47f) Dabei ist die doppelte Refe-

renz von eigenen und fremden Geschichten von Bedeutung: Der einzelne Aktant orientiert sich an den fremden Geschichten, wie andere Aktanten sich an für sie fremde Geschichten orientieren. Deshalb definiert Schmidt Geschichten als Einheit der Differenz von eigenen und fremden Handlungsabfolgen (vgl. 2003a: 49).

Geschichten sind nur eine Seite des Wirkungszusammenhangs von Wirklichkeitsmodell und Kulturprogramm, nämlich diejenige, die den *Handlungs*zusammenhang bezeichnet. Die andere Seite bezieht sich auf *Kommunikation*.

So wie Geschichten Handlungen ordnen, so wirken *Diskurse* laut Schmidt als "Selektionsmuster für die interne Ordnung unserer Kommunikationen in jeweiligen Geschichten, die durch thematische und formale Spezifika [...] bestimmt sind" (ebd.: 50). Auf Kommunikation folgt Anschlusskommunikation, die zusammen einen schlüssigen Zusammenhang ergeben müssen. Dies gilt sowohl thematisch: In einem Universitätsseminar erscheint es im Regelfall nicht anschlussfähig über die Fußballergebnisse des vergangenen Wochenendes oder den Sommerurlaub zu berichten. Und es gilt auch formal: In einer Abschlussarbeit sind Umgangssprache und Kraftausdrücke zu vermeiden. Nur das ist anschlussfähig, was dem Kontext entspricht. Damit selektieren Diskurse Beiträge und letztlich auch Beiträger. Nur die Teilnehmer und nur die Themen finden in den Diskurs Eingang, die formal und inhaltlich anschlussfähig sind. Durch die Selektion ergibt sich ein sinnvolles Kommunikationsgeschehen, das sich im Modus von Setzung und Voraussetzung selbst vorantreibt. Wie schon die Geschichten, unterliegen Diskurse der doppelten Referenz eigener und fremder Kommunikationshandlungen (bzw. Handlungskommunikationen). Zudem sind Geschichten und Diskurse kontingent, weil Aktanten an einigen Geschichten und Diskursen teilnehmen und an anderen nicht. Die Kontingenz, die aufgrund des Selektionsprozess hervortritt, wird schließlich zum Zwecke der Identitätspolitik genutzt. Die Differenz zwischen den Handlungen und Kommunikationen, an denen teilgenommen und an denen nicht teilgenommen wird, gibt über den Einzelnen Auskunft. Die Verstrickung des Aktanten in spezifische Geschichten und Diskurse lässt erkennen, mit wem wir es zu tun haben. (Vgl. ebd: 53)

Auch Geschichten und Diskurse stehen in einem komplementären Verhältnis zueinander: Diskurse brauchen Handlungen, die kommuniziert werden und umgekehrt wollen Geschichten kommuniziert werden. Sie führen "Handlungen und Kommunikationen durch Bezug auf die Orientierungsleistungen von Wirklichkeitsmodellen und Kulturprogramm zu persönlich erlebten Sinnzusammenhänge" (Schmidt 2008: 83) zusammen. Geschichten und Diskurse bearbeiten den Wirkungszusammenhang von Wirklichkeitsmodell und Kulturprogramm, ermöglichen Strukturbildung und bieten Orientierung für den einzelnen Aktanten. Geschichten und Diskurse sind die kognitiven sowie kommunikativen Kontingenzbearbeiter, sie konkretisieren die soziale Orientierung, und so kann Gesellschaft funktionieren. (Vgl. Schmidt 2003a: 53ff.)[106]

4.2 Kommunikation

Jeder kommuniziert permanent. Wie uns Watzlawick et al. lehren, kann man nicht nicht kommunizieren (vgl. 1980: 53). Und es scheint heute so, als ist unsere Gesellschaft mehr auf Kommunikation ausgerichtet denn je: In S-Bahnen wird per Mobiltelefon die Abendgestaltung geplant, in den Büros werden täglich massenhaft Emails verschickt, aus der Bibliothek verabredet man sich per SMS zum Mittagessen, und neuerdings wird via Twitter der Welt mitgeteilt, wo man was gerade wie macht. Über all diese verschiedenen Formen der verbalen Kommunikation hinaus zeigt man über sein Styling und seine Kleidung, zu welchem Milieu man gehört oder gehören möchte. Die Wahl des Stadtteils, in dem man wohnt, gibt Auskunft über den Lebensstil und die Urlaubswahl verrät, ob man eher der Abenteurer oder der Spießer ist. Alles wird kommuniziert

---

[106] Auf den Gewinn dieser Ordnungsbildung und auf die Notwendigkeit solcher Strukturbildung wird in Kap. 5 ausführlich eingegangen, denn schließlich kann Geschlecht als ein solch stabilisierendes Moment gesellschaftlicher Genese definiert werden.

und alles kommuniziert. Daraus ergibt sich, dass wir auf der einen Seite scheinbar alle Kommunikationsexperten sind und auf der anderen Seite kein gesteigertes Interesse daran haben, Kommunikation zu theoretisieren. Obgleich Kommunikation selbstverständlich ist, ist sie bei genauer Betrachtung nicht selbsterklärend.[107]

Dies mag ein Grund dafür sein, dass innerhalb der Geschlechterforschung Kommunikation kaum Beachtung findet, obwohl sie implizit eine Rolle spielt. Einige Theoretiker schreiben von ‚Dialog' (Butler 1991) andere von ‚Interaktion' (Heintz 2001). Wenn "Interaktion ohne gegenseitige geschlechtliche Identifizierung [.] praktisch ausgeschlossen" (ebd.: 17) ist, dann müsste die Geschlechterforschung sich eigentlich mit grundlegenden Konzepten von Interaktion und Kommunikation auseinandersetzen, was sie aber nicht tut.

Die vorangestellten erkenntnistheoretischen Begriffe (s. Kap. 4.1) sind eng mit Kommunikation verbunden, weil Kultur, Wirklichkeitsmodell, Gesellschaft, Sprache und Kommunikation ko-evolvieren.

> "Sprache bezieht sich auf (kollektives) Wissen, Kommunikation bezieht sich auf Kommunikation, die durch Bezug auf (kollektives) Wissen in Form symbolischer Ordnungen als Vollzug von Sozialität funktioniert; Gesellschaft co-evolviert aus Sprache und Kommunikation und vollzieht sich in Form von sozialen Handlungen (vor allem Kommunikationen), die ihrerseits von kulturellen Mustern geprägt sind, die sich in/an Handlungserfolgen stabilisieren." (Schmidt 2003b: 44)

Diesen Zusammenhang werde ich im Folgenden skizzieren und darüber deutlich machen, dass ein Kommunikations- und Identitätskonzept dargelegt werden muss, wenn soziale Phänomene (wie Geschlecht) erläutert werden sollen. Dazu werde ich ein Kommunikationsmodell sensu Schmidt und Merten heranziehen, weil es sich als besonders anschlussfähig für die vorgestellten Ansätze der Geschlechterforschung erweist. Die bereits vorgestellten Begriffe sind die theoretischen Voraussetzungen für dieses prozessorientierte Kommunikationskonzept.

---

[107] Das belegt auch die Vielzahl und Unterschiedlichkeit der Definitionen von Kommunikation (vgl. Merten 1977: 168ff.)

4.2.1 Reflexivität

Kommunikation unterliegt, wie alles menschliche Handeln, dem bereits bekannten Modus von Setzung und Voraussetzung. Als Setzung ist Kommunikation Handlung, als Voraussetzung ist sie Sinnorientierung. Kommunikation
greift im Prozess der Setzung auf den vorausgesetzten Wirkungszusammenhang von Wirklichkeitsmodell und Kulturprogramm zurück. Jede Setzung wird
schließlich zur vorausgesetzten Sinnkomponente, die in konkreten Geschichten und Diskursen Orientierung für alle weiteren Kommunikationshandlungen
bietet. Kommunikation operiert über den auto-konstitutiven Modus ‚Set-
zung/Voraussetzung' und so ist sie selbst auto-konstitutiv. Damit unterliegt
Kommunikation auch der Komplementarität von Kontingenz und Selektion: Da
Kommunikation ein selektiver Prozess ist – jede Kommunikation ist eine Setzung –, generiert sie zeitgleich Kontingenz. Zwar "schafft Kommunikation, indem sie Selektion verstärkt, zunehmend Kontingenz" (Schmidt 1992: 439),
doch mit den Bezugnahmen auf den kollektiven Wirkungszusammenhang von
Wirklichkeitsmodell und Kulturprogramm und auf das kollektive verbindliche
Wissen erzielt Kommunikation sozial verbindliche Kontingenzbearbeitung. So
kann Gesellschaft, als Einheit von kognitiver Autonomie und sozialer Orientierung, emergieren.

Kommunikation ist wegen der operativen Geschlossenheit kognitiver Systeme
kein Informationsaustusch im Sinne der Container-Metapher. Aufgrund der
doppelten Kontingenz bilden sich Erwartungs-Erwartungen und Unterstellungs-Unterstellungen aus, durch die sich die Kommunikationsteilnehmer Ori-
entierungsangebote unterbreiten, die kognitiv, also systemspezifisch, verar-
beitet werden. (Vgl. Schmidt 2003a: 69) Das common-sense-Wissen, auf das
Aktanten im Kommunikationsprozess Bezug nehmen, fußt folglich auf Reflexivität.

Aus diesem Grund konzipiert Klaus Merten Reflexivität als notwendiges und
sogar hinreichendes Kriterium von und für Kommunikation. Zudem gilt, "dass
alle Kommunikationsprozesse auf der Humanebene reflexive Prozesse darstellen und mindestens drei Typen von Reflexivität aufweisen, die [...] als Re-

flexivität in zeitlicher, sachlicher und sozialer Dimensionen bezeichnet werden können." (Merten 2005: 111)

Dass auf Kommunikation stets Anschlusskommunikation folgt, beschreibt die *Reflexivität in zeitlicher Dimension*. Da wir fortwährend in Diskurse verstrickt sind, kommunizieren wir ständig. Kommunikation reiht sich an Kommunikation, wobei die vorangegangene Kommunikation sich auf die anschließende Kommunikation auswirkt. Diese zeitliche Reflexivität entspricht bei Schmidt dem auto-konstitutiven Modus von Setzung und Voraussetzung. Die Kommunikation wirkt selbstreferentiell auf den Gesamtverlauf des Kommunikationsprozesses, gewissermaßen auf die Gesamtheit der Diskurse. Dies gilt nicht nur rückwirkend, sondern auch zukünftig. Auch die erwarteten Kommunikationsprozesse (Stichwort: Erwartungs-Erwartungen) fließen in den gegenwärtigen Kommunikationsverlauf mit ein. Durch diese Selbstreferentialität in Form von Rückwirkung und Antizipation ist Kommunikation auf zeitlicher Ebene ein Prozess der Strukturgenese und gleicht damit einem Evolutionsprinzip. (Vgl. Merten 1977: 161ff.) "Kommunikation stabilisiert Kommunikation, sie ist zeitlich reflexiv." (Schmidt 2003b: 62) Zeitliche Reflexivität bezieht sich damit auf die Wirkung des Kommunikationsprozesses. Die Wirkung ist erstens das Ergebnis des Kommunikationsprozesses, und zweitens ist sie für alle weiteren Kommunikationen die Voraussetzung. Reflexivität in zeitlicher Dimension muss prinzipiell "hinter aller Wirkung vermutet werden." (Merten 1976: 171)

Merten spricht von *sachlicher Reflexivität*, wenn er den Kommunikationskanal beschreibt. Dadurch, dass verschiedene Kanäle zur Verfügung stehen, können Aussagen über Aussagen getroffen werden, was beispielsweise für die Entwicklung von Sprache wesentlich ist. Sachliche Reflexivität ermöglicht zudem, Informationen, die über den systemspezifischen Selektions- und Bearbeitungsprozess gebildet werden, zu Sinnstrukturen zusammenzuschließen. Als "Prozeß der Behandlung von Handlungen" (ebd.: 163) generiert Kommunikation Sinnstrukturen, die im Modus von Setzung und Voraussetzung genutzt und ausgebaut werden. Sachliche Reflexivität bildet Sinnstrukturen aus und erzeugt die Komplexität, die für die soziale Strukturgenese notwendig ist. Damit kann die sachliche Reflexivität als Grundprinzip aller Kulturleistungen gelten. (Vgl. Merten 1976: 172)

Wahrnehmung, Erwartung und Handlung koppeln sich mit Hilfe von Kommunikation aneinander, und so kann sich der einzelne Aktant an den anderen Interaktionspartnern orientieren. Diese *soziale Reflexivität* ist für Vergesellschaftung und Kommunisierung ausschlaggebend (vgl. Schmidt 2003b: 62). Der Aktant orientiert sich an Meta-Aussagen der Interaktionsteilnehmer, die auf anderen Kanälen (mimisch, gestisch, verbal, usw.) mitlaufen. Diese Meta-Aussagen grenzen den Interpretationsspielraum ein, womit sie die Verständigung zwischen den Interaktionspartnern fördern. (Vgl. Merten 2005: 111)

Die drei Reflexivitäten setzen einander voraus: Nur durch Evolution können Menschen einander wahrnehmen und Sprache entwickeln. Nur mittels Sprache kann sich Gesellschaft ausbilden, da sie für soziale Orientierung ausschlaggebend ist (s. Kap. 4.2.3). Alle anderen Kriterien für Kommunikation, die Merten im Rahmen seiner Analyse identifiziert, lassen sich auf Reflexivität zurückführen: Reziprozität und Anwesenheit ist Reflexivität in der Sozialdimension; Intentionalität setzt Sprache und Sprache Reflexivität auf der Sachebene voraus. Wirkung, als Rückwirkung auf den gesamten Kommunikationsverlauf, ist Reflexivität in der Zeitdimension. Somit "mag es erlaubt sein, Reflexivität in zeitlich-sachlich-sozialer Hinsicht als notwendiges und spekulativ auch als hinreichendes Kriterium für Kommunikation zu benennen." (Ebd.: 162)

Damit stellt sich die vorliegende Arbeit gegen solche Definitionen, die Reflexivität als eine kommunikative *Option* konzipieren: "Reflexiv sind Handlung-(sweis)en, *wenn* die Akteure deren Folgen für das Verhalten anderer berücksichtigen, die wiederum Rückwirkungen auf das eigene Handeln haben (können)." (Pöttker 2006: 243; Hervorh. EF) Reflexivität ist grundlegendes und kein optionales Element von Kommunikation. Akteure, wie Pöttker die Kommunikationsteilnehmer nennt, berücksichtigen immer die anderen Akteure und ihre Handlungen, sei es bewusst oder unbewusst. Mehr noch: Im Sinne der doppelten Reflexivität ist das eigene Handeln für andere und damit für einen selbst bedeutungsvoll – wir erinnern uns an die Unterstellungs-Unterstellungen und die Erwartungs-Erwartungen. Reflexivität ist *der* kommunikative Modus, ohne den Evolution, Sprache und Gesellschaft nicht möglich ist. Reflexivität und Kommunikation sind untrennbar.

4.2.2 Autopoiesis

Der Begriff der Autopoiesis ist bereits an verschiedenen Stellen dieser Arbeit aufgetaucht. Im Folgenden wird der Zusammenhang von funktionaler Differenzierung, Kommunikation und Autopoiesis dargelegt.

Vorab sei noch einmal betont, dass die Ko-Orientierung der Individuen unter der Prämisse der kognitiven Autonomie läuft. Obgleich die operative Geschlossenheit des kognitiven Systems bei den Prozessen der Vergesellschaftung gewahrt bleibt, findet eine gemeinsame Entwicklung statt. Wenn sich die Interaktionspartner wahrnehmen und darüber ein gemeinsames Interaktionsmilieu bilden, macht das die gemeinsame Ontogenese wahrscheinlich. Sie stimulieren sich gegenseitig, bleiben aber füreinander Umwelt und können darum den Strukturwandel des anderen nicht determinieren. Stattdessen sind die Aktanten strukturell gekoppelt und bilden darüber eine gemeinsame Geschichte reziproker Strukturveränderung. All das zeichnet Vergesellschaftung aus. (Vgl. Maturana/Varela 1987: 85) Es bedarf offenbar eines Mechanismus oder eines Prozesses, der die strukturelle Kopplung der Individuen ermöglicht und festigt, um so die Stabilität der Gesellschaft langfristig sicherzustellen. Über diese integrative Funktion verfügt Kommunikation.

Die Evolution von Kommunikation und die Genese von Gesellschaft sind untrennbar. Kommunikation und Gesellschaft stehen in einem ko-evolutiven Verhältnis zueinander, was Merten so zusammenfasst: "Die Evolution von Kommunikation ist notwendige Voraussetzung für die Evolution von Gesellschaft." (1999: 184)

Soziologisch hat sich die Gesellschaft funktional ausdifferenziert. Mit der Ausbildung von sozialen Systemen hat sie sich arbeitsteilig organisiert. Daran angelehnt entwickelt Merten eine Evolutionsfunktion von Kommunikation, die besagt, dass die Möglichkeiten von Kommunikation im Laufe der Zeit wachsen.

Einmal lässt sich dies am Zuwachs von Medien bzw. Medientechnologien ablesen. Die Zahl der massenmedialen Angebote steigt enorm an, und ein Ende dieses Trends ist nicht auszumachen. Parallel hält die Entwicklung medientechnologischer Innovationen an. Mit den wachsenden Möglichkeiten von Kommunikation steigt für Merten auch der Bedarf an Kommunikation. Merten stellt darum einen Megatrend zur Mediengesellschaft fest, den man meines Erachtens auch als Megatrend zur Kommunikationsgesellschaft bezeichnen kann. Megatrend deshalb, weil mit "der Vergrößerung des Bedarfs zugleich eine Vergrößerung des Zuwachses für Bedarf" (ebd.: 186) einhergeht.

Die Ursache dieser Entwicklung ist die funktionale Differenzierung der Gesellschaft. Wenn sich innerhalb einer Gemeinschaft Teilbereiche ausbilden, die eine Funktion für die Gesamtheit übernehmen, bedarf dies zwangsläufig kommunikativer Strukturen. Denn erstens muss innerhalb der ausdifferenzierten Funktionssysteme kommuniziert werden, weil nur so die Informationen systemspezifisch, also unter der Maßgabe der operativen Geschlossenheit, zu bearbeiten sind. Zweitens müssen die Systeme untereinander kommunizieren.[108] Damit steigt mit jedem neuen System die Zahl der Verbindungen zwischen den Systemen überproportional. Diese verbindenden Strukturen sind notwendig, da ohne sie die Gefahr besteht, dass eine Gesellschaft in ihre Teilbereiche zerbricht. Differenziert sich eine Gesellschaft aus, muss sie zugleich gewährleisten, dass integrative Strukturen entstehen. Kommunikation übernimmt diese integrative Funktion. Als Summe der Systemverbindungen wächst das Kommunikationssystem einer Gesellschaft schneller als sich die anderen Teilbereiche ausdifferenzieren. (Vgl. ebd.: 184ff.)

---

[108] Ich schließe mich dabei nicht der Systemtheorie nach Luhmann an, die davon ausgeht, dass nur Kommunikation kommunizieren kann. Letztlich sind es meines Erachtens einzelne Menschen, die miteinander ein Interaktionsmilieu bilden und sich temporär oder strukturell koppeln. Kommunikation ist zwar das Letztelement dieser Verhältnisse, es ist aber eindeutig auf den Einzelnen zurückzuführen. Nur analytisch erscheint es mir zulässig, davon zu sprechen, dass sich beispielsweise Politik und Wirtschaft über Lobbyarbeit koppeln und einen gemeinsamen Sinnbereich ausbilden. Schlussendlich sind es einzelne Aktanten, die gemäß der Systemprogrammatik miteinander kommunizieren. Alles andere erscheint zunehmend abstrakt und kontraintuitiv, auch weil es den Zusammenhang von kognitiver Autonomie und sozialer Orientierung nicht berücksichtigt.

Dass es zu einer Differenzierung der Gesellschaft kommt, hat verschiedene Ursachen. Peter Hejl nennt für die Ausdifferenzierung zwei wesentliche Gründe: räumliche Ausbreitung und steigender Regelungsbedarf. Wenn das ‚Volumen' der Gesellschaft zunimmt, sie also mehr Mitglieder auf sich vereint und sich territorial ausdehnt, dann ist eine funktionale Ausdifferenzierung nötig. Die Gemeinschaft muss unter diesen Umständen anders organisiert werden, sonst wird sie, wörtlich genommen, unübersichtlich. Daraus folgt, dass die Menge der Interaktionen steigt und mit ihr der Regelungsbedarf. Die funktionale Differenzierung der Gesellschaft dient der Ausbildung funktionaler Systeme, um die Gemeinschaft als operative Fiktion zusammenzuhalten. Systemkomponenten sind die Systemmitglieder, die aufgrund kulturell erlernter und gemeinsamer Bezugnahmen auf das Wirklichkeitsmodell zum Systemerhalt beitragen. (Vgl. Hejl 1994: 54)

Mit dem Zuwachs an integrativen Strukturen und an kommunikativen Verbindungen zwischen den Systemen erweitert sich auch die beobachtbare Umwelt. Ein System selegiert seine Umwelt und beobachtet nur den für das System relevanten Teilbereich. Beobachtung ist Selektion, die Kontingenz beobachtbar macht und Komplexität aufbaut. Kontingenz entsteht, wenn die Unterscheidungsmöglichkeiten wachsen. Komplexität ist keine Eigenschaft der Umwelt, sondern entsteht durch die "Beobachtung der Unterscheidungshandhabung von Beobachtungen/Beobachtern" (Schmidt 2005a: 25) und ist damit aufs Engste an Kontingenz geknüpft. Systeme bauen sich ihre spezifische Komplexität in dem Maße und in der Art auf, wie sie ihre systemrelevante Umwelt konstruieren. "Systeme reduzieren nicht Komplexität, sondern sie erzeugen durch ihr Operieren systemspezifische und systemverträgliche Komplexität" (Schmidt 2003a: 62), womit der komplementäre Wirkungszusammenhang von Selektion und Kontingenz seine Anwendung findet.

Kommunikation ist gewissermaßen der Motor zur Generierung von Komplexität, da jene ob ihrer Reflexivität selektiv auf Selektionen reagiert. Jede Kommunikation muss im Modus von Setzung und Voraussetzung an andere Kommunikationsprozesse anknüpfen, und dies funktioniert nur durch Selektionen. "Insofern schafft Kommunikation, indem sie Selektionen verstärkt, zunehmend

Kontingenz." (Schmidt 1992: 439) Aufgrund der systemspezifischen Erwartungsstrukturen läuft die Generierung und die Verarbeitung der Komplexität erfolgreich weiter, und die Autopoiesis sozialer System ist gewährleistet.[109] Ist Kommunikation also ein autopoietisches System?

Um dies zu beantworten, ist es nötig, sich noch einmal der Struktur moderner Gesellschaften zuzuwenden. Wie dargelegt, zeichnen sich sozial ausdifferenzierte Gesellschaften nach Merten durch einen Zuwachs sowohl an Kommunikation als auch an Bedarf an Kommunikation aus. Ein weiteres Merkmal ist die Individualisierung der Gesellschaftsmitglieder. Der Einzelne nimmt verschiedene gesellschaftliche Positionen ein, die allesamt unterschiedliche Handlungsprogramme erfordern und verschiedene Wirklichkeitsentwürfe hervorbringen. Aktanten sind deshalb nicht dauernd kognitiver und sozialer Dissonanz ausgesetzt, sie erleben eine Diversifizierung der eigenen Lebenswelt. Die Individuen funktional differenzierter Gesellschaften sind "permanente Wanderer zwischen den Funktionswelten" (Eickelpasch/Rademacher 2004: 17).

Die funktionale Differenzierung schreitet voran, weil sich die Systeme intern weiter ausdifferenzieren und (sich) Subsysteme bilden. Der Einzelne individualisiert seine Handlungsprogramme, so "daß immer weniger Gesellschaftsmitglieder in untereinander vergleichbaren Interaktionen miteinander" (Hejl 1994: 55) stehen. Differenzen

> "werden damit ihrerseits zur Ursache weiterer Differenzierungen. Der Prozeß wird selbsttragend. Sein Grundmuster ist: Individualisierung → Steigerung der Selektivität der gesellschaftlichen Organisation → Individualisierung → Steigerung der Selektivität der gesellschaftlichen Organisation usw. *Diese Wechselwirkung zwischen den Komponenten und der Systemorganisation, die zu einer Veränderung beider führt, bezeichne ich als ,selbstorganisierend'. Ein System, das sich so verändert, ist ein selbstorganisierendes System."* (Ebd.; Hervorh. im Org.)

---

[109] Die Mechanismen, nach denen sich (soziale) Systeme unterscheiden und prozessieren, sind der binäre Code und das symbolisch generalisierte Kommunikationsmedium. Letzteres gewährleistet in besonderem Maße die Autopoiesis, da es den ,Dreh- und Angelpunkt' des Systems bildet. So ist ,Geld' der Grund, warum das System ,Wirtschaft' kommuniziert und sich damit überhaupt erst ausgebildet hat. (Zu einer ausführlichen begrifflichen Einweisung in die Systemtheorie und deren erkenntnistheoretische Voraussetzungen vgl. Jensen 1999 sowie Galindo 2006.)

Ein System, das ein reziprokes Verhältnis von Systemstruktur und Systemkomponenten aufweist, operiert selbstorganisierend. Verändern sich die Komponenten, so hat dies unmittelbar Auswirkungen auf die Struktur und umgekehrt. Diesem Systemtyp kann auch Kommunikation zugerechnet werden, da sie wegen ihrer zeitlichen, sachlichen sowie sozialen Reflexivität diese Reziprozität zwischen Struktur und Systemkomponenten aufweist. Bestandteile der Kommunikation sind die Kommunikationshandlungen, die aufeinander Bezug nehmen und sich mit Anschlusskommunikationen vorantreiben. Kommunikation besteht aus reflexiven Prozessen, die Strukturen formen, die wiederum auf die Kommunikationshandlungen wirken. Daher ist Kommunikation ein selbstorganisierendes System (vgl. Hejl 2005: 114) "mit zeitlich-sachlich-sozialer Reflexivität, das durch Interaktion der Kommunikanden Behandlung von Handlungen erlaubt und soziale Strukturen ausdifferenziert." (Merten 1977: 163) Darüber erzeugt Kommunikation eine Realität sui generis – eine sozial wirkliche und systemspezifische Wirklichkeit. Es ist also ein "dynamisch, raumzeitlich bestimmbares Prozess-System, das [selbstorganisierend; Anm. EF] aus sich wandelnden Prozessen besteht." (Schmidt 2008: 78) Der Modus von Setzung und Voraussetzung ermöglicht die Strukturbildung, weil sich über diesen Modus die einzelnen Kommunikationshandlungen zu einem sinnvollen Kommunikationszusammenhang (Diskurs) fügen. Kommunikation läuft immer weiter, da auch Kommunikationsabbruch als kommunikativer Prozess und kommunikative Aussage zu deuten ist. Über die Kontinuität der Kommunikationshandlungen sichert sich das Prozess-System Kommunikation seinen Fortbestand. Folglich ist Kommunikation ein autopoietisches Prozess-System, das selbstorganisierend seine Systemkomponenten reproduziert und damit den Systemerhalt sichert. (Vgl. Luhmann 2005c: 114ff.) Dass man "nicht nicht kommunizieren" (Watzlawick/Baveas/Jackson 1980:53) kann, pointiert also die Autopoiesis der Kommunikation.

Kommunikation ist ein *auf Basis zeitlich-sachlich-sozialer Reflexivität operierendes autopoietisches Prozess-System*, das Aktanten benötigt, um Kommunikation voranzutreiben. Das führt zum Zusammenhang von Kognition und Kommunikation.

4.2.3 Kognition

Auch Kognition unterliegt dem auto-konstitutiven und reflexiven Zusammenhang von Setzung und Voraussetzung. Die Instanz, die Setzungen vornimmt und zeitgleich Voraussetzung ist, um Setzungen vorzunehmen, ist das Bewusstsein. Bewusstsein ist Voraussetzung von Setzungen und wird durch Setzungen bestätigt. Für diese Autologie ist das Bewusstsein selbst jedoch blind.[110] Bewusstsein kann nur auf der Beobachtungsebene zweiter Ordnung beobachtet werden, was wiederum ein Bewusstsein voraussetzt – ad infinitum. Bewusstsein operiert mit Hilfe auto-konstitutiver Bezugnahmen, denn ohne Bewusstsein kann nichts wahrgenommen werden (Bewusstsein als Voraussetzung), und es wird ‚etwas' wahrgenommen (Bewusstsein setzt etwas). Bewusstsein setzt sich selbst voraus, wodurch Reflexivität ebenfalls zur Bedingung von Bewusstsein wird. (Vgl. Schmidt 2004b: 20)[111] Zudem stellt Bewusstsein im Prozess des Wahrnehmens und Denkens seine eigene Reflexivität her. Reflexivität und Bewusstsein stehen folglich in einem auto-konstitutiven Zusammenhang. (Vgl. Jahraus 2003: 75f)

Wie Bewusstsein und Kommunikation zusammenhängen, ist umstritten. Für Luhmann kann "[e]in Bewußtseinssystem [.], wenn es einmal entstanden ist, auch in Momenten ohne Kommunikation tätig sein. [...] Kommunikation kommt dagegen kaum ohne Koinzidenz von Bewußtsein zustande. Insofern ist das Verhältnis asymmetrisch" (Luhmann 2005c:40). Für Schmidt prozessieren Bewusstsein und Kommunikation ebenfalls getrennt, allerdings nicht unabhängig voneinander. Obgleich sie zwei verschiedene Systeme mit je system-

---

[110] Oliver Jahraus stellt dazu pointiert fest: "Die Selbstblindheit des Bewusstseins ist konstitutiv für Bewusstsein überhaupt!" (2003: 77)

[111] Exakter formuliert: Reflexivität ist der Kontinuitätsunterbrecher, der für Strukturen sorgt. "Bewußtsein ist [...] die unhintergehbare Bedingung für die Beschäftigung mit Bewußtsein, und Reflexivität ist die Bedingung für das Bewußtwerden von Bewußtsein." (Schmidt 2004b: 20) Auf Reflexivität als Kontinuitätsunterbrecher kann an dieser Stelle nicht genauer eingegangen werden (vgl. dazu ausführlich Jünger 2002).

spezifischen Strukturen sind, sind sie auf zeitlicher Ebene synchronisiert. "Bewußtsein ist ohne Kommunikation – evolutiv wie aktual – ebenso wenig möglich wie Kommunikation ohne Bewußtsein." (Schmidt 2003b: 90)
Beide Systeme koppeln sich strukturell, was synchronisierte und keineswegs
kausale Strukturen beschreibt (vgl. Jahraus 2003: 89). Die Systeme beziehen
sich in ihren Operationen aufeinander und arbeiten dennoch systemspezifisch.[112] Folglich widerspricht die operationale Geschlossenheit der Systeme
dem Konzept der strukturellen Kopplung nicht, denn beide Systeme geben die
selbsterhaltenden und selbstorganisierenden Strukturen und ihre Grenzen
nicht auf. Die Systeme werden allenfalls von Umweltereignissen irritiert, nie
aber determiniert. (Vgl. Wilke 1987: 339) Gleichzeitig sind Kommunikation und
Bewusstsein aufeinander angewiesen, denn Kommunikation braucht Bewusstsein, weil nur das kognitive System wahrnehmen kann. Kommunikation
ist auf die kognitive Leistung der Inklusion angewiesen, die sie selber nicht
aufbringen kann. Bewusstsein kann hingegen nicht kommunizieren und wird
ausschließlich in der Kopplung mit Kommunikation sozial, weil mitteilbar. (Vgl.
Schmidt 2003b: 90f) "Kein System kann [...] ohne das andere prozessieren."
(Jahraus 2003: 90) Kommunikation und Bewusstsein sind strikt komplementär
(vgl. Schmidt 2003a: 154). In jeder Situation, in der kognitive Systeme interagieren, bedarf es des Bewusstseins, als wahrnehmende und sich selbst vor-
aussetzende Instanz. Und genauso bedarf es der Kommunikation, die Wahrnehmung über symbolische Ordnungen beobachtbar werden lässt und Anschlusshandlungen ermöglicht. In beiden Systemen ist Stillstand ausgeschlossen: Beim Kommunikationssystem schließen sich Kommunikationen an Kommunikationen an, im Bewusstsein bilden sich unendliche Gedankenketten. Jeder kennt die Unmöglichkeit, an nichts zu denken.

---

[112] Hier wird deutlich, dass operational geschlossen nicht autark, sondern autonom bedeutet.
Die Systemgrenzen sind zur Aufrechterhaltung des Systems notwendig, denn nur so kann
das System systemspezifisch operieren, sich selbst organisieren und erhalten. Eine wie auch
immer geartete Umwelt kann Systeme aber durchaus irritieren, nur obliegt es dem System
diese Irritationen mit systemspezifischem Sinn auszustatten. (Vgl. Maturana/Pörksen 2002:
72) Das Prinzip der strukturellen Kopplung ein ‚inniges' Verhältnis mindestens zweier Systeme, die häufig aufeinander Bezug nehmen oder gemeinsame Bezugnahmen auf ‚etwas' vollziehen. So bildet sich ein stabiles routiniertes Verhältnis aus.

Sowohl das kognitive System Bewusstsein als auch das soziale System Kommunikation operieren reflexiv und autopoietisch. Die selbst-referentiellen Systemspezifik schließt sowohl die Referenz auf eine externe Realität als auch den unmittelbaren Bezug beider Systeme aufeinander aus. (Vgl. Weinbach 2004b: 17)

Eine besondere Rolle bei der strukturellen Kopplung von Bewusstsein und Kommunikation spielt der Körper.

> "Kommunikation ist durch die Erwartungserwartung einer doppelten Kontingenz ausgesetzt; damit aber das Bewusstsein in ein Verhältnis doppelter Kontingenz geraten kann; muss es für andere wahrnehmbar sein, und es muss erfahren können, dass es für andere wahrnehmbar ist. Der Leib garantiert hierbei einerseits die Einheit des Bewusstseinssystems und zum anderen wird das Bewusstsein durch seine leibliche Repräsentation für andere beobachtbar." (Jakobs 2002: 139)

Bewusstsein kann die Kommunikation am Körper beobachten, kognitiv interpretieren, systemintern bearbeiten und Anschlusskommunikation vorbereiten. Diese Anschlusskommunikation wird dann über die (körperliche) Motorik ausgeführt und für den Interaktionspartner wahrnehmbar.

Gemeinsam ist beiden Systemen, dass sie nach interner Sinngebung streben, denn sowohl die kognitiven Prozesse als auch die kommunikativen Handlungen müssen ,Sinn ergeben'. Das ko-orientierte Prozessieren von Bewusstsein und Kommunikation braucht Sinn. Die strukturelle Kopplung beider Systeme wird durch Sinn "nicht nur ermöglicht, sondern gerade am Prozessieren" (Jahraus 2003: 89) gehalten. "Darüber hinaus wird die Autopoiesis der beiden Systeme erst durch Sinn überhaupt erklärbar." (Ebd.) Sinnproduktion, als das beidseitige Ziel, ist die Ursache der strukturellen Kopplung. Bewusstsein und Kommunikation parallelisieren und synchronisieren sich, weil ihre systemspezifische Funktionalität auf Sinn ausgerichtet ist. Dadurch, dass sie in komplementärem Wirkungszusammenhang stehen, sind sie einander Voraussetzung für alle weiteren Setzungen, die Sinn ergeben sollen. Daher konzipiert Schmidt Sinn als die Einheit der Differenz von Bewusstsein und Kommunikation (vgl. Schmidt 2003a: 153). Die strukturelle Kopplung beider Systeme bietet dem kognitiv-autonomen System die Möglichkeit, sich über Kommunikation sozial zu orientieren. Kommunikation ist die Basis für alle Prozesse der Vergesell-schaftung.[113]

Im Zusammenhang der Ko-Evolution von Kommunikation und Bewusstsein kommt der Sprache, als konventionalisiertes Zeichensystem, eine besondere Bedeutung zu.

4.2.4 Sprache

Die beiden autopoietischen Systeme Bewusstsein und Kommunikation kop-peln sich strukturell mit Hilfe semiotischer Zeichenmaterialitäten. Sowohl das kognitive als auch das kommunikative System beziehen sich fortwährend auf das kollektive Wirklichkeitsmodell. Diese Bezugnahmen werden anhand von Zeichenmaterialitäten beobachtbar. (Vgl. Schmidt 2003a: 70f) So können sich Kommunikation und Bewusstsein bei ihren Operationen beobachten, ihre Pro-zesse synchronisieren und ihre Ontogenese koppeln. Sie bilden gemeinsame stabile Strukturen aus, die synchronisierte Bezugnahmen auf Wirklichkeitsmo-dell und Kulturprogramm unterstützen und gemeinsame Sinnproduktion zum Ergebnis haben. All jene Materialitäten, "die semiosefähig sind und zur gesell-schaftlich geregelten, dauerhaften, wiederholbaren und gesellschaftlich rele-vanten strukturellen Kopplung von Systemen im Sinne je systemspezifischer Sinnproduktion genutzt werden können" (Schmidt 2002: 56), nennt Schmidt im Kontext seines Medienkompaktbegriffs Kommunikationsinstrumente (s. Kap 4.2.6).

Sprache ist der Prototyp eines Kommunikationsinstruments, denn mit Sprache sind Bedeutungen erstmals materialisiert und stehen so einer Umwelt bzw. anderen Systemen zur Verfügung. Aus konstruktivistischer Sicht ist zu beto-nen, dass es die sprachlichen Materialitäten sind, die beobachtet werden und keinesfalls Bedeutungen, Inhalte, Bezugnahmen und Wissen selbst: Die Be-deutung liegt nicht ‚in' den Zeichen. Erst der Anwender semiotischer Materia-litäten weist den Zeichen Bedeutungen und Inhalte zu und ist die entscheiden-

---

[113] Ein weiterer Grund, warum keine soziologische Abhandlung am Begriff und Konzept von

de Instanz bei der Sinnproduktion. Sprache entfaltet ihre Wirkung erst im Sprech- und im Rezeptionsakt. (Vgl. Hornscheidt 2005: 230) Sie ist kein Platzhalter für eine ontologische Realität, und sie rekurriert auch nicht auf eine subjektunabhängige Entität.

In ihrer Anwendung konstituiert und formt Sprache das kollektive Wissen sowie die kollektiv aktuale Wirklichkeit, wie es Judith Butler mit der Perlokution und der Illokution beschreibt (s. Kap. 3.3.1).[114] "Sprachgebrauch konstituiert soziale Wirklichkeit." (Krippendorf 1994: 107) – und zwar kulturspezifisch. Das zeigen die syntagmatische Auswahl der Zeichen und der paradigmatische Umgang mit dem Zeichensystem. Sprache ist Teil des Kulturprogramms und naturalisiert Wirklichkeitsentwürfe, indem sie kollektives Wissen konventionalisiert, Wirklichkeitskonstruktionen essentialisiert und gewisse Bezugnahmen auf das Wirklichkeitsmodell normiert.

Eine besondere Eigenschaft der menschlichen Sprache besteht darin, dass ihr Zeichenrepertoire arbiträr ist. Tierisches Verhalten ist hingegen intrinsisch codiert: Das Fauchen einer Katze meldet einen möglichen Angriff an sowie auch die angelegten Ohren des Pferdes warnen sollen. Menschliche Kommunikation zeichnet sich in Abgrenzung zum tierischen Verhalten dadurch aus, dass die verwendeten Zeichen vollständig vom Verhalten gelöst sind. Eine Erfahrung, die jeder macht, der eine fremde Sprache hört oder verschiedene Sprachen beherrscht: Englisch hört sich anders an und spricht sich anders als Deutsch. Die sprachlichen "Zeichen [...] beruhen auf willkürlicher, nur konventionell entstandener Beziehung zwischen Ausdruck und Inhalt, sie sind sowohl dem kollektiven Wandel als auch der begrenzt individuellen Modifikation unterworfen" (Kübler 2003: 22).

Konventionalisierungen machen aus dem semiotischen Zeichensystem Sprache ein "sozial sanktioniertes Instrument der Verhaltenskoordinierung" (Schmidt 2000: 20). Das Verhalten der einzelnen Gesellschaftmitglieder wird

---

Kommunikation vorbeikommt bzw. vorbeikommen sollte.

insofern koordiniert, als dass sich die sozial relevanten Wirklichkeitsbezüge durch die semantische Ordnung der Sprache verfestigen. Mit Sprache etabliert sich eine Benennungskonstanz, die für alle Sprachnutzer verbindlich ist und die soziale Orientierung erleichtert. Sprache ist die interpersonale Struktur, die mit differenziellen Bezeichnungen und Benennungen offenlegt, welche Bezugnahmen auf das Wirklichkeitsmodell andere Gesellschaftsmitglieder durchführen. Anhand semiotischer Materialitäten erhalten die Kategorien und semantischen Differenzierungen des Wirklichkeitsmodells "das Maß an interpersonaler Stabilität, [...] weil sich im Prinzip alle Mitglieder einer Gesellschaft auf dieses kollektive Wissen beziehen." (Schmidt 2004b: 60)

Die kognitiv autonomen Mitglieder einer Gesellschaft können sich über ein gemeinsames Zeichenrepertoire ko-orientieren und kollektive Wirklichkeitsentwürfe beschleunigen. Eine gemeinsame Sprache zu sprechen, bedeutet schnellere und stabilere ko-ontogenetische Strukturkopplung. (Vgl. Maturana/Varela 1987: 227) Damit ist die Einheit der Differenz von kognitiver Autonomie und sozialer Orientierung einmal mehr beschrieben: Gesellschaft. Dass sich operativ geschlossene Systeme überhaupt ko-orientieren ist nur über Wahrnehmung und Kommunikation möglich. Sprache als interpersonales Zeichensystem etabliert in kommunikativen Prozessen konsensuelle Bereiche gemeinsamen Wissens. (Vgl. Hejl 2005: 126) Sprache ist demnach der Akzelerator sämtlicher Kommunisierungsprozesse.

4.2.5 Schrift

Ein weiteres Kommunikationsinstrument ist Schrift. Sie visualisiert in besonderem Maße die Arbitrarität der Zeichen. So hat sich vermutlich jeder, der lesen und schreiben kann, schon einmal darüber gewundert, dass schwarze Striche und Linien kognitiv unmittelbar Sinn ergeben. Lesen ist eine bemerkenswerte

---

[114] Dies zeigt auch die teilweise krampfhaft geführte Diskussion um ‚ge-genderte' Texte, was zu feministischen Bestzeiten darin gipfelte, dass wir von ‚Menschen' und ‚Menschinnen' reden mussten.

Kulturleistung, und die Schrift nimmt in der Kulturevolution und Gesellschaft-
genese einen unermesslichen Stellenwert ein.

Geschichten, die interpersonell und verbal weitergegeben werden, verändern
von Mund zu Mund häufig ihren Inhalt. Führt man sich noch einmal die wirklichkeitskonstituierende Funktion von Sprache vor Augen, dann wird offensichtlich, dass mit informeller Kommunikation die Wahrscheinlichkeit steigt,
dass die individuellen Wirklichkeitsentwürfe voneinander abweichen. (Vgl.
Merten 1999: 145) Dies ist für jede Gemeinschaft gefährlich, weil sie darauf
angewiesen ist, die individuellen Wirklichkeitskonstruktionen zu synchronisieren und somit langfristig kollektive Bezugnahmen auf eine konsensuelle Wirklichkeit zu gewährleisten.

Schrift trägt maßgeblich dazu bei, diese Gefahr für den Vollzug von Gesellschaft zu entschärfen. Sie koppelt Informationen vom Menschen ab. Die Anwesenheit des Einzelnen ist nicht länger Voraussetzung, um sich zu informie-
ren. Sobald jemand lesen und schreiben kann, ist die räumliche Distanz der
Interaktionspartner irrelevant, um sich über ein Thema auszutauschen. Die
zeitliche Verzögerung der schriftlichen Kommunikation wird zwar erst durch
die medientechnologischen Innovationen der allerjüngsten Zeit überbrückt, allerdings kann man davon ausgehen, dass die zeitliche Unmittelbarkeit von
Kommunikation zu der Zeit, in der Schrift entstand, weitaus unbedeutender
war als heute. Neben der räumlichen Distanz, die mit der Schrift überwunden
wird, minimiert sich auch das Problem, dass sich Geschichten bei jedem Erzählen verändern. Zwar zieht jeder Leser andere Schlüsse aus einem Text, so
dass mit der Schrift keine homogene Sinn- und Bedeutungsproduktion einhergeht, allerdings entfallen die verschiedenen Stationen der interpersonellen
Kommunikation, womit das Problem "so viele Münder, so viele Wirklichkeiten"
(ebd.) zumindest eingedämmt ist.

Die ersten bekannten Schriften waren noch ikonisch codiert. Sie versuchten
anhand der schematischen Abbildung eines Gegenstandes die Bedeutung

auszudrücken.[115] Seit nunmehr 5500 Jahren verständigen sich Menschen mit Hilfe arbiträrer Zeichen, die ohne gegenständliche Darstellungen auskommen. Schrift ist eine Lösung für die Unsicherheiten, die mit informeller Sprache einhergehen und so nimmt sie großen Einfluss auf die gesellschaftliche Entwicklung: Literate Gesellschaften differenzieren sich in zeitlicher, sachlicher und sozialer Hinsicht aus. Zeitlich bleiben die sozial relevanten Geschichten länger erhalten und sind nicht mehr an einzelne Personen gebunden. Schrift ermöglicht dadurch eine dauerhafte und personenunabhängige Archivierung des kollektiven aktualen Wissens. Auf der sozialen Ebene wird Wissen für einen größeren Personenkreis zugänglich. Prinzipiell können alle Menschen, die des Lesens mächtig sind, auf schriftliche Informationen zugreifen. Dass dies nicht immer so war, zeigen die historisch wiederkehrenden Fälle von Zensur. Doch in einem demokratischen Modell ist der Zugang für beliebig viele Menschen zu allen erdenklichen Informationsquellen immerhin angelegt. Dass die Informationen beständiger sind und sich nicht mehr, wie bei der mündlichen Weitergabe, dauernd verändern, ist die Differenzierung auf sachlicher Ebene. (Vgl. ebd.: 148)

Schrift bringt unzählige gesellschaftliche Konventionen und Normen mit sich – Bürokratie zeigt das beispielhaft. Anhand des normierten Gesellschaftsrahmens werden Individuen erfolgreich zu einer Gemeinschaft zusammengeschnürt, und somit kann sich auch eine kollektive Identität ausbilden. Wie Sprache ist Schrift ein stabilisierendes Element für den Prozess der Vergesellschaftung.

4.2.6 Medien

Mit der Sprache und Schrift sind nach Schmidt zwei *Kommunikationsinstrumente* beschrieben worden, die eine von vier Komponenten seines Medienkompaktbegriffs darstellen.

---

[115] Das gilt beispielsweise für Hieroglyphen. Ironischer Weise wird heute von einer unleserlichen Schrift gesagt, es seien Hieroglyphen. Vor dem Hintergrund, das Hieroglyphen ikonisch

Neben den semiotischen Zeichenmaterialitäten sind *Medientechnologien* eine weitere Komponente. Das lässt sich exemplarisch am Buchdruck darstellen. Als Medientechnik beeinflusst er nachhaltig die Rezeptionsmöglichkeiten sowie die Produktionsstrategien, denn sowohl die Rezipienten als auch die Produzenten müssen den Umgang mit neuen Medientechnologien erlernen. Ein Buch zu lesen, mag aus heutiger Sicht weniger voraussetzungsvoll sein, als die Rezeption von Internetangeboten. Dies führt zur dritten Komponente des Medienkompaktbegriffs: die *sozialsystemische Institutionalisierung*. Es bedarf gewisser Institutionen und Organisationseinheiten, um eine Medientechnologie durchzusetzen. Beispielsweise müssen Redaktionen tagen, Verwertungsgesellschaften für die Rechte der Urheber einstehen und Schulen die Medienkompetenz stärken. Erst wenn der rechtliche, politische, soziale und ökonomische Rahmen stimmt, kann sich ein Medium behaupten. Das fertige *Medienangebot* ist die vierte Komponente. Die Zeitung in der Hand und die Internetseite im Browserfenster zählen dazu. Ein Medium besteht nach Schmidt aus dem "sich selbst organisierenden Zusammenhang dieser vier Komponenten unter jeweils konkreten sozio-historischen Bedingungen." (2002: 57)

Medien koppeln, wie schon die Kommunikationsinstrumente Sprache und Schrift, die Prozesssysteme Kommunikation und Kognition. Sie dienen folglich ebenfalls der interpersonellen Ko-Orientierung kognitiv autonomer Aktanten. Medien und semiotische Zeichenmaterialitäten konstituieren andauernd und nachhaltig Gesellschaft. Medien intensivieren die soziale Kopplung, "indem sie sowohl die soziale Koordination beschleunigen als auch die koordinierbaren Bereiche [...] erweitern." (Rusch 2002: 115)

Aus medienphilosophischer Sicht ist zudem der Zusammenhang von Medientechnik und Körperlichkeit bemerkenswert. Mit jeder Mediennutzung – ob Lesen, Fernsehen, Fotografieren oder Computerspielen – wird das Verhältnis von Körper und Medientechnik bestimmt (vgl. Stäheli 2003: 191).

---

codiert, also abbildende Zeichen sind, ist klar, dass damit ein falsches Bild herangezogen wird.

Philosophen der Technik, wie Ernst Cassirer, erkennen große Gemeinsamkeiten zwischen Technik und Sprache. Beides sind demnach Entwicklungen, die dem Menschen zu eigen sind. Sie separieren uns von der Tierwelt und konstituieren uns als das, was wir sind. Sie entstammen dem "einen geistigen Prinzip" (Cassirer 1930: 51), welches uns als Menschen auszeichnet. Sprechen und Denken, die im Laufe der Zeit zu Wechselbegriffen wurden, beschreiben die menschliche Vernunft. Wenn Cassirer auch von einem platonischen Realismus ausgeht, sind seine Überlegungen zur Technikevolution aus konstruktivistischer Sicht interessant. Er begreift Techniken als Werkzeuge, um auf die Welt zu zugreifen, ohne dabei den Kern der Welt erkennen zu können – ganz im Sinne Platons. Zugleich objektiviert die Anwendung der Werkzeuge die Natur und so erscheint die Natur, als unabhängige Entität. Für den Konstruktivismus ist Cassirer dahingehend zu nutzen, dass erst in der Techniknutzung die Umwelt essentialisiert und als vom Nutzer unabhängig konzipiert wird. Blendet man die platonische Idee aus, dann betont Cassirer erkenntnistheoretisch, dass das immanente Prinzip der Technik die Wirklichkeitskonstruktion ist. Mit Schmidt gesprochen: In der (Medien)Techniknutzung findet die Anwendung von Wirklichkeitsmodell und Kulturprogramm statt, und das wirkt sich auf das aktuale ‚Weltverständnis' einer Gesellschaft aus.

Zum Verhältnis von Körper und Technik entwickelt schon Ernst Kapp den Begriff der "Organprojection" (Kapp 1877: 27) – der Fotoapparat als das bessere Auge. Die technischen Werkzeuge werden dem Organischen nachempfunden und sind als Weiterentwicklungen der menschlichen Fähigkeiten zu verstehen. Cassirer geht noch einen Schritt weiter und bezieht die technische Tätigkeit mit ein. An diesem Punkt sieht er auch die Grenzen von Kapps Organprojektionen. Mit Karl Marx argumentiert Cassirer gegen das Verständnis von Technik, dass diese eine Fortführung der menschlichen Natur sei. Für ihn sind technische Werkzeuge ein Gegensatz zur menschlichen Natur. In diesem Gegensatz von Technik und menschlicher Natur, oder um es prozessorientiert zu benennen: in dem "Lossagen" (Cassirer 1930: 73) von der Natur, offenbart die Technik erst ihre eigentliche "autonome Funktion" (ebd.). Sie schafft ein neues Ordnungsprinzip, unabhängig der natürlichen Gegebenheiten.

In jeder Mediennutzung liegt ein körperlicher Akt. Extreme Formen sind neue Videospiele, wie die Playstation Wii, bei denen ganzer Körpereinsatz gefordert ist und sich der Spieler in einem virtuellen Raum bewegt. Er macht Yoga, spielt Tennis oder kämpft gegen die Bösewichte der virtuellen Welt. Und selbst beim Lesen müssen immerhin die Augen über die Zeilen gleiten, was ebenfalls ein körperlicher Akt ist. Mit der körperlichen Betätigung gehen zwangsläufig unbewusste kognitive Prozesse einher, die Sinn produzieren. Ob man in den Medientechnologien eine weiterentwickelte Organprojektion erkennt, wie Ernst Kapp, oder ob man damit ein Loslösen von natürlichen Prinzipien postuliert, wie Ernst Cassirer, fest steht, dass Medien bedeutsame Instrumente zur Sinn- und Wirklichkeitskonstitution sind und der Akt der Mediennutzung den Körper ans Medium koppelt. [116]

4.2.7 Schemata

Die sinnproduzierenden Systeme Kommunikation und Bewusstsein werden, wie vorab beschrieben, anhand semiotischer Materialitäten gekoppelt. Kommunikationsinstrumente und Medien sorgen zudem für die soziale Orientierung der Individuen. Die Ko-Orientierung einzelner Aktanten führt zu gemeinsamem Wissen, und Gesellschaft entsteht. Schemata beschleunigen, vereinfachen und stabilisieren diese kommunisierenden Prozesse. Sie versetzen Aktanten in die Lage, "Komplexität zu reduzieren, Abläufe zu beschleunigen" (Schmidt 2004b: 57) und sind damit Akzeleratoren sämtlicher sinn- und wirklichkeitskonstituierender Prozesse. Schemata machen die Ko-Orientierung einzelner Aktanten wahrscheinlicher, so dass sie in allen sozialen Prozessen unentbehrlich sind. Im Modus von Setzung und Voraussetzung finden Schemata ihre Anwendung, und das geschieht in der Regel unbewusst.

---

[116] Einen Unterschied zwischen Medienwirklichkeit und Lebenswirklichkeit zu machen, erscheint nach dem Medienkompaktbegriff nicht sinnvoll, da dieser auch die sozialen, ökonomischen, rechtlichen und technologischen Rahmenbedingungen berücksichtigt. Die vorliegende Arbeit kann sich der Diskussion, ob es in einer sogenannten Mediengesellschaft Wirklichkeitskonstruktionen ohne Mediennutzung gibt, nicht stellen. Gleichwohl steht erkenntnistheoretisch fest, dass weder die lebensweltliche noch mediale Wirklichkeitskonstruktion eine ontologische Realität abbilden könnte. (Vgl. Schmidt 1994a: 17f)

Schmidt unterscheidet vier Typen von Schemata: Wahrnehmungsschemata, Erkenntnisschemata, Handlungsschemata und Kommunikationsschemata. Im Prozess der *Wahrnehmung* sind bereits stark schematisierte Objekte erkennbar. Kleinstkinder sehen zwar nur Umrisse, aber dennoch erkennen sie lachende Gesichter, und Erwachsene identifizieren in einer Kinderzeichnung das Eckige mit zwei Kreisen an der Unterseite als Auto. *Erkenntnisschemata* sind beispielsweise theoretische Modelle, die einen komplexen und abstrakten Sachverhalt auf Begriffe und Konzepte herunter brechen. *Handlungen* sind häufig schematisiert, damit sie unbewusst ablaufen können. Würde ein Autofahrer immerfort darauf achten, wie seine Füße Gas geben, die Bremse treten oder die Kupplung kommen lassen, wäre es sicherlich schwierig, auf den Verkehr zu achten. Handlungsschemata routinieren in besonderem Maße die alltäglichen Handlungsabläufe, damit also der Aktant vor keinem Konzentrationskollaps steht. Ein Beispiel für ein *Kommunikationsschema* ist ein Filmgenre. Beim sonntäglichen Tatort, der im Fernsehprogramm mit ‚Krimi' überschrieben ist, erwartet der Zuschauer einen Mord, einen Kommissar und die Lösung des Falls. Carmen Nebels Fernsehballett würde unter der Kategorie ‚Krimi' erhebliche Verwirrung stiften. Kommunikationsschemata sind während der Rezeption wirksam, weil mit einem speziellen Schema auch besondere Erwartungen an die Kommunikationsteilnehmer, das Medienangebot und den Kommunikationsverlauf verbunden sind. Kommunikationsschemata strukturieren den Kommunikationsprozess vor. (Vgl. Schmidt 2005b: 54) Häufig sind verschiedene Schematypen gleichzeitig wirksam und dienen simultan der Ko-Orientierung einzelner Aktanten.

Ob und welche Schemata erworben wurden oder angeboren sind, ist nur schwerlich zu bestimmen und greift außerdem erneut die Frage nach dem Verhältnis von Kultur und Natur auf. Wesentlich ist für diese Arbeit, dass Schemata in kognitiven wie kommunikativen Prozessen ihre Wirkung entfalten; dabei ist es unerheblich, ob sie dem Individuum qua Geburt oder qua Sozialisation zuteil werden. Fest steht, dass schon Babys und Kleinstkindern vor allem Wahrnehmungsschemata anwenden. Andere Schemata bilden sich über Lob und Tadel im Laufe der Sozialisation aus. Zieht ein Aktant ein situativ nicht akzeptables Schema heran – statt beim Grüßen zu lächeln und die Hand zu reichen, dreht er dem Gegenüber den Rücken zu –, dann wird es zu negativen Sanktionen kommen, und dem Aktanten wird sicherlich keine soziale Kompetenz zugesprochen. Sicher ist, dass alle vier Schematypen "[d]urch Handeln, Handlungswiederholung, Handlungswahrnehmung und Handlungskorrektur, durch Eigenwahrnehmung, Interaktion und Kommunikation" (Schmidt/Weischenberg 1994: 213) eingeübt und tradiert werden und sie "gewissermaßen wie Bewußtseinsprogramme arbeiten." (Ebd.)

Schemata bieten also einen konventionalisierten Verhaltensrahmen, der darüber entscheidet, ob ein Individuum als Teil der Gesellschaft gilt, denn hierzu müssen Schemata sozial kompatibel angewendet werden. In Interaktionen wird die sozial akzeptierte Anwendung kognitiver wie auch kommunikativer Schemata geübt, so erwerben Individuen Anwendungssicherheit. Schemata dienen der zügigen und zuverlässigen Reduktion von Komplexität. Über den Modus der doppelten Kontingenz unterstellen sich die Aktanten gegenseitig, dass man über die aktualen Schemata ‚Bescheid weiß' und sie angemessen einsetzt. Schemata sind folglich operative Fiktionen. Sie werden nicht nur angewendet, die Anwendung wird zudem unterstellt. Dabei wirken Schemata sowohl auf kognitiver als auch auf sozialer und emotionaler Ebene komplexitätsreduzierend. Sie wirken in allen Bereichen der menschlichen Lebenswelt. Damit Schemata ihre Wirkung entfalten können, muss ihre Anwendung unbewusst passieren und in sich stabil sein, darf also nicht fortwährend Bedeutungsänderung erfahren. Die angewendeten Schemata beeinflussen nachhaltig die aus den kommunikativen und kognitiven Prozessen hervorgehenden Wirklichkeitskonstruktionen. Als operative Fiktion wenden Aktanten Schemata zumeist unbewusst und als blinde Flecken der Kommunikation sowie der Kognition an. Konventionen führen, wie ich zum Sprachgebrauch ausgeführt habe, dazu, dass Wirklichkeitskonstitutionen als ‚real' gelten und nicht nur als sozial aktuale Lebenswirklichkeit. Dies gilt auch für die verschiedenen Schematypen. Sie essentialisieren die Wirklichkeitsentwürfe und stilisieren sie zur Realität mit all den normativen, emotionalen, sozialen und kognitiven Konsequenzen. Im Vollzug des Kulturprogramms, über das sie wirken und angewendet werden, wird die Essentialisierung sogleich invisibilisiert. (Vgl. Schmidt 2004b: 62) Infolgedessen stehen etablierte Schemata auch nicht zur Disposition.

Handeln ist generell kontingent. Deshalb bedarf es Mechanismen und Instrumente, die im Prozess der Setzung die Kontingenz zuverlässig bearbeiten. Die Kontingenz sinnvoll und konsensfähig zu beschränken, ist die wesentliche Aufgabe von Schematisierungen. Zwar muss jedes Individuum die Schemata anwenden, gleichwohl ist es mit dieser Kontingenzbearbeitung in ‚guter Gesellschaft‘, weil es sozial orientiert handelt.

Für Schmidt bergen Schematisierungen folgenden Nutzen (vgl. ebd.: 68f):

- Sie ko-orientieren die Handlungen einzelner Aktanten in Hinblick auf gemeinsame und letztlich konsensuelle Wirklichkeitsentwürfe.
- Sie wirken sozial integrierend.
- Sie beschleunigen soziale und kognitive Entscheidungsprozesse, und aufgrund der Kontingenzbearbeitung werden diese Prozesse zugleich entlastet.
- Sie bilden über den Mechanismus der Reflexivität stabile Erwartungen und Unterstellungen, die wiederum stabilisierend und ko-orientierend funktionieren.
- Sie sind aufgrund ihrer stabilen Konstitution konservativ, konformistisch und konventionell.
- Sie führen emotionale, normative, rationale und lebenspraktische Komponenten zusammen, die allesamt in individuelle Wirklichkeitskonstruktionen hineinwirken.

Ergo stellen Schemata kollektive Regeln auf, die kognitiv zufriedenstellende und sozial akzeptierte Selektionen vornehmen, diese essentialisieren, jenen Essentialisierungsprozess invisibilisieren und so individuelle Handlungsfähigkeit und Vergesellschaftung sicherstellen.

Diese Schematisierungsgewinne sind auch im Kommunikationsprozess zu beobachten. Alle vier Schematypen – Wahrnehmungs-, Erkenntnis-, Handlungs- und Kommunikationsschemata – wirken in jeden Kommunikationsverlauf hinein. Das gilt für formelle und informelle, für massenmediale und interpersonelle, für verbale und non-verbale Kommunikation. Schemata ‚norden' die Kommunikationsteilnehmer auf das Thema, auf die Form, auf den Rahmen usw. der Kommunikation ein. Schemata strukturieren den Kommunikationsverlauf, bevor dieser stattfindet und während dessen. Weil Schemata konventionell sind und allgemeine Anwendung finden, dienen sie nicht nur der Vororientierung der Kommunikationsverläufe, sondern ebenfalls der Ko-Orientierung einzelner Aktanten. *Kommunikation ist Ko-Orientierung mit Hilfe von Schemata.* Versucht man einen Kommunikationsprozess zu analysieren, ist der Blick auf die aktualen Schemata unabdingbar. Gleiches gilt für die Analyse des Kommunikationsergebnis: Wenn man Geschlecht als Resultat sozialer Prozesse bestimmen möchte, dann muss der Fokus auf dem Kommunikationsverlauf und damit auf den basalen Schemata liegen (s. Kap. 5.1.3).

4.3 Identität

Kommunikation wird definiert als Prozess der Ko-Orientierung. Das Ergebnis dieses Prozesses ist Identität.[117] Wie für Kommunikation der Modus Reflexivität notwendige Bedingung ist, sind für Identitätsausbildung die Modi Reflexivität und Komplementarität grundlegend. Identität wird in der vorliegenden Arbeit zwar als Produkt von Kommunikationsprozessen konzipiert, umgekehrt übernehmen Identitätsfragen im Kommunikationsprozess aber ebenfalls eine wesentliche Funktion. Denn Kommunikation erfordert "die Konstruktion anderer Kommunikationspartner ergänzend zur Konstruktion des Selbst." (Krippendorf 1994: 106) Offenbar sind Kommunikation und Identität wechselseitig verbunden. Im Folgenden erläutere ich die identitätspolitische Relevanz der Modi

---

[117] Die Schwierigkeiten, die sich für das Individuum und seine individuelle Identitätsarbeit aufgrund sozialer Umbrüche ergeben, werden in dieser Arbeit nicht ausführlich behandelt. ‚Postmoderne', ‚Differenzierte Gesellschaft' und ‚Weltgemeinschaft' sind Schlagwörter der gesellschaftlichen Genese. Der Einzelne sieht sich komplexen sozialen Zusammenhängen ausgesetzt, welche die eigene Identitätspolitik erschweren. Ergebnis sind ‚Patchwork-Identitäten' und ‚Bastel-Identitäten', die der individuelle ‚Sinnbastler' und ‚identische Landstreicher' hervorbringt. (Vgl. dazu ausführlich Bauman 1997 sowie Eickelpasch/Rademacher 2004)

Reflexivität und Komplementarität. Dann erkläre ich den Begriff des Identitätsmanagements, und abschließend gehe ich auf die Relevanz von Stereotypen in der Identitätspolitik ein.

4.3.1 Reflexivität

Als kommunikativer Modus vollzieht sich Reflexivität auf drei Ebenen: zeitlich, sachlich und sozial (s. Kap. 4.2.1). Reflexivität ist nicht nur das entscheidende Kriterium für Kommunikation,

> "[d]enn Reflexivität läßt sich darüber hinaus als anspruchsvolle Strukturvorkehrung bestimmen, die in sehr viel weitere Bereiche der Kommunikationsforschung hineinreicht und dort mit ihren spezifischen Leistungen in zeitlich-sachlich-sozialer Dimension nachweisbar und damit auch analysierbar wird." (Merten 1976: 173)

Identität ist das Ergebnis reflexiver Kommunikationsprozesse. Es liegt hier also nahe, Reflexivität auch als dem Identitätsbildungsprozess zugrundeliegend zu konzipieren – zeitlich, sachlich und sozial.

Kommunikation prozessiert auf *zeitlicher* Ebene im Kontext vorangegangener und zukünftiger Kommunikationsprozesse. Rückblickend ist Identität das Resultat bereits vollzogener Kommunikation und für zukünftige Kommunikation ist Identität als Voraussetzung zu sehen. Da jede Kommunikation im Kontext der individuellen Identitätspolitik stattfindet, muss sich die aktuelle Kommunikation an den vorangegangenen Setzungen orientieren, zumal Brüche in der Identitätsgeschichte unerwünscht sind.

Dazu ein Beispiel aus der Fußballwelt: A betont stets seine leidenschaftliche Begeisterung für Werder Bremen, wird dann allerdings gesehen, wie er bei einem Spiel zwischen Werder und Borussia Dortmund ein schwarz-gelbes Trikot trägt. Für B, der sowohl um As vermeintliche Bremer Fankultur weiß als auch A im Dortmunder Fanblock Platz nehmen sieht, wirft das Fragen auf. Gelingt es A nun nicht, eine glaubhafte Erklärung für diesen Gesinnungswandel zu liefern, was im Fußballdiskurs vermutlich ein ohnehin schwieriges Unterfangen darstellt, dürfte ihm B von nun an fußballerische Inkompetenz und Opportunismus vorwerfen. Seine Fan-Autobiografie ist brüchig. Eine kohärente und demnach glaubwürdige Autobiografie kann nur entstehen, wenn "es Aktanten gelingt, Ereignisse zu sinnvollen Handlungen und Handlungen zu sinnvollen Geschichten zu synthetisieren und sich zu zurechnen." (Schmidt 2003a: 109) *Deshalb ist die individuelle Identität(sgeschichte) das Kommunikationsergebnis auf der Ebene zeitlicher Reflexivität.*

Soziale Reflexivität ist für Identitätsbildung besonders bedeutsam. Sie lässt sich auf die Formel bringen: Nur wenn es Alter gibt, kann es Ego geben. A beobachtet B und stellt fest, dass B nicht A ist. A grenzt sich anhand seiner Beobachtung von B ab und definiert B als Alter. Diese Abgrenzung ist wirksam auf der ersten Beobachtungsebene, auf der Ebene von A, allerdings beobachtbar nur auf der Beobachtungsebene zweiter Ordnung. A und B sind also erst im Akt der Unterscheidung zu unterscheiden. (Vgl. Schmidt 2005a: 20) Wenn A B beim Beobachten von A beobachtet, nimmt er sich selbst als Beobachteter A in Abgrenzung zum Beobachter B wahr. Das Ergebnis dieser doppelten Kontingenz ist die Ausbildung von Ego. Jene Beobachtungs-Beobachtungen erlauben es den Aktanten, sich als autonomes Ich zu begreifen. "Kognitive Identität erfährt sich als spezifische kognitive Identität, indem Ich erlebt, dass es andere kognitive Identitäten gibt, mit denen es nicht identisch ist." (Schmidt 2003a: 106) Soziale Reflexivität lehrt das kognitive Ego, erstens Alter vorauszusetzen und zweitens ein soziales Ego zu sein. *Deshalb ist die soziale und individuelle Identität von Ego das Kommunikationsergebnis auf der Ebene sozialer Reflexivität.*

Kommunikation baut mit Hilfe *sachlicher* Reflexivität Sinnstrukturen aus, so dass sich beispielsweise Sprache evolutionär herausbilden kann (vgl. Merten 1977: 161). Sachliche Reflexivität lässt sich auf Identitätspolitik übertragen. Wie in Kap. 4.1.5 dargelegt, sind die Ergebnisse interner Selektionsmuster die Diskurse, in die das Individuum verstrickt ist. Ob man nun Fan von Werder Bremen oder Borussia Dortmund ist, ist eine Frage bevorzugter Selektionsmuster, die im Zweifel, hier stimmen mir die Fußballfans sicherlich zu, hochgradig voraussetzungsreich ist. Selektionsprozesse sind erst als Entscheidungen von Aktanten beobachtbar, weil nur die Setzungen, nicht aber die zugrundliegenden kognitiven Prozesse für andere wahrnehmbar sind. Mit den Diskursen, als Summe individueller kommunikativer Setzungen, positioniert sich das Individuum im sozialen Kontext: A entscheidet sich für a,b,c und nicht für d,e,f. B verfolgt diese Diskursverstrickungen. Die Selektivität von As Diskursbeteiligung gibt B Auskunft über A. Dieses individuelle Unterscheidungsmanagement ist nichts anderes als individuelles Identitätsmanagement (vgl. Schmidt 2005b: 51). Das semantische Profil des Einzelnen ist das Ergebnis seiner präferierten Selektionsmuster. Über seine geführten Diskurse ist es für andere Aktanten beobachtbar. *Deshalb ist das individuelle semantische Identitätsprofil das Kommunikationsergebnis auf der Ebene sachlicher Reflexivität.*

4.3.2 Komplementarität

Neben Reflexivität ist Komplementarität der zweite wesentliche Modus für Identitätsbildung, wobei ich Reflexivität in erster Linie als kommunikationstheoretischen und Komplementarität als erkenntnistheoretischen Modus bezeichne.[118] Das logische Prinzip der Komplementarität lautet: Zwei Seiten, die sich ergänzen und sich zugleich ausschließen. Etwas ist dann komplementär, wenn die einzelnen Seiten einer Unterscheidung nicht getrennt, sondern nur über die Einheit der Unterscheidung bestimmt werden können. Erst durch die Beobachtung aller Seiten, gewissermaßen über den ‚Umweg' der Einheit, wird ersichtlich, was mit dem Einzelnen gemeint ist. (Vgl. Jensen 1999: 266) Inwiefern Komplementarität im Identitätsbildungsprozess relevant ist, haben bereits die Erläuterungen zur sozialen Reflexivität gezeigt (Kap. 4.3.1). Jedes Ego bedarf eines Alters, um sich als Ego wahrnehmen zu können. Simone de Beauvoir beschreibt den Kerngedanken der Komplementarität philosophisch:

> "Es gibt nur die Gegenwart des anderen, wenn der andere bei sich anwesend ist: d.h. die wirkliche Alterität ist die eines von meinem getrennten und mit ihm identischen Bewußtseins. Es ist die Existenz der anderen Menschen, die jeden einzel-

---

[118] Das Prinzip der Komplementarität wird in erkenntnistheoretischen Auseinandersetzungen mit feministischen Fragen oft herangezogen, ohne es jedoch als solches zu benennen, und das, obwohl der Dualismus ‚weiblich/männlich' eine Komplementarität par excellence darstellt.

nen Menschen aus seiner Immanenz herausreißt und es ihm ermöglicht, die Wahrheit seines Seins zu erfüllen" (de Beauvoir 2008: 190).

Auch wenn de Beauvoir die dualistische Subjekt-Objekt-Spaltung bemüht, hebt sie sowohl die Notwendigkeit eines Anderen als auch die Notwendigkeit des Selbst für den Anderen hervor. Nur wenn sich beide Instanzen wahrnehmen, können die einzelnen Instanzen existieren. Ego gibt es nur dann, wenn die Existenz eines von Ego unterscheidbaren Alters sicher ist – und vice versa. Genau das ist die Logik der Komplementarität: Alter und Ego ergänzen sich in der Identitätsbildung, sind jedoch streng voneinander zu trennen, da beide nur über die wechselseitige Abgrenzung bestehen.

Dieses Wechselspiel der Wahrnehmung und Kommunikation von Ego und Alter läuft simultan zur Identitätsbildung. Dass Ego und Alter ausschließlich in simultaner Reziprozität bestehen, macht die Frage nach dem Verhältnis von Subjekt und Objekt obsolet. Komplementarität hebt dieses erkenntnistheoretische Problem der Subjekt-Objekt-Spaltung auf und richtet den Fokus auf die Prozesse der gegenseitigen Wahrnehmung und Kommunikation.

Identitätsbildung funktioniert selbstorganisierend. Ego entwirft sein Partnerbild Alter, von dem es sich unterscheidet und "benutzt also die Operation von Alter (also ein wahrgenommenes Umweltphänomen) zur Konstitution von Selbstbewusstsein. Es erzeugt den instabilen Ordnungszustand ‚Selbstbewusstsein‘ ohne äußeren Ordner, also selbst-organisierend" (Schmidt 2003a: 107). Durch die selbstorganisierende Etablierung eines Konterparts setzt sich Ego gewissermaßen selbst in die Welt, und an diesem Punkt läuft die Autopoiesis an: Über die selbstorganisierende Bearbeitung der Differenz von Ego und Alter wird die ‚Existenz‘ beider gewährleistet.

Luhmann bezeichnet Identität "im Kontext einer Theorie autopoietischer Systeme nur noch [als; Anm. EF] die Form, die das Kontinuieren der Operationsabfolge in einem System sichert, und zwar sichert durch die Unterscheidung von identisch/nichtidentisch." (2005b: 21) Das heißt, solange sich Ego und Alter voneinander selbstorganisierend abgrenzen, existieren beide. In selbstorganisierenden Prozesse erhalten sich die Komponenten des Prozesses selbst und sind immer wieder Ausgangspunkte für Anschlussprozesse. Diese zyklische Struktur ist "nicht an die Lebensdauer einzelner Komponenten gebunden" (Hejl 1994: 115). Die Komplementarität ,Ego/Alter' setzt sich kommunikativ selbst voraus und ist nicht auf einzelne Kommunikationselemente angewiesen: Sie ist selbstorganisierend und mehr als die Summe ihrer Teile (vgl. ebd.). Aus der Bearbeitung der Komplementarität von ,Ego/Alter' geht eine Realität sui generis hervor: die Prozess-Ontologie Identität (vgl. Schmidt 2003a: 103). Folglich ist Identität die Einheit der selbstorganisierenden Bearbeitung der komplementären Unterscheidung ,Ego/Alter'.

Identität ist keine statische Entität. Sie ist immer im Sein, stets im Entstehen, ein Prozess. "Und obwohl ,Identität' ein Substantiv ist, verhält es sich wie ein Verb – ein gewiß seltsames: Es erscheint nur im Futur; obwohl allzuoft als Attribut einer materiellen Entität hypostasiert, hat Identität den ontologischen Status eines Projekts" (Bauman: 1997: 134).

Ich fasse zusammen:

- Ich definiere *Komplementarität als notwendiges Kriterium für Identität.*
- Merten definiert *Reflexivität als notwendiges und hinreichendes Kriterium für Kommunikation* (vgl. 1977: 161 und s. Kap. 4.2.1).
- Schmidt definiert (mit Bezug auf Sebastian Jünger) *Reflexivität als Bedingung für Bewusstsein* (vgl. 2004b: 20 und s. Kap. 4.2.3).
- Das Resultat der *kommunikativen wie kognitiven Bearbeitung* der Unterscheidung ,Ego/Alter' ist die *Prozess-Ontologie Identität.*

Ich synthetisiere: *Reflexivität und Komplementarität sind die notwendigen Bedingungen der Prozess-Ontologie Identität.*

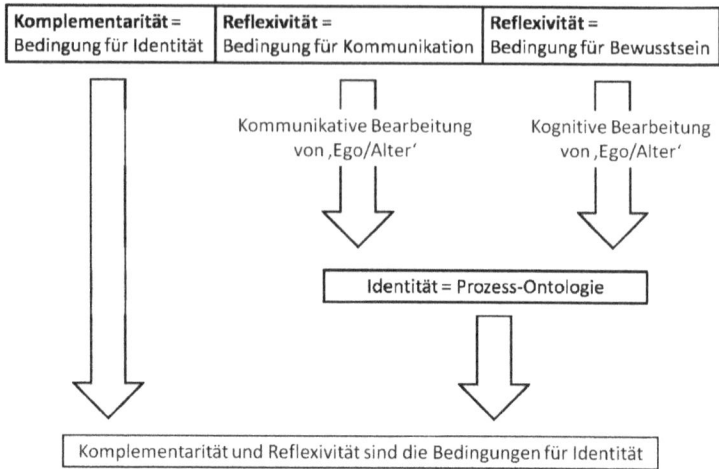

Abb. 3: Identität als Prozess-Ontologie[119]

4.3.3 Management

Reflexivität und Komplementarität sind als Bedingungen für Identität definiert. Zudem ist Identität eine Prozess-Ontologie, die aus Kommunikation emergiert. Der folgende Abschnitt soll deutlich machen, warum Identität eine ‚Tat-Sache' ist.

Identitätsmanagement ist Differenzmanagement. Die selbstorganisierende Bearbeitung der Differenz ‚Ego/Alter' bewirkt die Identitätsbildung. Identität ist damit als Einheit dieser Differenz, bzw. als Einheit der Unterscheidung von Selbst- und Fremdbeschreibung definiert (vgl. Schmidt 2003a: 115). Erkennt Ego, dass andere Menschen es überwiegend anders wahrnehmen, als sich Ego selbst sieht, schafft das ein dissonantes Identitätsbild, das für Ego dauerhaft nicht zu ertragen ist. Die Selbstbeschreibung entsteht durch kognitive Bezugnahmen, die Fremdbeschreibung funktioniert kommunikativ. Erfolgreiche Identitätspolitik ist demnach, wenn Selbstverständnis und Fremdbeschreibung

---

[119] Quelle: eigene Darstellung.

möglichst dicht bei einander liegen. Diesen Abgleich ermöglicht soziale Reflexivität.[120] Dieses rekursive Wechselspiel ist immer voraussetzungsreich, schließlich sind Selbst- und Fremdbeschreibung dauernd abzugleichen, die Handlungen und Einstellungen zu überprüfen sowie gegebenenfalls zu verändern. Kohärente Identitätspolitik beruht folglich auf erfolgreichem sozialem Identitätsmanagement.

Bislang war lediglich von individueller Identität die Rede und davon, wie kommunikative sowie kognitive Prozesse die Differenz ‚Ego/Alter' bearbeiten, so dass Identität als "prozessuale Ontologie" (ebd.: 103) entsteht. Bei kollektiver Identität sind die Modi dieselben. Doch statt ‚Ich/Du' bearbeiten sie nun ‚Wir/Die Anderen'. Kollektive Identitäten können sich beispielsweise in familiären, professionellen und partnerschaftlichen Diskursen herausbilden.[121] Über die wechselseitige Wahrnehmung setzen sich Wir und Die Anderen gegenseitig voraus, so wie bei Ich und Du, bzw. Ego und Alter. Alle, die feststellen, dass es Die Anderen gibt, sehen sich in Abgrenzung dazu als Wir. So, wie sich "die Differenz von Ego und Alter [.] selbst hervor[bringt], da keine der beiden Seiten sich allein in dieser Differenz konstituieren kann" (ebd.: 106), ist auch die Unterscheidung ‚Wir/Die Anderen' auto-konstitutiv. Sie wird ebenfalls "vor allem über narrative Strategien der Selbstvergewisserung und Geschichtsschreibung aufgebaut" (ebd.: 112). Geschichten und Diskurse entscheiden über die Zugehörigkeit von Beiträgen und Beiträgern, was sich auf die Differenz ‚eigen/fremd' und auf ‚Wir/Die Anderen' zurückführen lässt. Das gemeinschaftliche Wir-Gefühl kann nur dann entstehen, wenn Wir über einen gemeinsamen Referenzrahmen verfügt. Gemeinsamkeiten, wie beispielsweise

---

[120] Problematisch ist es, wenn dieser Abgleich nicht funktioniert, zumal externe Eingriffe aufgrund der kognitiven Autonomie ausgeschlossen sind. Das ist die basale Problematik jeder psychotherapeutischen Behandlung. Die Einsicht, dass niemand (auch kein Therapeut) in das kognitiv geschlossene System intervenieren kann, kam von den Fachvertretern relativ spät, hat aber beispielsweise mit Personen wie Paul Watzlawick eine prominente Stimme bekommen. (Vgl. Schmidt 1986: 18 und Wilke 1987)
[121] Häufig wird das Konstrukt der kollektiven Identität essentialisiert und darüber hinaus politisiert. Aus einem kommunikativen Konstrukt, das sozial wirksam ist, wird ein ideologisches Vehikel, bei dem die Gefahr besteht, dass es als quasi-natürliches Stigma herhalten muss. Dafür ist der rassistische Diskurs ein Beispiel par excellence.

Historie, Erlebnisse und Sprache, ermöglichen die Kollektivierung des Wissens und damit auch die Abgrenzung zu fremden Gruppen, die über andere Gemeinsamkeiten verfügen. Die Suche nach dem kollektiven Wissens- und Erfahrungsschatz kann zu Diskussionen über eine nationale Leitkultur, über den Schutz der Landessprache oder über den Aufbau zerstörter Stadtschlösser führen. In diesen Fällen wird kollektives Wissen und Kultur mit Folklore und Tradition gleichgesetzt. Sicherlich kommt diesen ‚nationalen Eckpfeilern' ein wesentlicher Teil in der kollektiven Gedächtnispolitik zu, allerdings trivialisiert eine Reduzierung auf Folklore das Problem der kollektiven Identität in unzulässiger Weise.

Da wir allenthalben von der Mediengesellschaft sprechen, stellt sich die Frage, ob und wie auch Medien für das kollektive Identitätsmanagement relevant sind.[122] Medienangebote, als Ergebnisse einer voraussetzungsreichen Kette von Herstellung, Verbreitung, Distribution und anderer Prämissen, verkaufen dem Rezipienten alternative Beobachtungsstrategien. Es liegt nahe, anzunehmen, dass Rezipienten diese Angebote für die Bearbeitung der Differenz von Selbst- und Fremdbeobachtung nutzen. Besonders deutlich wird das bei kollektiver Identitätspolitik: Günther Schabowskis Aussage zur Öffnung der innerdeutschen Grenze im Jahr 1989 wird zum zwanzigsten Jahrestages des Mauerfalls vermehrt diskutiert. Wie er das nun ‚wirklich' meinte; welche Rolle der italienische Journalist spielte, der die Frage zur Grenzöffnung einleitend stellte; ob die Grenzwärter anweisungsgemäß handelten – das alles ist bis heute Gegenstand von Spekulationen und Diskussionen. Die medialen Berichte bieten dem Rezipienten verschiedene Interpretationen dieser historischen Ereignisse. So entsteht eine deutsch-deutsche Identität.
Medien bzw. Medienangebote können die Bearbeitung von Selbst- und Fremdbeschreibungen befeuern. Wie maßgeblich Medien am Identitätsbildungsprozess beteiligt sind – sowohl bei der individuellen als auch bei der kollektiven Identitätsbildung – wird augenscheinlich, wenn man zu Medien-

---

[122] Dass Medien maßgebliche Instrumente zur individuellen Wirklichkeitskonstruktion sind, wurde in Kap. 4.2.6 bereits dargelegt.

technologien wie Radio, Fernseher oder Zeitungsdruck und auch Innovationen wie das Internet mit seiner Vielzahl virtueller Angebote berücksichtigt.

"Medien liefern wichtige Bausteine zur eigenen Identitätskonstruktion [...]. Diese Allgegenwart von Medien, denen im Alltag [...] nicht mehr zu entkommen ist, bedeutet aber nicht, dass wir zu ‚Medienidentitäten' geworden sind, wie dies in der neuesten Diskussion um die Situierung von Identität im Kontext der Globalisierung von Medienkultur erfolgt. [...] Identitäten nun generell als Medienidentitäten aufzufassen, würde bedeuten, Identität nicht mehr als diskursiv produzierte, sondern lediglich als medial produzierte neu zu situieren." (Dorer 2002: 74)

Ob mit medialer oder nicht-medialer Selbst- und Fremdbeschreibung, wesentlich für die Identitätsausbildung ist die Bearbeitung der Differenzen ‚Ego/Alter' sowie ‚Wir/Die Anderen'. Die funktionieren nur über die Modi der Komplementarität und Reflexivität. Ergebnis dieser reflexiven und komplementären Kognitions- und Kommunikationsprozesse sind individuelle und kollektive Identitätsgeschichten.

4.3.4 Stereotype

Stereotype sind wie Schemata Bezugssysteme, die Komplexität reduzieren und Einzelheiten zu Gesamtheiten organisieren (vgl. Schmidt/Weischenberg 1994: 213). Daher sind Stereotype und Schematisierungen aus erkenntnistheoretischer Sicht gleich.[123]

Der Unterschied zwischen Stereotypen und Schemata besteht darin, dass Stereotype auf Bewertungen und Beurteilungen ausgerichtet sind, was aber nur ein Aspekt von Schematisierungen ist. Deswegen definiere ich Stereotype als *eine* Komponente von Schematisierungen, die die Bewertung von Personen(gruppen) beinhaltet. Zu den Unterschieden zwischen Stereotypen und Schemata folgen einige Ausführungen, bevor die Relevanz von Stereotypisierungen als narrative Strategie im Identitätsmanagement beleuchtet wird.

Ein Stereotyp kommt einem Urteil über bestimmte Personen als Personengruppe gleich. Dabei sind Stereotype wenig informativ, eher ungenau und

---

[123] Die Stichworte ‚operative Fiktion', ‚Kollektivierung', ‚Ko-Orientierung', ‚Instrument der Integration' sowie der Verweis auf Kap. 4.2.7 sollen also an dieser Stelle genügen.

verallgemeinernd, dabei aber ausgesprochen stabil. (Vgl. Pürer 2003: 428f)
Auch wenn die eigene Frau gut einparken kann, zieht der Ehemann womöglich bei der nächsten Frau, die sich mit einer Parklücke abmüht, wieder das
(Vor)Urteil heran, dass Frauen nun einmal nicht über das räumliche Vorstel-
lungsvermögen der Männer verfügen.[124] Zahlen und Fakten sind Stereotypen
fremd, zumal Stereotype "nur in groben Umrissen gezimmert sind" (ebd.). Sie
geben nur ungenau Auskunft über etwas – oder besser: jemanden – und orientieren sich dabei an wenigen meist äußerlichen Merkmalen. Sie belegen eine Personengruppe mit Attributen, die wiederum eine unmittelbare Bewertung
nicht nur ermöglichen, sondern geradezu erzwingen. Die Komplexitätsreduktion verläuft außerordentlich effizient.

Fachlich stammt der Begriff Stereotyp aus der Sozialpsychologie. Er geht in
erster Linie auf Walter Lippmann zurück, der den Begriff schon 1922 in seinem
Werk "Public Opinion" umfassend einführte und ihn auf das Nachrichtenwesen
und die us-amerikanische Politik anwendete. Stereotype sind ein wesentliches
Instrument für Wirklichkeitskonstruktionen, denn "[f]or the most part we do not
first see, and then define, we define first and then see. [...] we pick out what
our culture has already defined for us, and we tend to perceive that which we
have picked out in the form stereotyped for us by our culture." (Lippmann
1949: 81)

Folglich ist für Lippmann die individuelle Wahrnehmung untrennbar mit Stereotypen verknüpft, was er insbesondere auf die kollektive Identitätspolitik bezieht. Die identitätspolitisch notwendige Reduktion von Komplexität, die Stereotype besonders effizient leisten, vollzieht sich vor allem bei der Unterscheidung ‚Wir/Die Anderen'. Die eigene Gruppe bedient sich bei der Selbstbeschreibung der Auto-Stereotype. Für Die Anderen werden Hetero-Stereotype
herangezogen. Tendenziell sind die Auto-Stereotype positiver belegt als die
Stereotype, die der anderen Gruppe zugewiesen werden. (Vgl. Scheufele
2006: 271) Im Prozess der Abgrenzung von In- und Outgroup aktualisiert sich

---

[124] Die Unterscheidung von Urteilen, Unterstellungen, Stereotypen und Einstellungen kann
im Rahmen dieser Arbeit vernachlässigt werden (vgl. dazu Bierhoff/Herner 2002: 55ff und
223f).

nicht nur die Differenz ‚Wir/Die Anderen', sondern auch die Unterscheidung ‚eigen/fremd'. Stereotype arbeiten mit diesen beiden Attributen: "They mark out certain objects as familiar or strange, emphasizing the difference, so that the slightly familiar is seen as very familiar, and the somewhat strange as sharply alien." (Lippmann 1949: 90) Die fremde Gruppe wird durch die Differenz ‚eigen/fremd' in doppelter Hinsicht simplifiziert: Zum ersten sind ihre Stereotype nicht gleichermaßen komplex, wie die der eigenen Gruppe. Die eher positiven Auto-Stereotype sind zumeist komplexer als die tendenziell negativen Hetero-Stereotype. Das macht Die Anderen in ihrer Gesamtheit scheinbar überschaubar, anders als die vermeintlich vielfältigere Wir-Gruppe. (Vgl. Scheufele 2006: 271) Doch nicht nur, dass die fremde Gruppe prinzipiell ‚simpler gestrickt' ist als die eigene, sie ist zweitens homogener. Stereotype "ordnen Populationen zu einer homogenen Gruppe mit ‚identischen' Merkmalen." (Pasero 2003: 113) Beispielhaft sind dafür Formeln wie: ‚Typisch Mann!' oder ‚Amis sind alle gleich!'

Sowohl Auto-Stereotype als auch Hetero-Stereotype werden erlernt, wie bei Schematisierungen üblich. Dabei ist die doppelte Kontingenz ausschlaggebend, denn "wir lernen auch Erwartungen zu erwarten und unsere Spielräume in der Wahrnehmung an Erwartungen auszurichten." (Ebd.: 112) Wahrnehmung und Stereotype sind untrennbar. Gemeinsam wirken sie sich auf die individuellen Wirklichkeitskonstruktionen aus. "Einmal erworben, tendieren Stereotype dazu, ihre eigene Realität zu schaffen." (Bierhoff 2002: 106)

Die Stereotypisierung erleichtert eine gemeinschaftliche Geschichtsschreibung, die das kollektive Identitätsmanagement fördert. Wenn Stereotype eine Grenze zwischen den verschiedenen Personengruppen ziehen und sie beurteilen, geschieht dies auf zeitlicher Ebene zum einen für die Gegenwart und die Zukunft. Stereotype verfestigen aber auch vergangene Geschichten, weil jede Anwendung von Stereotypen im Modus von Setzung und Voraussetzung die vorangegangenen Stereotypisierungen bestätigen und zugleich die Differenz ‚Wir/Die Anderen' zementieren.

Die aktualen kollektiven Stereotype lassen sich narrativ verarbeiten. Die soziale Autobiografie eines Individuums und die kollektive Autobiografie einer Gemeinschaft lassen sich mit Hilfe von Stereotypen leichter schreiben. Stereotype sind die "Bilder in uns von anderen" (Pürer 2003: 439) sowie die Bilder in uns von uns, und diese Bilder erscheinen uns als selbstverständlich (vgl. Schmidt 2003a: 113). Stereotype stehen für eine Wirklichkeit, die es gegen Unsicherheiten zu verteidigen gilt, und damit schließen sie Kontingenz programmatisch aus.

> "We feel at home there. We fit in. We are members. We know the way around. [...] No wonder, then, that any disturbance of the stereotypes seems like an attack upon the foundations of the universe. [...] There is anarchy if our order of precedence is not the only possible one. [...] They are the fortress of our tradition, and behind its defenses we can continue to feel ourselves safe in the position we occupy." (Lippmann 1949: 95f)

Das heißt, Stereotype sind wesentlicher Bestandteil narrativer Identitätspolitiken. Sozialpsychologisch dienen sie der Orientierung auf drei Ebenen: erstens auf der soziokulturellen, weil sie über Generationen hinweg stabil sind. Zweitens organisieren sie die Wahrnehmung von Personen(gruppen) und bieten darüber kognitive Orientierung. Und drittens orientieren sie Individuen psychodynamisch, da sie die eigene Weltanschauung verteidigen. (Vgl. Bierhoff/Herner 2002: 222) Sowohl für die individuelle als auch für die kollektive Identitätspolitik tragen Stereotype wesentlich zur Kontingenzbearbeitung bei und damit zur Stabilisierung. Sie beschleunigen das Differenzmanagement der In- und der Outgroup und festigen die dadurch konstituierten Identitäten.

Bezogen auf die kommunikationstheoretischen Schematypen (sensu Schmidt), operieren Stereotype mit Bewertungen und Urteilen. Sie funktionieren als wertende Unterstellung auf allen vier Ebenen: Wir unterstellen insbesondere Den Anderen, dass sie in bestimmter – eben in stereotypischer – Weise kommunizieren, erkennen, wahrnehmen und handeln. Die Wir-Gruppe ist vermeintlich komplexer und nicht unter dem Blickwinkel der trivialen Stereotype zu betrachten.

4.4 Ein Modell für Kommunikation und Identität

Ich stelle nun ein Modell vor, das die vorangegangen erkenntnis- und kommunikationstheoretischen Überlegungen aufgreift. Das Modell bietet den Rahmen für den Theorietransfer von feministischer Theorie und Kommunikationstheorie (s. Kap. 5), weil es sich für die Implementierung feministischer Bausteine eignen soll. Zuerst aber eine knappe Zusammenfassung des vierten Kapitels.

4.4.1 Die Prämissen

Die folgenden Punkte sind die Prämissen des Modells:

- Gilt die konstruktivistische Sichtweise, "dass diese Außenwelt prinzipiell überhaupt keine Möglichkeit besitzt, sich [...] in ihrer wahren Gestalt mitzuteilen" (Maturana/Pörksen 2002: 62), dann wandert der Blick weg von den Objekten und hin zu den konstruktiven Prozessen. Reflexivität und Komplementarität betonen den Prozesscharakter innerhalb eines Kommunikationskonzeptes, Komplementarität tritt einem ontologischen Dualismus im Identitätskonzept entgegen.
- Sämtliche Vergesellschaftungstendenzen funktionieren dank semiotischer Materialitäten und Medien. Aktanten nehmen Sinn, Bedeutungen oder Inhalte niemals wahr, sondern beobachten immer nur Materialitäten, denen sie dann Sinn, Bedeutung oder Inhalt zuschreiben. (Vgl. Schmidt 2000: 28)
- Kommunikation ist Ko-Orientierung mit Hilfe semiotischer Materialitäten. Schemata stabilisieren, beschleunigen und formen die Prozesse der Ko-Orientierung und finden in Kommunikations- und Kognitionsprozesse ihre Anwendung. Das kollektiv unterstellte und sozial relevante Wissen bildet die soziale Wirklichkeit und im Falle integrierter Gesellschaftsmitglieder, auch die individuelle Wirklichkeit des Aktanten.
- Aktanten operieren im Modus von Setzung und Voraussetzung, so dass auf Kommunikation Anschlusskommunikation folgt und dabei arbeiten sie "an der Bestimmung des Unbestimmten, aber Bestimmbaren, um

Bestimmtes verstehen zu können" (Baecker 2005: 23). Aus ubiquitärer Kontingenz wird bestimmte Kontingenz, die sozial akzeptierte Handlungsfähigkeit ermöglicht.

- Wirklichkeiten sind Ergebnisse hochkomplexer Prozesse einzelner Aktanten, die gleichwohl sozial handeln. Kultur ist schließlich das erlernte und tradierte Programm zum Abgleich der einzelnen Wirklichkeitsentwürfe. Mit Hilfe von Normen, Konventionen, Emotionen usw. werden Wirklichkeitsentwürfe entweder legitimiert oder als nicht gesellschaftsfähig abgelehnt.

4.4.2 Das Modell

Bereits 1976 kritisiert Merten, dass sich die Kommunikationswissenschaft theoriefeindlich verhält und in ihr "noch immer statisch-klassifikatorische Schemata vorherrschen." (Ebd.: 171) Auf den ersten Blick mag das vorliegende Modell ebenfalls "die ‚Elemente' des Kommunikationsprozesses wie Ingredienzen für einen Kuchenteig" (ebd.) aufzählen, doch tatsächlich lenkt der Modellentwurf den Blick auf die *Bedingungen* von Kommunikation sowie auf den *Prozesscharakter* von Identität. So legt das Modell "die Beziehungen zwischen den Positionen" (ebd.) dar und wirft einen prozessorientierten und nicht mehr statischen Blick auf basale Kommunikationsprozesse. Dazu sind die genannten erkenntnistheoretischen Prämissen eingearbeitet. Das Modell orientiert sich maßgeblich an dem von Schmidt dargelegten Wirkungszusammenhang von Wirklichkeitsmodell und Kulturprogramm sowie an seinen kommunikationstheoretischen Überlegungen zu Schematisierungen.

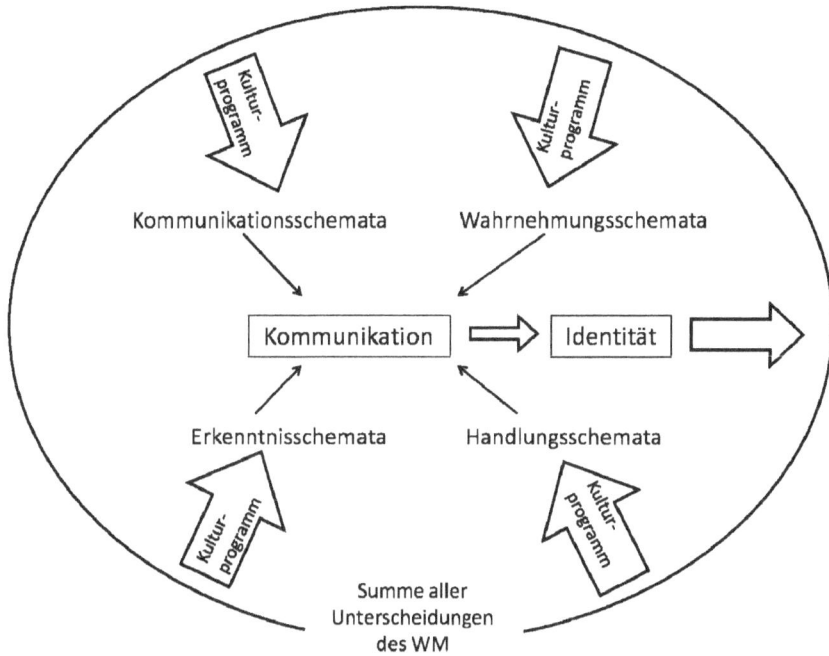

Abb. 4: Ein Modell für Kommunikation und Identität [125]

Der äußere Kreis ist überschrieben mit *,Summe aller Unterscheidungen des Wirklichkeitsmodells'.* Dies sind sämtliche Kategorien, die der Wirklichkeits-konstruktion zur Verfügung stehen sowie ihre semantischen Differenzierungen. Sowohl die Kategorie ,Alter' als auch ihre Differenzierungen von ,blutjung' bis ,steinalt' finden sich hier wieder. Das Netz aus Kategorien und semantischen Differenzierungen erzeugt das Wirklichkeitsmodell, das dem Einzelnen für seine sozial orientierten Handlungen zur Verfügung steht. Wichtig ist, hier streng zwischen den Unterscheidungen und der Operation des Unterscheidens zu trennen (s. Kap. 3.4.4). Auf dieser Modellebene ,Summe aller Unterscheidungen des Wirklichkeitsmodells' verorte ich nur die Unterscheidungen und die dazu gehörigen Einheiten dieser Differenzierungen – noch nicht die getroffenen Unterscheidungen. Die Unterscheidung ist auf der Ebene des

---

[125] Quelle: eigene Darstellung.

Wirklichkeitsmodells seitenneutral. In der Kategorie und ihren semantischen Differenzierungen liegt keine Asymmetrie.

Kultur ist nun das Programm, das den Prozess des Unterscheidens begleitet, indem es die Seiten einer Unterscheidung mitunter bewertet, normiert, konventionalisiert. Grafisch ist das Kulturprogramm bzw. sind die Kulturprogramme als Pfeile dargestellt, die vom Wirklichkeitsmodell weg und zum Modellinneren zeigen. Eine prinzipiell unentscheidbare Unterscheidung macht das Kulturprogramm zu einer Setzung. Aktanten sind die "setzungskompetenten Instanzen" (Schmidt 2003a: 33), die im Modus der Setzung Entscheidungen treffen. Kultur ist das Programm, das die Aktanten in ihren Entscheidungsprozessen unterstützt. Neben der affektiven, moralischen, emotionalen Besetzung regelt Kultur, welche Differenzierungen wie miteinander verknüpft werden. Sie sorgt dafür, dass die Mitglieder einer Gemeinschaft auf ein gemeinsames Gerüst an Bezugnahmen und Wertvorstellungen zurückgreifen und sich so letztlich als Kollektiv verstehen können. Kultur verwaltet Wirklichkeit.

Im Modell folgen nun die vier *Schematypen*, die zur Bearbeitung von Komplexität ebenfalls wesentlich sind. Schematisierungen sind zuverlässige Akzeleratoren der Kontingenzbearbeitung, die als kollektive Wahrnehmungs-, Handlungs-, Erkenntnis- und Kommunikationsstrukturen der Ko-Orientierung der einzelnen Aktanten und damit deren Kommunisierung dienen. Die ,Kulturprogramm'-Pfeile zeigen, dass Schemata immer kulturspezifisch wirken. Zuvor wurden die ursprünglich seitenneutralen Unterscheidungen kulturprogrammatisch bearbeitet, was den Wirkungszusammenhang von Kulturprogramm und Wirklichkeitsmodell beschreibt. Nun wirken die sozialisierten und tradierten Schemata, die die Prozesse des Wahrnehmens, Handelns, Kommunizierens und Erkennens entscheidend bestimmen. Das Modell soll verdeutlichen, dass Schemata die vorausgegangenen wirklichkeitskonstituierenden Schritte konkretisieren. Schematisierungen wenden die kulturspezifischen Unterscheidungen an, und für den Aktanten entsteht Unterscheidungssicherheit bei der Wahrnehmung, beim Handeln, bei der Kommunikation und beim Erkennen.

An dieser Stelle möchte ich auf den Unterschied von kognitiven und kommunikativen Prozessen hinweisen, der implizit im Modell steckt. Kognitiv sind alle Prozesse der Wirklichkeitskonstruktion. Kognitive Prozesse klären, welche Unterscheidungen zulässig sind, wie Differenzen bewertet und miteinander verknüpft werden und wie sie sich in Schematisierungen konkretisieren. Diese Vorgänge sind nicht beobachtbar und laufen überdies meistens unbewusst ab. Bei der Anwendung von Schemata liegt die Sache etwas anders. Manchmal sind die zugrundliedenden Schemata zu erahnen, weil sie sich beispielsweise aus der Interaktionssituation ergeben: Eine Person, die im Plenarsaal des Deutschen Bundestags am Rednerpult steht, bedient sich vermutlich eines Handlungsschemas, das ‚Staatsmann' heißen könnte sowie des Kommunikationsschemas ‚politische Rede'. Dabei spielen Zeichenmaterialitäten und Medien eine wesentliche Rolle, da sie die kognitive Anwendung der Schemata sichtbar machen. Alle vier Schematypen sind kognitive Instrumente und als solche nicht *direkt* zu beobachten, möglich sind ausschließlich Inferenzen. Da sie aber Kommunikation vorstrukturieren, sind sie *indirekt* über den Kommunikationsverlauf beobachtbar. Folglich bleibt das Modell der konstruktivistischen Regel treu, dass es nicht ratsam ist, von Kommunikation auf Kognition schließen zu wollen.

Bis hierhin zeigt das Modell unbewusste und nicht-beobachtbare Prozesse: Kultur ist ebenso wenig zu beobachten wie das Wirklichkeitsmodell mit seinen Unterscheidungen und die vier Schematypen. Kommunikation hingegen kann man beobachten. Sämtliche nicht-kognitive Prozesse von Individuen subsumiere ich unter dem Begriff *Kommunikation*. In Kapitel 4.2 bestimmte ich (sensu Merten und Schmidt) Kommunikation als autopoietisches Prozesssystem, das auf zeitlicher, sachlicher und sozialer Ebene reflexiv operiert. Aktanten sind dabei die Instanzen, die Kommunikation betreiben und ohne die es erst gar keine Kommunikation gibt. (S. Kap. 4.2)[126] Schemata liefern Kommunikati-

---

[126] Das Modell weist Individuen nicht explizit aus. Darum hier noch einmal der ausdrückliche Hinweis, dass es Aktanten sind, die all diese kognitiven und kommunikativen Prozesse vollziehen. Gleichwohl lässt sich das Modell auch auf kollektive Prozesse übertragen. Dieser

on eine Vororientierung (vgl. Schmidt 2005b: 54), mit der sich Kommunikanten einfacher ko-orientieren können. Schemata setzen den Wirkungszusammenhang von Wirklichkeitsmodell und Kulturprogramm kommunikativ um. Von der Kommunikation führt nun ein Pfeil zur *Identität*. Identität ist das Resultat der reflexiven Kommunikationsprozesse, sie ist eine Prozess-Ontologie (s. Kap. 4.3.2). Bei Identität handelt es sich "um einen Prozess und dessen Resultate, nicht um feste Gegebenheiten." (Schmidt 2003a: 108) Identität entsteht im komplementären Wechselspiel von Ego und Alter oder von Wir und Die Anderen. Der Modus der Komplementarität entfaltet seine identitätsbildende Wirkung im Kommunikationsprozess bzw. als dessen Folge. Zudem schafft Kommunikation die notwendige Reflexivität auf zeitlicher, sachlicher und sozialer Ebene, die für das Identitätsmanagement ebenfalls notwendig ist (s. Kap. 4.3.1).

Der Pfeil rechts außen macht deutlich, dass das Modell einen Startpunkt suggeriert, den es aus konstruktivistischer Sicht gar nicht geben kann, denn schließlich haben wir es mit zirkulären Beobachtungsstrukturen zu tun (vgl. dazu von Foerster/Pörksen 2001: 106ff.). Die Identitätsbildung ist kein Ende, sie ist ein weiterer Startpunkt. Um übersichtlich zu bleiben, vernachlässigt das Modell jedoch diese zyklischen Komponenten. Dass ich beim Wirklichkeitsmodell begonnen habe, ist folglich ein kontingenter Start der Beschreibung und keinesfalls der Ausgangspunkt eines linearen Prozesses.

Das Modell lässt sich wie folgt zusammenfassen: Die zur Verfügung stehenden Unterscheidungen eines Wirklichkeitsmodells werden kulturprogrammatisch bearbeitet. Konkret findet sich dieser Wirkungszusammenhang in den verschiedenen Schematisierungen wieder, die der Ko-Orientierung von Aktanten dienen und Handlungssicherheit bieten. Die verwendeten Schemata wirken auf die Kommunikationsprozesse. Aus den Kommunikationsprozessen emergiert eine Realität sui generis, die wir Identität nennen.

Unterschied wird in Kap. 5 noch einmal aufgegriffen werden, wenn es um die Frage der sozialen Konstruktion von Geschlecht geht.

4.5 Zwischenstand II

Die konstruktivistische Kommunikationstheorie, zu der die Konzepte von Merten und Schmidt zählen, greift die erkenntnistheoretische Prämisse auf, dass Wirklichkeit immer Beobachterwirklichkeit ist. Subjektabhängigkeit und Prozesshaftigkeit rücken in den Fokus und das ent-normativiert soziologische Phänomene. Durch die "Verschiebung des Startmanövers von Objekten zu Prozessen und deren Bedingungen" (Schmidt 2003a: 144) lassen sich soziologische Phänomene aus einem anderen Blickwinkel betrachten, der die Kontingenz und potenzielle Dynamik sozialer Strukturen aufzeigt. Genau das ist auch Ziel des vorgelegten Modells: Die Aufmerksamkeit soll sich auf die *Bedingungen* von Kommunikation und auf die *Bedingungen* von Identitätspolitik richten. Diese Bedingungen habe ich benannt: Reflexivität und Komplementarität.

Das Modell verweist auf die Generierung sozialer Wirklichkeit, zu der Reflexivität und Komplementarität als basale Modi und Schematisierungen als Akzeleratoren gehören. Ziel aller Schematisierungen ist es, Kontingenz zu bearbeiten und Komplexität zu reduzieren. Wenn Modelle Kontingenz und ihre Bearbeitung einbinden, öffnen sie sich für alternative Sichtweisen auf tradierte Sozialphänomene. (Vgl. ebd: 151) Wird das Kontingenzbewusstsein geschärft, liegt für manchen theoretischer Relativismus nahe, doch "Relativismus konstruktivistischer Art rät nicht an: Gib alle Hoffnungen auf Sicherheit auf!" (Schmidt 1994b: 619). Kontingenz darf nicht mit Willkür gleichgesetzt werden. Im Rahmen der Geschlechterforschung schafft Kontingenzbewusstsein theoretisch fundierten Spielraum, Geschlecht als Wissenskategorie und Verhandlungssache zu begreifen.[127] Erkenntnistheoretische Prämissen eröffnen dabei differenzierte Sichtweisen auf scheinbar natürliche ‚Gegebenheiten', die uns ‚umgeben'.

---

[127] Zu dem Schluss, dass Geschlecht ‚Verhandlungssache' ist, kommt Ute Bechdolf in ihrer Fallstudie zur Rezeption von Musikvideos (vgl. Bechdolf 2006). ‚Geschlecht als Wissenskategorie' heißt ein DFG-Graduiertenkolleg an der HU Berlin.

5 Theorietransfer: Kommunikation – Identität – Geschlecht

"Wenn Neugeborene erst einmal
in diese Differenz eingespannt sind,
regelt sich das Weitere
gewissermaßen von ‚Natur' aus."

(Lindemann 1993: 9)

Im Folgenden soll es nicht um das Verhältnis von Geschlecht zwischen Natur und Kultur gehen – daran sei noch einmal erinnert, bevor ich das Modell, das Kommunikationstheorie und feministische Theorie zusammenführt, vorstelle.

"Die Annahme, erst der Diskurs schaffe die Geschlechterdifferenz, die dann in Geschlechtsdarstellungen zu sozialer Realität wird [...], ist genauso problematisch wie die Annahme, es gäbe eindeutig identifizierbare ‚natürliche' Geschlechterunterschiede, die dann in gender-Konstrukten diskursiviert und ideologisch ‚überformt' werden." (Landweer 1994a: 156)

Das Modell beschreibt, welche Mechanismen im Prozess der Geschlechterkonstruktion relevant sind. Anatomische Unterschiede und deren Notwendigkeit zur Reproduktion dabei zu negieren, halte ich für kontraintuitiv. Allerdings sollte klar sein, dass jeder Blick auf den Körper durch die kulturelle Programmatik bestimmt ist (s. Kap. 2). Vorrangig soll das vorgelegte Kommunikations- und Identitätsmodell dazu dienen, die Relevanz von Kommunikation bei geschlechtspolitischen Fragen hervorzuheben. Dies nimmt zugleich den Konstruktionscharakter der ‚Frau/Mann'-Unterscheidung sowie die soziale Relevanz von Geschlecht ernst. Denn genau so sehe ich Geschlecht: sozial relevant und dem Verstehen nach ‚sinnvoll'.

Als sich in den sechziger Jahren die konstruktivistischen Analysen der Geschlechterkategorie mehren, hängen die Hoffnungen hoch, endlich der größten identitätspolitischen Selbstverständlichkeit auf die Schliche zu kommen und Geschlecht als soziales Konstrukt zu entlarven. Welche weitreichenden Veränderungen hätte dies für die Gesellschaftspolitik gehabt? Doch der (de)konstruktivistische Feminismus schafft es nicht, Geschlecht seiner alltägli-

chen Wirkungskraft zu berauben, was bei einer derart abstrakten und hoch-
komplexen Konstruktion nicht wirklich verwundert. Bis heute gibt es Zweifler,
die sich generell fragen, ob die feministische Theorie das richtige Betäti-
gungsfeld für den Konstruktivismus ist.

> "Nun ist es unbestreitbar, daß der soziokulturelle Konstruktivismus ein ideologie-
> kritisches Potential entfalten kann und entfaltet hat. Gleichwohl ist es fraglich, ob
> er einen haltbaren theoretischen Rahmen für die weitere feministische Theorie
> und Praxis bietet. Ich fürchte, es gibt gerade aufgrund eines zu wenig reflektier-
> ten Konstruktivismus neuen Ärger mit dem Geschlecht." (Trettin 2001: 173)

Ich halte diese Skepsis für durchaus begründet, zumal allein eine konstruktivistische Sicht auf ‚die Dinge' noch kein Garant für eine analytische und präzise
Auseinandersetzung ist. Gleichwohl birgt der Konstruktivismus meines Erachtens großes Potential, die Selbstverständlichkeit von Geschlecht kritisch zu
hinterfragen, denn erkenntnistheoretische Ansätze haben grundsätzlich den
Anspruch, ohne normativen Duktus auszukommen. Eine Analyse der Geschlechterkategorie, die sich von politischen Postulaten freimacht, kann den
Spagat zwischen feministischer Analyse und Akzeptanz der sozialen Relevanz
von Geschlecht schaffen. Eine konstruktivistische Kommunikationstheorie, wie
ich sie in Kapitel 4 vorgestellt habe und im Folgenden in dem Theorietransfer
anwende, ist dafür bestens gerüstet.

In Kapitel 3.2.1 habe ich dargelegt, wie die Geschlechterforschung in den
siebziger Jahren die Geschlechterkategorie in sex und gender ausdifferenziert
hat. Jede Seite des Dualismus ‚Frau/Mann' erhält dadurch zwei Dimensionen.
Das eröffnet insgesamt vier Perspektiven auf Geschlecht:

sex(Frau/Mann)	gender(Frau/Mann)
Frau(sex/gender)	Mann(sex/gender)

Abb. 5: gender(Frau/Mann) [128]

Im Folgenden geht es weder um das Verhältnis von sex und gender noch um die Frage, wie viel ‚natürliches‘ Frau- oder Mannsein in uns steckt. Sicherlich ließe sich darüber trefflich diskutieren, oder eher: spekulieren. Jedoch spart die vorliegende Arbeit dieses ideologische Gedankenspiel aus.[129] Stattdessen versuche ich mit dem vorgelegten Modell, die Perspektive ‚gender (Frau/Mann)‘ zu analysieren.

5.1 Ein Modell für Geschlecht

Aus der Vielzahl an Kategorien und den dazugehörigen semantischen Differenzierungen des Wirklichkeitsmodells wähle ich eine einzelne Kategorie aus: Geschlecht. Gewissermaßen konkretisiere ich damit das in Kapitel 4.4 vorgestellte Modell. Schmidt paraphrasierend ist dieses kommunikationstheoretische Geschlechtermodell ein Modell *für* und nicht *von* Geschlecht, weil es die Bedingungen sowie die basalen Prozesse fokussiert.

Zu lesen ist das Modell wieder zuerst von außen nach innen und dann von links nach rechts, was auch anhand der Kapitelüberschriften nachzuvollziehen ist.

---

[128] Quelle: eigene Darstellung.

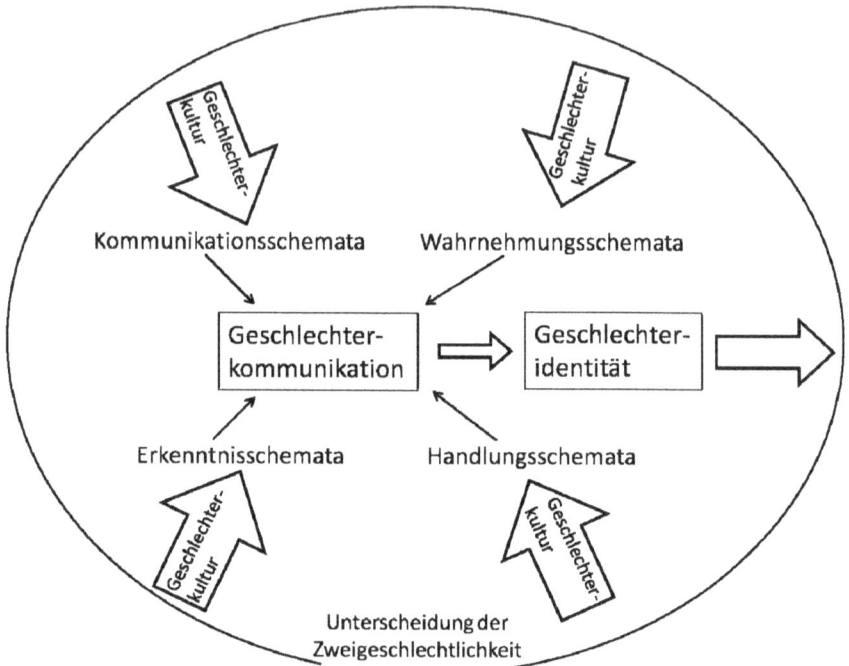

Abb. 6: Ein Modell für Geschlecht [130] [131]

5.1.1 Geschlechterdistinktion

Wie an verschiedenen Stellen ausgeführt, besteht das Wirklichkeitsmodell aus Kategorien und deren semantischen Differenzierungen. In ihrer Gesamtheit ergeben sie ein Netz aus allen möglichen Verknüpfungen und Knotenpunkten.

---

[129] Als nichts anderes, als ein Gedankenspiel, kann diese unentscheidbare Frage um das ‚Kultur/Natur'-Verhältnis der Geschlechter nämlich gelten.
[130] Quelle: eigene Darstellung.
[131] Das vorgelegte Modell setzt Zweigeschlechtlichkeit als überaus relevantes Schema für sämtliche kognitive und soziale Prozesse voraus. In kognitiven Prozessen ist Zweige-schlechtlichkeit immer relevant und wirkt sich damit immer auch auf den Kommunikations-prozess und folglich auf Identität aus. Ich halte Geschlecht sowohl für omnipräsent als auch omnirelevant. Gleichwohl lässt die Modellsystematik es zu, Zweigeschlechtlichkeit als nur ei-ne neben vielen Unterscheidungen des Wirklichkeitsmodells darzustellen, die im Sinne Hir-schauers nicht omnirelevant sein muss. Wer an diesem Punkt also anderer Meinung ist, kann es sein, ohne das Modell ablehnen zu müssen. Nicht das Modell ist normativ, sondern höchstens ein Punkt meiner Interpretation (s. dazu auch Kap. 5.3).

Kategorien differenzieren sich in eine Vielzahl semantischer Unterscheidungen aus. ‚Groß' und ‚klein', ‚alt' und ‚jung', „reich' und ‚arm' bergen noch viele Zwischenstufen, auf die jederzeit zugegriffen werden kann. Sogar scheinbar rigide Kategorien wie ‚Hautfarbe', ‚Nationalität' bzw. ‚Staatsbürgertum' gehen über eine dichotome Struktur hinaus. Zwischen ‚schwarz' und ‚weiß', zwischen ‚Ausländer' und ‚Inländer' liegen weitere semantische Differenzierungen. Die meisten Kategorien verfügen über eine Achse, auf der sich die möglichen Differenzierungen verteilen. Die zentrale Differenz ist zwar binär, allerdings schaffen die beiden Seiten zugleich die Klammer für andere semantische Differenzierungen, die ‚dazwischen' liegen. Dieses Kontinuum ist zudem dynamisch, so ist es beispielsweise kontextbedingt, ob man als groß oder klein, dick oder dünn oder irgendetwas dazwischen gilt. Je nachdem, wie sich meine Umwelt gestaltet, stehe ich neben einem kugeligen Zwerg oder einem schlaksigen Hünen, bin ich selbst größer oder kleiner, dicker oder dünner.

Bei der Kategorie ‚Geschlecht' liegt die Sache grundsätzlich anders.[132] Geschlecht ist strikt binär in ‚Frau/Mann' organisiert. Abweichungen davon sind kategorisch ausgeschlossen, da in der Geschlechterzugehörigkeit ein striktes ‚entweder - oder'-Prinzip herrscht.[133] Sollte jemand davon abweichen, weil er beispielsweise über als männlich definierte Geschlechtsorgane verfügt, sich aber als Frau versteht, wie es bei transsexuellen Frauen der Fall ist, dann wird dies als nicht normal empfunden. Tolerante Mitmenschen gestehen den Betroffenen allenfalls zu, sich operieren zu lassen. Doch selbst in diesen Fällen bleibt die Dichotomie ‚Frau/Mann' aufrecht erhalten, weil sich die Transsexuellen für eine der beiden Seiten entscheiden müssen (s. Kap. 5.2.4.4).

---

[132] Weitere Ausnahmen bilden beispielweise die Kategorien ‚Wahrheit' und ‚Recht', die sich in ‚wahr/falsch' und ‚recht/unrecht' differenzieren (vgl. Luhmann 1983: 108). Man kann nicht ein wenig Recht haben oder ein bisschen die Wahrheit sagen – zumindest dann nicht, wenn man diese Kategorien ernst nimmt.
[133] Tatsächlich gibt es Diskussionen darüber, ob Bundeskanzlerin Angela Merkel ‚wirklich' weiblich ist. Man erinnere sich hier an die Aufregung anlässlich ihres dekolletierten Kleids bei einem Opernbesuch in Norwegen. Es folgte sogar eine offizielle Erklärung ihres Sprechers bzgl. ihrer Kleiderwahl. Obgleich es offenbar Unstimmigkeiten darüber gibt, was Frau- oder Mannsein bedeutet, ist letztlich die geschlechtliche Zuordnung im Regelfall unstrittig. Dass Angela Merkel eine Frau ist, stellt niemand in Frage. Da sie sich aber an männlich definierten Diskursen beteiligt, war die Öffentlichkeit offensichtlich für einen kurzen Moment aus der Fasson gebracht, dass sie diesen ihren Platz auch weiblich ausgestalten kann.

Diesen Rigorismus kritisieren die Vertreter der feministischen Theorie. Eine Prämisse der Geschlechterforschung ist, dass "Zweigeschlechtlichkeit, deren Folgen und Konsequenzen [.] Ergebnisse sozialer Prozesse" (Gildemeister 1992: 60) sind. Das vorliegende Modell zwingt, hier zu differenzieren. Zweigeschlechtlichkeit wird explizit als semantische Differenzierung des zur Verfügung stehenden Wirklichkeitsmodells verstanden. Damit ist Zweigeschlechtlichkeit eine kognitive Voraussetzung für die sich anschließenden sozialen Prozesse. Zweigeschlechtlichkeit ist also kein Prozessergebnis.[134] Geschlecht ist die Einheit der Differenzierung ,Frau/Mann'.

Das Zweigeschlecht-Modell spiegelt nicht immer das sozial gültige Geschlechterverständnis wider, wie die Historiker von Laqueur und Honegger darlegen (s. Kap. 2.2). Heute erscheint eine nicht-dichotome und nicht-polare Geschlechteraufteilung kontraintuitiv. Wir haben diesen Dualismus tief verinnerlicht, empfinden ihn für uns selbst, klassifizieren unsere Mitmenschen danach und finden ihn in Form unendlich vieler Attribuierungen: Wir sind Frauen, ihr seid Männer, dieses Verhalten ist weiblich, jene Aussage ist männlich. Nimmt man die historischen Beschreibungen Honeggers und von Laqueurs ernst, dann sind hinsichtlich des Modells zwei Dinge festzustellen: Erstens sind die beiden Seiten der Unterscheidung ,Frau/Mann' nicht zwangsläufig antipodisch organisiert, und zweitens ist die Unterscheidung zunächst einmal ,neutral' und nicht mit ,natürlichen' Attributen belegt. Beides ändert sich erst mit dem Kulturprogramm, mit dem Prozess des Unterscheidens.

5.1.2 Geschlechterkultur

Das Kulturprogramm begrenzt die Zahl der möglichen Verknüpfungen mit Geschlecht auf ein für den Aktanten erträgliches Maß. These dieser Arbeit ist, dass Kultur – auf die Unterscheidung ,Frau/Mann' bezogen – in der Weise funktioniert, dass sie erstens nur einen *strikten Dualismus der Geschlechter*

---

[134] Eine Differenzierung in kulturspezifisch kognitive Voraussetzungen, wie Kategorien und ihre semantischen Differenzierungen, sowie in soziale Prozesse (und deren Folgen) erscheint dringend notwendig, um die feministische Theorie *theoretisch* zu zementieren.

zulässt, und dass sie zweitens aufgrund der Verknüpfung der semantischen Differenzierungen *für die typischen Unterschiede zwischen den Geschlechtern* verantwortlich ist. Dazu im Folgenden ausführlich.

Kultur erzwingt sowohl die selbstreferentielle als auch die fremdreferentielle Geschlechterzuordnung. Der Einzelne muss sich und sämtliche andere Personen nach dem strikten Geschlechterdualismus klassifizieren. Wenn andere Menschen diesem Rigorismus nicht entsprechen, ist die Verwirrung groß. Der Modus von Setzung und Voraussetzung sorgt dafür, dass die Setzung ‚Frau‘ oder ‚Mann‘ zukünftig als Voraussetzung dient. Schwierigkeiten können auf zwei Ebenen entstehen: Entweder stimmt die Selbstreferenz nicht mit der Fremdreferenz überein, oder Setzung und Voraussetzung weichen voneinander ab. In beiden Fällen sind kognitive Dissonanzen kulturell ‚vorprogrammiert‘. Folglich erzwingt Kultur im Modus von Setzung und Voraussetzung, dass sich die setzungskompetenten Instanzen für eine Seite des Geschlechterdualismus ‚Frau/Mann‘ entscheiden. Das ist der erste Teil meiner These: Kultur erzieht uns zu einem Geschlechterrigorismus.

Kultur programmiert Gesellschaft nach dem Prinzip der Zweigeschlechtlichkeit über die Geschlechterzuordnung einzelner Aktanten hinaus. Anhand semantischer Verknüpfungen fließt der Geschlechterdualismus in sämtliche Operationen mit ein – auch dann, wenn sie Geschlecht vordergründig gar nicht thematisieren. "Gender very clearly pervades everyday life. Not only can gender be attributed to most things, but there are certain objects [...] to which gender apparently must be attributed." (Kessler/McKenna 1978: 3) Der zweite Teil meiner These lautet: Das Kulturprogramm verknüpft semantische Differenzierungen mit der einen oder der anderen Seite des Geschlechterdualismus.

Das Wirklichkeitsmodell bietet unendlich viele Möglichkeiten, semantische Differenzierungen miteinander zu verknüpfen. Ein Beispiel für eine unsinnige Kombination wäre ‚weiblich‘ und ‚alt‘, schließlich ist nicht jede Frau alt. Die Verknüpfung ‚weiblich‘ und ‚empathisch‘ oder ‚männlich‘ und ‚stark‘ ist deutlich intuitiver. Das Kulturprogramm bearbeitet also im zweiten Schritt Komplexität, indem es nur bestimmte Verknüpfungen für Frau und für Mann zulässt.

Die Attribuierung funktioniert dabei in zwei Richtungen. Einmal verbindet Kultur die beiden Seiten des Geschlechterdualismus mit jeweils nur bestimmten anderen semantischen Differenzierungen. Die Assoziationskette hat in diesem Fall ihren Ursprung im Geschlechterdualismus. Frau und Mann ziehen ein Bündel semantischer Differenzierungen mit sich, nämlich all die, die wir als (stereo)typisch für das jeweilige Geschlecht kennen. Das funktioniert auch umgekehrt: Wir beobachten etwas und deklarieren es dann als ‚weiblich' oder männlich'. Das kann sich auf ein gewisses Verhalten beziehen – hysterisch sind in erster Linie Frauen, aggressiv hingegen Männer –, aber auch auf Gegenstände. Das gilt für das typische Frauenauto, die weibliche Wohnungseinrichtung, das männliches Essen und die Männersportarten.

Was nun im Einzelnen die geschlechtsspezifischen Attribuierungen sind, kann ich nicht sagen. Es ist auch nicht Gegenstand dieser Arbeit, allerdings ein Tätigkeitsfeld für empirische Forschung sowie Untersuchungen im Marketingbereich (s. Kap. 3.1 und vgl. Holtz-Bacha 2008). Ganze Unternehmensabteilungen, Agenturen und universitäre Abschlussarbeiten beschäftigen sich mit Fragen wie: Welche Sendungen rezipieren Frauen, welche Männer? Wann muss das Waschmittel und wann die Grillwurst im Werbeprogramm gezeigt werden? Wie sind die Konsumgewohnheiten der Geschlechter? Diese Fragen ergeben sich allerdings überhaupt erst aufgrund der kulturellen Programmierung von dem, was als weiblich oder männlich gilt.

Das Kulturprogramm reduziert ergo Komplexität in zweierlei Hinsicht und das jeweils in wechselseitige Richtung. Erstens legt Kultur fest, dass es nur *zwei Geschlechter* gibt, die im Modus von Setzung und Voraussetzung sowohl *fremd- als auch selbstreferentiell* zulässig sind. Zweitens selektiert Kultur, *welche semantischen Differenzierungen zum Frausein und zum Mannsein passen*, und umgekehrt legt Kultur fest, *welche semantischen Differenzierungen als weiblich oder männlich gelten*.

Nun stellt sich die Frage, wie sich diese Attribuierungen konkretisieren, die ihre Wirkung bislang nur kognitiv im Zusammenhang von Wirklichkeitsmodell und Kulturprogramm entfaltet haben? Schemata sind die Instrumente zur Anwendungen der verknüpften Geschlechtersemantiken.

5.1.3 Geschlechterschemata

Einleitend habe ich die Frage nach dem Verhältnis von Körper und Geschlecht aufgeworfen. Grafisch weist das vorgelegte Modell den Körper nicht explizit aus, er ist allerdings implizit berücksichtigt. Um das an dieser Stelle noch einmal zu verdeutlichen, sei an eine basale Annahme dieser Arbeit erinnert, die sich in Kapitel 2 wiederfindet.

Die ‚Konstruktion eines Körpers' versteht den Körper nicht als Fiktion im Sinne einer Einbildung. Gleichwohl ist der biologische Geschlechtskörper nichts ohne seine soziale Attribuierung. Arme und Beine sind nicht konstruiert, auch nicht die Vagina bei der Frau und der Penis beim Mann. Nicht die Tatsache, dass die Hälfte der Menschen einen Penis und die andere Hälfte eine Vagina hat, ist eine Kulturleistung. Das körperliche Geschlecht ist eine Konstruktion, weil sich aus einem körperlichen Unterschied eine vermeintlich *wesenshafte* Inkommensurabilität der Geschlechter ableitet: Dass wir nur diese polare Gegenüberstellung kennen, dass eine ‚entweder - oder'-Zuordnung zwingend ist und sich jedes Individuum als ganzheitlich entweder weiblich oder männlich versteht, *das* ist eine soziale Leistung. "Der ‚Penis' ist immer schon durch den ‚Phallus' konstituiert, außerhalb dessen hat er weder Bedeutung noch im eigentlichen Sinne Realität." (Maihofer 1994a: 177)

Es ist immer ein kulturspezifischer Prozess, körperliche Unterschiede zu benennen sowie die Beobachtung der Unterschiede zu beobachten, um den man – so wenig wie man hinter den Beobachter zurück kann – nicht kürzen darf. Auch wenn eine Vagina oder einen Penis zu haben, so wenig eine Kulturleistung ist, wie Arme oder Beine zu haben, ist es *kulturell bedeutsam*, ob ich einen Penis oder eine Vagina habe. Denn hieraus leitet sich die Geschlechterklassifikation und -unterstellung ab. Wir haben gelernt, auf die Frage, was Frauen und Männer unterscheidet, auch die Genitalien als Antwort zu nennen.

So wird aus dem sozial unbedeutenden Körperteil Penis der sozial relevante Phallus.[135]

Ein konstruktivistisches Paradigma aufgreifend, stelle ich fest, dass beide Prozesse simultan ablaufen: Die Beobachtung, das eine oder andere körperliche Merkmale zu haben, ist untrennbar von der Beobachtung, eine Geschlechtszugehörigkeit zu empfinden. Einem Biologismus folgend, konstatiere ich, dass es körperliche Unterschiede gibt – es gibt sex. Jedoch ist sex niemals ohne gender denkbar. *Das eine ist nicht die Grundlage des anderen – egal in welche Richtung. Beide operieren gleichzeitig auf die geschlechtliche Konstitution hin und sind nur komplementär sinnvoll.*

Diese Argumentation mag man als biologisch (fundiert) bezeichnen, allerdings ist sie nicht fundamentalistisch. Sie ist eine Position, "die den Körper historisch für weniger variabel hält als den Großteil anderer Persönlichkeits- oder Handlungsmerkmale und aus dieser fehlenden Variabilität kulturübergreifende Gemeinsamkeiten in Persönlichkeit und Handlung ableitet." (Nicholson 1994: 202)

Nun gilt es, diese Prämissen in das Modell zu implementieren. Antwort: Das leisten Schemata und Stereotype, die Kommunikation vorstrukturieren und sich aus dem Kulturprogramm ergeben.

Wir verfügen über ein Netz an Kategorien und zugehörigen semantischen Differenzierungen. Das Kulturprogramm entscheidet darüber, welche uns davon wie zur Verfügung stehen. Schemata sind im Rahmen der Wirklichkeitskonstruktion für den operativen Teil des Wirkungszusammenhangs von Kulturprogramm und Wirklichkeitsmodell ausschlaggebend (vgl. Schmidt 2004a:

---

[135] Vermutlich verhält es sich hierbei noch komplizierter, da wir Verknüpfungen zwischen verschiedenen physiologischen Merkmalen erlernt haben, denn "in initial interactions genitals are rarely available for inspection" (Kessler/McKenna 1978: VIII). Deshalb nehme ich an, dass wir andere Körperteile mit geschlechtlichen Körpermerkmalen assoziieren, die wiederum immer schon geschlechtsidentisch sind. Heißt: Ein Bart ist ein relativ sicheres Zeichen für einen Mann, ebenso die Körpergröße oder Statur. Doch als eindeutiges Zeichen haben wir die primären Geschlechtsmerkmale definiert, und so ist der Penis das Zeichen für Männlichkeit. Vom Bart, der Körpergröße und Statur schließen wir nun auf das, was wir im Regelfall nicht überprüfen: den Penis, und der ist kulturell immer schon der Phallus. Was für ein voraussetzungsreicher Prozess!

93). Sie helfen, den Handlungsvollzug maßgeblich zu beschleunigen sowie Einigkeit über eine kollektive Wirklichkeit zu erzielen. Der Ausgangspunkt ist die Unterscheidung ‚Frau/Mann', an die sich dann kulturprogrammatisch andere Differenzierungen andocken.[136] Dieses Netz an geschlechtsspezifischen Semantiken wirkt auf der Ebene der vier Schematypen: Wir erkennen Männer, wir nehmen uns als Frauen wahr, wir handeln wie Jungen und kommunizieren wie Mädchen.

Zweigeschlechtlichkeit ist ein Dualismus, der anhand aller vier Schematypen angewendet wird. Für die kulturspezifisch verknüpften Differenzierungen, die Frau und Mann mit ihren jeweiligen Attributen ausstatten, gilt das ebenso. Wie Frauen und Männer handeln, erkennen, kommunizieren und wahrnehmen, unterliegt einem langwierigen Sozialisations- und Lernprozess, den jedes Gesellschaftsmitglied durchläuft. Das ‚wie' bezieht sich auf die bekannten stereotypischen Gleichungen: ‚Frau = einfühlsam, mütterlich, empathisch, zickig' oder ‚Mann = strikt, gelassen, streng, herrschend'. Diese Auflistungen könnte man beliebig lang fortführen, dazu bedarf es nur eines Blicks in die angesprochenen empirischen Untersuchungen, die uns über ‚die' Frau und ‚den' Mann aufklären wollen.

Die Verbindung von Zweigeschlechtlichkeit und anderen semantischen Differenzierungen zu einem Geschlechterbündel birgt erhebliche Schematisierungsgewinne, die bereits beschrieben wurden (s. Kap. 4.2.7). Schemata machen die Orientierung der einzelnen Kommunikationsteilnehmer möglich, sie strukturieren den Kommunikationsverlauf vor und bilden die Grundlage funktionierender Kommunikation. Kommunikation ist maßgeblich durch die vier Schematypen bestimmt.

Schemata können in doppelter Hinsicht geschlechtlich attribuiert sein, was sich aus den beschriebenen semantischen Verknüpfungen ergibt: Entweder sind andere semantische Differenzierungen implizit geschlechtlich attribuiert oder der expliziten Geschlechterzuschreibung hängt ein Bündel anderer semantischer Differenzierungen an. Im ersten Fall ist nicht Geschlecht das pri-

---

[136] Zu Erinnerung: Geschlecht steht uns nur binär zur Verfügung, und die Verknüpfungen mit anderen semantischen Differenzierungen sind ebenfalls kulturprogrammatisch festgelegt.

mär verwendete Schema, sondern dem aktualen Schema *implizit* zugeordnet. Beispiel: Empathie ist ein weibliches Phänomen. Im zweiten Fall ist das Geschlecht das *explizit* aktuale Schema und ein Bündel anderer Attribute ist damit verknüpft: Frauen sind empathisch (mit all den anderen dazugehörigen Eigenschaften).

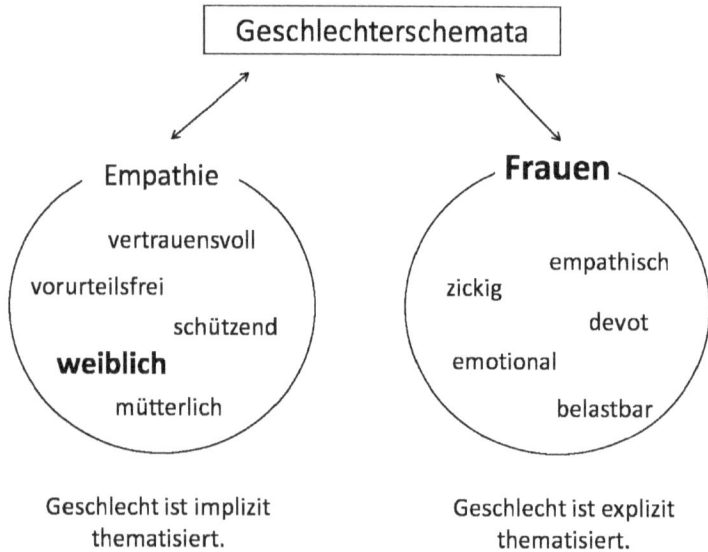

Geschlechterschemata

Empathie

vertrauensvoll

vorurteilsfrei

schützend

weiblich

mütterlich

Frauen

empathisch

zickig

devot

emotional

belastbar

Geschlecht ist implizit
thematisiert.

Geschlecht ist explizit
thematisiert.

Abb. 7: Implizite und explizite Thematisierung von Geschlecht [137]

Ich halte es für plausibel, dass *eine explizite oder implizite Attribuierung im Kommunikationsprozess immer aktual ist und Geschlecht folglich immer in irgendeiner Weise für den Kommunikationsverlauf relevant ist* – auch wenn Geschlecht nicht explizit thematisiert ist.

5.1.4 Geschlechterkommunikation

Der nächste Modellschritt rückt den Kommunikationsprozess in den Fokus. Über den Kommunikationsverlauf kann ich zwar keine direkten Rückschlüsse

---

[137] Quelle: eigene Darstellung.

auf Wirklichkeitsmodell, Kulturprogramm oder Schemata ziehen. Gleichwohl lassen sich anhand des Kommunikationsprozesses Vermutungen anstellen, welche kognitiven Prozesse der Kommunikation zugrunde liegen.

Die kommunikativ angewendeten Schemata führen immer die Unterscheidung der Zweigeschlechtlichkeit mit sich – sei es explizit oder implizit. Daraus folgt für den Kommunikationsprozess: *Wenn Kommunikation Ko-Orientierung mit Hilfe von Schemata ist (s. Kap. 4.2.7) und Schemata überdies immer schon geschlechtlich attribuiert sind, ist der Kommunikationsprozess geschlechtlich vor-orientiert.*

Als Leistungen des Kulturprogramms habe ich erstens definiert, dass uns Geschlecht nur nach dem dualistischen Prinzip zur Verfügung steht und zweitens, dass wir ‚weiblich' oder ‚männlich' mit anderen, ganz bestimmten Semantiken verknüpfen, die sich drittens in Schematisierungen konkretisieren. Diese Voraussetzungen zeigen sich schließlich im Kommunikationsverlauf. Empirische Befunde stellen weibliche oder männliche Kommunikationsstile und Kommunikationsverläufe fest und weisen geschlechtsspezifische Kommunikationsmerkmale aus (vgl. Weinbach 2003: 160f). Diese Unterschiede, die ich gar nicht anzweifle, werden im Rahmen des vorgelegten Modells als das sichtbar, was sie sind: *Resultate kognitiver sowie kulturprogrammatischer Prozesse.*

Die empirischen Erkenntnisse dürfen nicht derart interpretiert werden, dass männliche Kommunikation aggressiver, kampfbereiter und zielorientierter ist, weil es Männer sind, die kommunizieren (vgl. Feld 2006: 16). Weibliche Kommunikation ist nicht deshalb emotionaler, weil Frauen kommunizieren. Vielmehr klassifizieren wir bestimmte Kommunikationsverläufe als typisch weiblich oder männlich, weil wir gelernt haben, den Geschlechtern gewisse Attribute zuzuordnen. Wir (erwarten-)erwarten, dass eine Frau warm, sensibel, unlogisch und verführerisch kommuniziert und äquivalent ein Mann einen dominanten, nüchternen, aktiven und sexuell initiativen Kommunikationsstil pflegt (vgl. Kolshorn/Brockhaus 2002: 113). Identifizieren wir unseren Kommunikationspartner mittels gewisser Wahrnehmungsschemata als Frau, laufen die mit der Unterscheidung ‚Frau' verknüpften semantischen Differenzierungen als Erwartung mit. Sie liefern Orientierung, bevor die Interaktionspartnerin auch

nur ein einziges Wort gesprochen hat. Bereits vor der eigentlichen Kommunikation orientieren sich die Kommunikanten, was im Regelfall unbewusst und
ausschließlich kognitiv abläuft. Wenn die Geschlechtszugehörigkeit des Interaktionspartners problemlos festzustellen – genauer: zu unterstellen – ist, ergibt
sich unmittelbar eine Reihe von Erwartungen an die Person und an den Kommunikationsverlauf.

Das Schaubild berücksichtigt die Reflexivität in besonderem Maße:

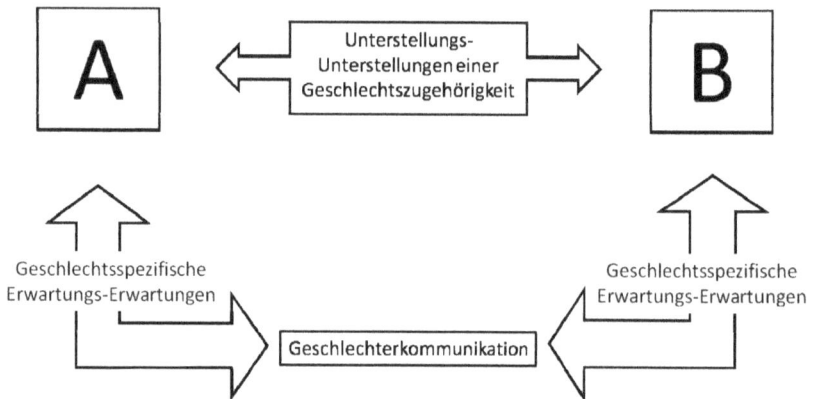

Abb. 8: Reflexivität bei der Geschlechterkommunikation [138]

Die Geschlechterzugehörigkeit wird im Regelfall in der präkommunikativen
Phase geklärt. A und B nehmen sich wahr und unterstellen sich eine Geschlechtszugehörigkeit. Das bietet doppelte Orientierung: Erstens strukturiert
die Geschlechterzugehörigkeit, die dem Interaktionspartner *unterstellt* wird, die
Kommunikation vor, indem sie gewisse *Erwartungen* an den Kommunikationsverlauf erzeugt. Zweitens führt die Geschlechterzugehörigkeit die anderen geschlechtsspezifischen Attribute – die mit der Geschlechtskategorie verknüpften
semantischen Differenzierungen – ein, die als Erwartungen den Kommunikationsprozess ebenfalls vorstrukturieren. Somit findet Zweigeschlechtlichkeit so-

---

[138] Quelle: eigene Darstellung.

wohl als explizites Schema als auch als implizites Schema in der präkommunikativen Phase seine Anwendung.

Beide Interaktionspartner unterstellen sich also jeweils eine, und nur eine, Geschlechterzugehörigkeit, und zeitgleich unterstellen sie sich die mit ihr verbundenen Attribute. Die doppelte Reflexivität ist dabei der entscheidende Modus: Die Interaktionspartner unterstellen sich Geschlechtszugehörigkeit sowie die kulturspezifischen Implikationen und noch dazu, dass sie sich eben all dies unterstellen. A unterstellt B, dass B eine Frau ist. B unterstellt A, dass A B unterstellt, dass B eine Frau ist. Außerdem unterstellt B A, ein Mann zu sein. A unterstellt B, von A anzunehmen, ein Mann zu sein. Dies mag zunächst verwirren, doch unterstellen sich beide Interaktionspartner schlicht eine Geschlechtszugehörigkeit und zudem, dass der andere einem selbst eine Geschlechtszugehörigkeit unterstellt.

Auf die Unterstellungs-Unterstellungen folgen nun die Erwartungen. Mit der Unterstellung einer Geschlechtszugehörigkeit aktualisieren sich nun die Erwartungen, die wir kulturprogrammatisch als geschlechtsspezifisch erlernt haben. Diese Erwartungen zielen auf den Kommunikationsverlauf ab und strukturieren ihn vor. Die Erwartungen sind doppelt reflexiv, wie schon die Unterstellungen. Mit der Unterstellungs-Unterstellung eine Frau zu sein, schaffe ich die Erwartungs-Erwartung, mich wie eine solche – was das ist, lehrten mich die vorangegangenen Anwendungen des Kulturprogramms – zu benehmen. Unterstelle ich meinem Interaktionspartner, dass er mir unterstellt, eine Frau zu sein, so erwarte ich von ihm, dass er von mir erwartet, wie ein weibliches Geschöpf aufzutreten.[139]

Damit zeigt sich die Relevanz von Reflexivität im Kommunikationsprozess einmal mehr: *Auf präkommunikative Unterstellungs-Unterstellungen folgen*

---

[139] Beide Interaktionspartner sind an einem funktionierenden Kommunikationsverlauf interessiert, so dass sie versuchen werden, den geschlechtsspezifischen Erwartungen Rechnung zu tragen. Kommunikation ist, aufgrund der erheblichen Kontingenz(erfahrung), prinzipiell störanfällig. Die Vermutung liegt nahe, dass die Interaktionsteilnehmer in der Regel keine weitere Verwirrung in Sachen Geschlechtszugehörigkeit stiften möchten und sich an dieser Stelle generell kultur-konform verhalten.

Erwartungs-Erwartungen, die den Kommunikationsverlauf maßgeblich be-
stimmen, was im Modell mit ‚Geschlechterkommunikation' überschrieben ist.

5.1.5 Geschlechteridentität

Im Folgenden ist es unabdingbar, zwischen Zweigeschlechtlichkeit, Geschlechtszugehörigkeit und Geschlechteridentität zu unterscheiden. *Zweige-*
schlechtlichkeit ist die Kategorie, die das Wirklichkeitsmodell zur Verfügung
stellt und die das Kulturprogramm bearbeitet. *Geschlechtszugehörigkeit* ist eine Unterstellung sowie eine Unterstellungs-Unterstellung der Interaktionsteilnehmer, die in der präkommunikativen Phase stattfindet. Die geschlechtsspezifischen Erwartungs-Erwartungen spielen hier ebenfalls mit hinein.

> "Geschlechtsbezogene Erwartungserwartungen sind in nahezu allen sozialen
> Situationen, auch in solchen, in denen es gerade nicht darauf ankommen soll,
> bedeutsam. [...] Ego erwartet von Alter geschlechtlich eingeordnet zu werden,
> und außerdem, dass auch Alter dies von Ego erwartet. [...] Die soziale Konstruk-
> tion des Geschlechts ereignet sich mittels des Umgang mit Erwartungserwartun-
> gen und der Gestaltung doppelter Kontingenz." (Jakobs 2002: 140f)

Aus dem Kommunikationsprozess emergiert schließlich die *Geschlechteriden-*
tität. Wenn der Kommunikationsprozess durch reflexive Strukturen bereits geschlechtlich vorstrukturiert ist, muss sich dies in der Folge auch auf die Identitätsbildung auswirken. Denn, wenn die geschlechtsspezifischen Erwartungen
erfüllt werden sollen, muss geschlechtsspezifisch kommuniziert werden.
Kommunikation ist definiert als Prozess-System mit zeitlicher, sachlicher und
sozialer Reflexivität, aus dem sich Identität als Reflexivitätsprodukt ergibt (s.
Kap. 4.3.1). Findet nun von den Erwartungsstrukturen bedingte geschlechtsspezifische Kommunikation statt, muss sich auch Identität geschlechtsspezifisch gestalten. Dies gelingt mit den Modi Reflexivität und Komplementarität.

Komplementarität beschreibt die Logik von zwei Seiten, die sich ergänzen,
aber einander ausschließen. Die Abgrenzung ist zeitgleich der Mechanismus
der Konstitution beider Seiten – im Identitätsbildungsprozess sind das Alter
und Ego. Die klassische Subjekt-Objekt-Spaltung wird obsolet, da es in der
komplementären Logik um Gemeinsamkeit und nicht um Spaltung geht. Alter

und Ego ergänzen sich in der Identitätsbildung selbstorganisierend, weil beide eine von sich zu unterscheidende Instanz benötigen, um sich selbst in die Welt zu setzen. Bei Zweigeschlechtlichkeit handelt es sich offensichtlich um eine komplementäre Kategorie par excellence. Das Kulturprogramm lässt nur den strikten Geschlechterdualismus ‚Frau/Mann‘ zu, welcher dem Prinzip der Komplementarität folgt. Jede Seite der Unterscheidung ist nur dann sinnvoll, wenn die andere Seite gleichfalls mitgedacht wird.

Im Prozess der Identitätsbildung werden Alter und Ego um verschiedene Dimensionen erweitert: Nationalität, Alter, Beruf, familiäre Situation, Geschlecht uvm. Über die komplementäre Abgrenzung erlangt Ego zu einem eigenen ‚Identitätssetzkasten‘, der sich aus verschiedenen Attributen zusammenfügt.[140] Identitätsbildung ist die Bearbeitung verschiedener Komplementaritäten, die letztlich in der Bearbeitung von ‚Alter/Ego‘ kumulieren. Die Abgrenzung von ‚Frau‘ zu ‚Mann‘ spielt dabei eine erhebliche Rolle.

Zeitliche Reflexivität ist für eine kohärente Identitätsgeschichte wesentlich, sie funktioniert über den Modus von Setzung und Voraussetzung. Im Falle der Geschlechterfrage bedeutet eine kohärente Identitätsgeschichte, dass es nur schwer vorstellbar ist, dass jemand heute als Frau und morgen als Mann in Erscheinung tritt. Schon eine einmalige Abkehr von der unterstellten Geschlechterzugehörigkeit würde wohl für erhebliche Verwirrung sorgen. Denn sie macht es schwierig, die verschiedenen Geschlechtszuschreibungen zu sinnvollen Handlungssträngen zu synthetisieren und eine sinnvolle Identitätsgeschichte zu erzählen (vgl. Schmidt 2003a: 109). *Die individuelle Geschlechteridentität ist die (Aus-)Wirkung zeitlicher Reflexivität im Kommunikationsprozess.*

Soziale Reflexivität ist eng an Komplementarität geknüpft, allerdings legt soziale Reflexivität den Fokus auf den Kommunikationsprozess. Beide Interaktionspartner nehmen einander wahr und bilden über die doppelte Kontingenz Strukturen der Beobachtungs-Beobachtungen aus. Durch diese reflexiven

---

[140] Gleichwohl ist Identität keinesfalls als etwas Starres zu verstehen, immerhin handelt es sich hierbei um ein Prozessresultat. Willkürliche Änderungen sind in Hinblick auf eine kohärente Identitätsgeschichte allerdings nicht möglich.

Strukturen lernt das kognitive Ego, Alter vorauszusetzen und damit sich selbst als soziales Ego zu begreifen. Kognitive Identität braucht andere kognitive Identitäten, um sich als soziale (nicht: kollektive) Identität zu erkennen. Geschlechtspolitisch bedeutet dies, dass die fremdreferenzielle Geschlechterzuschreibung mit der selbstreferentiellen übereinstimmen sollte. Nur so kann eine kohärente Geschlechteridentität gewährleistet sein. Weichen die Geschlechterzuschreibungen voneinander ab, kommt es zu kognitiven Dissonanzen. *Stimmen individuelle und soziale Geschlechterzuschreibung überein, ist eine geschlechtlich kohärente Identitätsgeschichte das Ergebnis der sozialen Reflexivität im Kommunikationsprozess.*

Die *sachliche Reflexivität* generiert über die Kommunikationsprozesse Sinnstrukturen, die sich identitätspolitisch in den Diskursverstrickungen der Aktanten abzeichnen. Über die Selektivität der Diskursbeteiligungen erhält der Einzelne sein semantisches Profil, also das, was ihn individuell ausmacht und von anderen unterscheidet [sic!]. Die Geschlechtszugehörigkeit ist Teil dieses Identitätsprofils. Das Kulturprogramm lehrt uns, welche Diskurse und Diskurspositionen als weiblich oder männlich gelten. Dabei werden die an die Zweigeschlechtlichkeit geknüpften semantischen Differenzierungen aktualisiert. Man denke an die geschlechtsspezifischen Rollen in Familie, Beruf oder Ausübung eines Hobbys. *Das semantische Profil der individuellen Geschlechteridentität ist das Ergebnis der sachlichen Reflexivität im Kommunikationsprozess.*

Daraus folgt zusammenfassend: Geschlechteridentität ist das Ergebnis der Bearbeitung von ‚Ego/Alter'. Die Bearbeitung speist sich sowohl aus der präkommunikativ unterstellten Geschlechtszugehörigkeit als auch aus der geschlechtsspezifischen Kommunikationsstruktur. Die Geschlechteridentität entsteht aufgrund der Modi Reflexivität und Komplementarität, die damit Bedingungen der Prozess-Ontologie Geschlechteridentität sind.

5.1.6 Zusammenfassung: die Kulturleistungen

Das vorgelegte Modell für Geschlecht greift erkenntnis- sowie kommunikationstheoretische Prämissen auf und versucht mit deren Hilfe, Antworten auf Fragen der Geschlechterforschung zu geben, ohne dabei eine Kultur-Natur-Debatte zu entfachen. Daher ist das Modell auf den Prozesscharakter sozialer Wirklichkeit konzentriert. Kognitive Prozesse bedienen sich der Unterscheidung Zweigeschlechtlichkeit, um diese kulturspezifisch zu verarbeiten und in Schemata zu konkretisieren. Als semantisches Bündel findet Zweigeschlechtlichkeit seinen Eingang in den Kommunikationsprozess. Die Geschlechtszugehörigkeit ist eine kollektive Unterstellung, die als kommunikative Prozess-Ontologie Geschlechteridentität hervorbringt.

Den feministischen Theoretikern, insbesondere den postfeministischen Dekonstruktivisten, wird häufig vorgehalten, sie berücksichtigten nicht, mit welcher Intensität Geschlecht von jedem empfunden wird und welch wesentlichen Teil der Persönlichkeit die Geschlechtszugehörigkeit ausmacht. Geschlecht ist sozial-wirklich. Die feministische Theorie braucht einen Geschlechterbegriff,

> "der sowohl das Imaginäre dieser Existenzweise, also Geschlechtlichkeit, Subjektivität, Identität und Körperlichkeit als gesellschaftlich-kulturell produzierte Selbstverhältnisse reflektiert als auch die Realität dieser Existenzweise als gelebte Denk-, Gefühls- und Körperpraxen." (Maihofer 1994b: 259)

Ebendies versuche ich mit dem Begriff der Geschlechteridentität. Er ist das Resultat eines voraussetzungsreichen Prozesses, der hochgradig kulturspezifisch ist. Das Modell soll einen plausiblen Grund angegeben, weshalb unsere Geschlechtszugehörigkeit ein so intensives Gefühl ist. Ob der kulturprogrammatischen Voraussetzungen können Aktanten gar nicht anders, als sich geschlechtlich zu verstehen – letztlich geschlechtlich ‚zu sein'.[141]

Dass wir uns als Frauen oder Männer begreifen, fußt auf vielen kulturspezifischen Voraussetzungen. Dabei spielt auch die Invibilisierung des Wirkungszusammenhangs von Kulturprogramm und Wirklichkeitsmodell eine Rolle. Das Kulturprogramm stellt die geschlechtsspezifischen Attributionen als essentiell und somit als selbstverständlich – im wahrsten Sinne des Wortes – dar. Das

---

[141] Was der Gewinn sein kann, Geschlecht als sozial-wirklich zu begreifen, wird in Kapitel 5.2.2 dargelegt.

meint Nassehi, wenn er feststellt, dass die Körper "einfach da" (2003b: 97) und von "schlichter Ontologie" (ebd.: 93) sind. Der Blick auf den Körper ist kulturprogrammatisch, und zugleich verschleiert Kultur den Bick sofort und lässt so den Körper nur noch als natürliche Gegebenheit erscheinen (s. Kap. 2.2). Ebendies ist das Problem der feministischen Theorie, denn

> "[w]äre die Bestätigung der Natürlichkeit von Geschlechterkörpern, Geschlechteridentitäten, Geschlechterpraxen oder Geschlechterstrukturen nicht gleichzeitig mit deren sozialer Anerkennung als normal oder moralisch richtig verbunden, verlören Naturalisierungsstrategien ihre epistemologische Relevanz und ihre politische Brisanz. [...] Die eigentliche Problematik der Naturalisierung von Geschlecht besteht also in ihrer Verknüpfung mit Normativität, in der Kopplung historisch variabler kultureller Geschlechternormen an vorgeblich beständige oder immer wiederkehrende Gesetzmäßigkeiten ‚in der Natur'". (Ernst: 2002: 37f)

Dass bei der Verknüpfung des Körpers mit Normativität die soziale Deutungsmacht eine wesentliche Rolle spielt, zeigen bereits von Laqueur und Honegger. Sie machen deutlich, dass insbesondere die Anatomen und Mediziner darüber befanden, wie der Körper definiert wird und welche moralischen, psychischen und sozialen Implikationen damit einhergehen. (S. Kap. 2.2) Heute fällt es schwer, die Konstruktivität und Kulturprogrammatik, mit denen jeder Blick auf den Körper belegt ist, offenzulegen.

Im Folgenden ein Überblick der einzelnen Modellschritte. Die fettgezeichneten Elemente zeigen an, auf welche Ebene sich die Beschreibung bezieht.

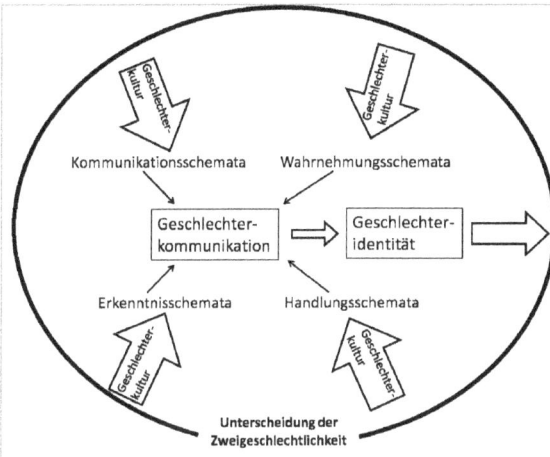

Kulturleistung 1: Wir akzeptieren Geschlecht nur als dualistische Unterscheidung (s. Kap. 5.1.1).

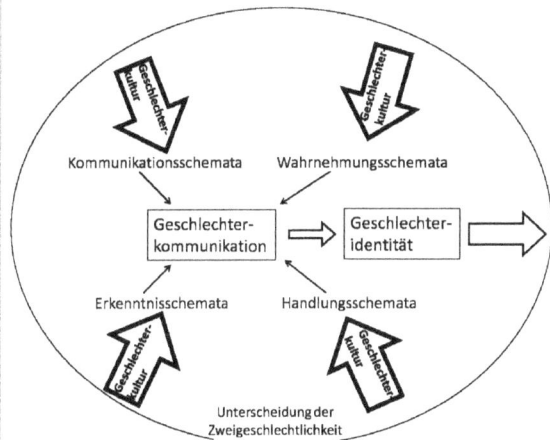

Kulturleistung 2: Wir versehen nur bestimmte (und nur ganz bestimmte) körperliche Merkmale mit dem Attribut weiblich oder männlich (s. Kap. 5.1.2).

Kulturleistung 3: Wir knüpfen andere semantische Differenzierungen mit den beiden Seiten der Zweigeschlechtlichkeit, und aus der neutralen Unterscheidung der Geschlechter wird ein komplexes Bündel an Unterscheidungen (s. Kap. 5.1.2).

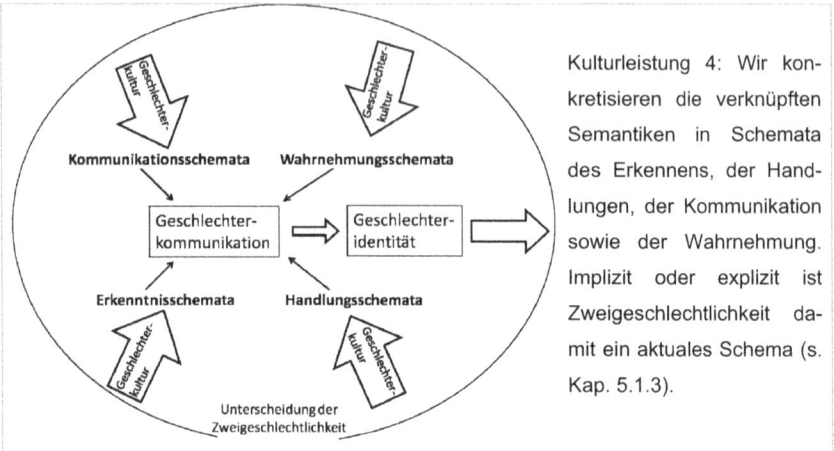

Kulturleistung 4: Wir konkretisieren die verknüpften Semantiken in Schemata des Erkennens, der Handlungen, der Kommunikation sowie der Wahrnehmung. Implizit oder explizit ist Zweigeschlechtlichkeit damit ein aktuales Schema (s. Kap. 5.1.3).

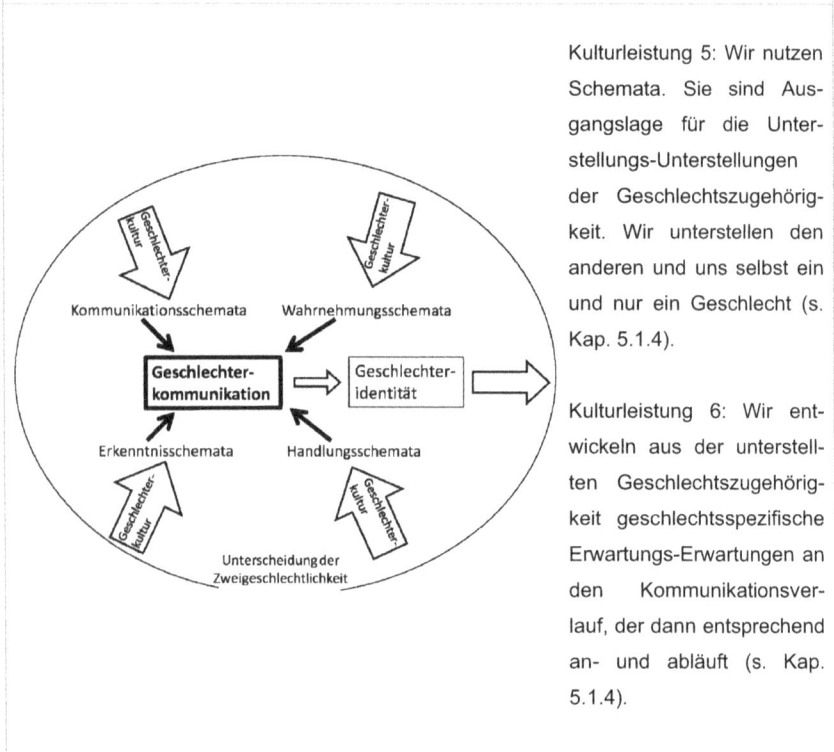

Kulturleistung 5: Wir nutzen Schemata. Sie sind Ausgangslage für die Unterstellungs-Unterstellungen der Geschlechtszugehörigkeit. Wir unterstellen den anderen und uns selbst ein und nur ein Geschlecht (s. Kap. 5.1.4).

Kulturleistung 6: Wir entwickeln aus der unterstellten Geschlechtszugehörigkeit geschlechtsspezifische Erwartungs-Erwartungen an den Kommunikationsverlauf, der dann entsprechend an- und abläuft (s. Kap. 5.1.4).

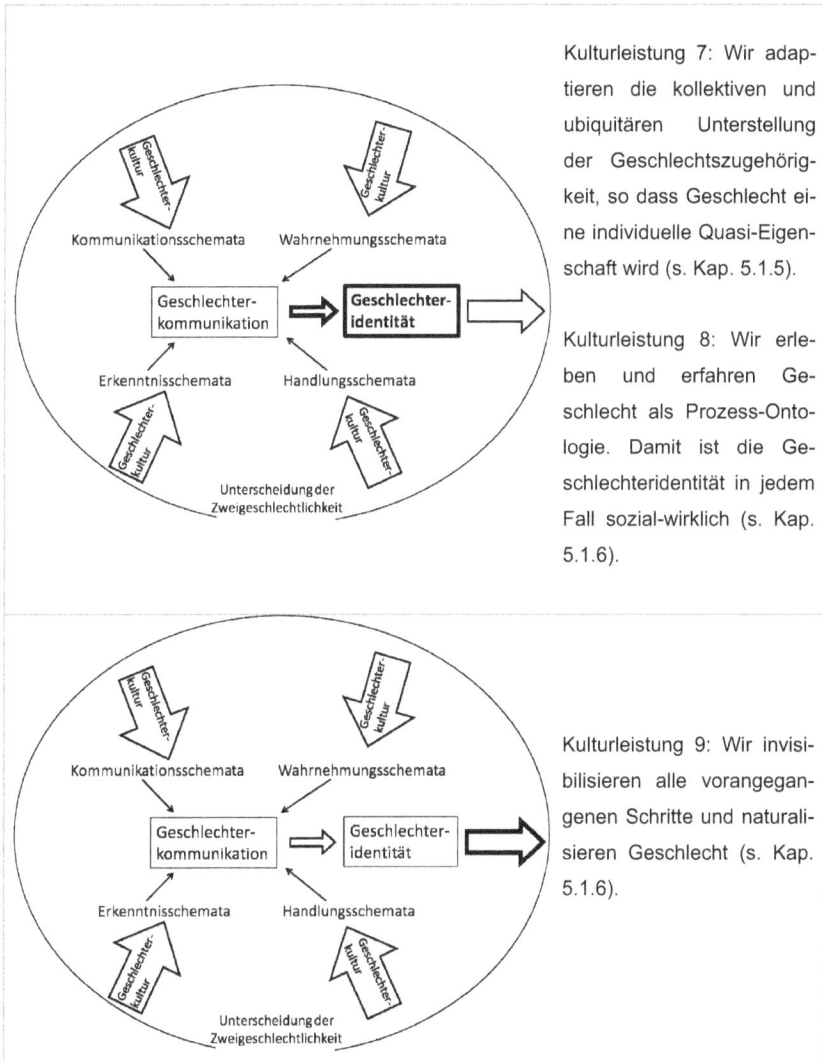

Kulturleistung 7: Wir adaptieren die kollektiven und ubiquitären Unterstellung der Geschlechtszugehörigkeit, so dass Geschlecht eine individuelle Quasi-Eigenschaft wird (s. Kap. 5.1.5).

Kulturleistung 8: Wir erleben und erfahren Geschlecht als Prozess-Ontologie. Damit ist die Geschlechteridentität in jedem Fall sozial-wirklich (s. Kap. 5.1.6).

Kulturleistung 9: Wir invisibilisieren alle vorangegangenen Schritte und naturalisieren Geschlecht (s. Kap. 5.1.6).

Tab. 2: Zusammenfassung des Modells für Geschlecht [142]

Diese Auflistung zeigt, wie voraussetzungsreich Identität ist. Das Modell legt seinen Schwerpunkt auf die kognitiven, kulturellen und kommunikativen Voraussetzungen der Prozess-Ontologie Geschlechteridentität.

---

[142] Quelle: eigene Darstellung.

Der letzte Pfeil des Modells, der wieder auf den Kreis zeigt, verdeutlicht, dass der Prozess an dieser Stelle nicht abgeschlossen ist. Das Vorangegangene wirkt zirkulär auf das aktuale Wirklichkeitsmodell und Kulturprogramm zurück. Zudem hat das Modell, gänzlich kybernetisch, keinen Startpunkt. Tatsächlich überlappen sich die Prozesse, bedingen einander, wirken aufeinander und laufen parallel.

5.2 Konsequenzen des Modells

Das Kommunikationsmodell fußt auf einer reflexiven Kommunikationstheorie, wie sie Merten und Schmidt vertreten.

> "Reflexivität, folgert Merten, ist gegenüber Struktur und Funktion das höhere Strukturprinzip, weil es einen Mechanismus zur Strukturvermaschung liefert, der einige bedeutsame Konsequenzen nach sich zieht: Kommunikationstheorie ist nur als reflexive Theorie möglich, die mit mehrwertigen Logiken operiert, das Kausalitätsmuster weiter abmustert und mit selbstreferentiellen Begriffen arbeitet." (Schmidt 2005a: 19)

Um diesem Anspruch gerecht zu werden, habe ich reflexive Strukturen wie Unterstellungs-Unterstellungen, Erwartungs-Erwartungen und Beobachtungs-Beobachtungen in das Modell implementiert. Die mehrwertige Logik habe ich in das Modell aufgenommen, indem auch die basalen kognitiven Prozesse mit ihren kulturellen Voraussetzungen umfassend dargelegt wurden. Zudem ist Identität als Ergebnis des reflexiven Kommunikationsergebnisses zeitlich, sachlich und sozial ausdifferenziert. Dank der begrifflichen Trennung von Zweigeschlechtlichkeit, Geschlechtszugehörigkeit und Geschlechteridentität bietet das Modell dem sozialen Phänomen ‚Geschlecht' einen Raum, der sich der Kultur-Natur-Debatte verschließt. Nun schließt sich die Frage an, welche gesellschaftlichen Konsequenzen sich aus diesem Modell ergeben.

- Dabei gilt es, die *erkenntnistheoretische* Dimension zu explizieren: Wie ‚wirklich' ist Geschlecht?
- Dann muss die *soziologische* Dimension ins Auge gefasst werden: Warum brauchen wir eine Geschlechteridentität? Lässt es sich gesell-

schaftspolitisch nicht auch ohne auskommen, so wie es die Postfeministen mit ihrem Dekonstruktivismus postulieren?

- Zudem lässt sich nach der *individuell-sexuellen* Reichweite fragen: Was
bedeutet die Unterscheidung Zweigeschlechtlichkeit für das individuelle
Begehren und für Partnerschaften?

Dem Antworten auf diese Fragen folgt ein Exkurs zum Begehren der Geschlechter, wobei ich mich auf subversive Geschlechterstrategien konzentriere. Wie geht der Einzelne (individuell-sexuell) mit von der Norm abweichen-
dem Begehren um, und wie reagiert die Gesellschaft (soziologisch) darauf?
Ein zweiter Exkurs widmet sich der Frage, ob Emanzipation für eine Gesellschaft wünschenswert sein kann. Ist die Gleichstellung von Frauen und Männern (soziologisch) ein erstrebenswertes Ziel?

5.2.1 Die Wirklichkeit der Geschlechter

Was ist nun Geschlecht? Wieso empfinden wir Geschlecht als real? Welche
Begriffe beschreiben Geschlecht treffend? Geschlecht als… was?

Ontologisch anmutende Bezeichnungen wie ‚Eigenschaft' oder ‚Wesens-
merkmal' kommen wegen der erkenntnistheoretischen Ausrichtung dieser Arbeit von vornherein nicht in Betracht. Dennoch möchte ich die sozial-wirkliche
Dimension von Geschlecht betonen, schließlich ist sie der Kern individueller
Identitätsgeschichten (vgl. Schmidt 2000: 242). Der Konstruktivismus liefert die
Lösung: Soziale Konstruktionen, die aus sozialen Prozessen emergieren, werden von den Aktanten durchaus als wirklich empfunden.

> "Die Pointe […] besteht darin, davon auszugehen, dass intersubjektive bezie-
> hungsweise kollektive Konstruktionsleistungen für die Menschen einer Gesell-
> schaft, also für die Konstrukteure und Konstrukteurinnen selbst, durch ‚Verobjek-
> tivierungsprozesse' zu objektiven Fakten werden." (Villa 2007: 24)

Im Folgenden werden verschiedene begriffliche Möglichkeiten vorgestellt, die
diese ‚Verobjektivierung' von Geschlecht unterschiedlich berücksichtigen. Ziel
ist dabei, eine *erkenntnistheoretische* Antwort darauf zu finden, was bzw. wie
Geschlecht ist.

‚Geschlecht als Konstruktion' erscheint mit nur bedingt geeignet, die sozial-wirkliche Dimension hervorzuheben, auch wenn feministische Theoretiker den Begriff ‚Konstruktion' häufig heranziehen. Er erfasst, da schließe ich mich Hirschauer in seiner Kritik an Butler an, "eine Irrealisierungsrhetorik [...], die sich, in einer anti-realistischen Haltung befangen, immer noch am Biologismus abarbeitet, anstatt zu fragen, *wie* denn die Geschlechter *sozial-wirklich* existieren." (1993: 58; Hervorh. im Org.) ‚Konstruktion' unterstreicht zwar, dass Geschlecht ein Prozessresultat ist, allerdings tritt dabei die soziale und individuelle Bedeutung der Geschlechterkategorie zu sehr in den Hintergrund. Diese Arbeit hat mehrfach betont, dass der Konstruktivismus kein ‚Fiktionalismus' ist. Und doch halte ich ‚Konstruktion' für einen ungeeigneten Ausdruck, denn "der Gesichtspunkt der Erfahrung ist kein Konstrukt." (Giuliani 2001: 215)

Treffender ist ‚Geschlecht als Zuschreibung'. Präkommunikativ unterstellen sich die Aktanten eine Geschlechterzugehörigkeit, die dann im Kommunikationsprozess sozial-wirklich wird. ‚Zuschreibung' beschreibt die Geschlechteridentität allerdings nicht ausreichend, weil sie, als Resultat des Kommunikationsprozesses, tatsächlich empfunden wird.

Ich schlage vor, Geschlecht als ‚kommunikative Wirklichkeit' zu konzipieren, wie es der Titel der Arbeit bereits sagt. Erstens ist Kommunikation die Basis unserer Existenz: "Ohne Kommunikation gibt es keine menschlichen Beziehungen, ja kein menschliches Leben." (Luhmann 2005a: 29) Zum Zweiten betont der Begriff der ‚kommunikativen Wirklichkeit' die soziale Wirksamkeit der Geschlechteridentität, ohne dabei einem ontologischen Duktus zu verfallen. Dies lässt sich auf das geschlechtsspezifische Körperempfinden ausweiten. Begreife ich mich aufgrund der Unterstellungs-Unterstellungen als weiblich, dann empfinde ich meinen Körper als weiblich. Dann sind Geschlechteridentität und Körperverständnis identisch, und der Körper kann seine Aufgabe als Identitätsgarant erfüllen.

Darauf folgt die geschlechtsspezifische Interpretation des Körpers, "und auf dieser Grundlage setzt sich eine moderne staatliche Sozialpolitik in der Form von Geburtenplanung, Familienplanung, Eheplanung, und schließlich in Form der Geschlechter- und Rassenpolitik des 20. Jahrhunderts durch." (Wobbe

1994: 181 sowie s. Kap. 2.2) Der Körper wird geschlechtlich klassifiziert, und aus dieser kollektiven Interpretation leiten sich umfassende soziale Strukturen, Regeln und sogar Gesetz ab. Spätestens mit der Umsetzung und Konkretisierung in ein soziales Regelwerk ist Geschlecht gesamtgesellschaftlich wirksam. "Observe that although gender is almost wholly a social, not biological, consequence of the workings of society, these consequences are objective." (Goffman 1977: 303)

Der Begriff ‚Geschlecht als kommunikative Wirklichkeit' erscheint mir angemessen, um sowohl auf die prozessualen Grundlagen als auch auf die soziale Reichweite von Geschlecht hinzuweisen. Folglich schlage ich vor, Geschlecht *erkenntnistheoretisch* als kommunikative Wirklichkeit zu konzipieren.

5.2.2 Der Nutzen der Geschlechter

Geschlecht ist zweifelsfrei eine identitätsstiftende Kategorie, "die von den meisten Menschen in ganz besonderer Weise als Kern des eigenen Selbst empfunden wird." (Schmidt 2000: 242) Sie ist als identitätspolitische Basisdichotomie "ein elementarer Bestandteil jeder Selbstwahrnehmung und bildet damit eine der entscheidendsten Variablen menschlicher Identität und Differenz." (Ebd.)

Ohne einen ethnologischen Streit anzufachen, in welchen Kulturen Geschlecht welche Relevanz besitzt: Die soziale Kategorie Geschlecht zerfällt nahezu immer in die Unterscheidung ‚Frau/Mann'. Auch dann, wenn "how one is supposed to behave as a member of one of these categories has varied." (Kessler/McKenna 1978: 38) Doch systemtheoretisch ist zu bedenken, dass der Geschlechterdualismus für die Gesellschaft nicht zwingend die zweckmäßigste Unterscheidung ist. Das primäre Ziel eines jeden Systems, sei es eine Familie, ein Unternehmens oder eine Partei, ist der Systemerhalt – ohne Systemerhalt kein System. Die Autopoiesis ist der Prozess, der die Reproduktion sicherstellt (s. Kap. 4.2.2). Weil sich die Frage nach dem Systemerhalt in Fragen der Fortpflanzung konkretisiert, ist die Notwendigkeit evident, Aktanten in das vorliegende Modell zu integrieren. Die menschliche Fortpflanzung basiert unter den aktualen kulturellen Prämissen auf dem Geschlechterdualismus ‚Frau/Mann'. (Vgl. Landweer 1994a: 154ff.) Doch würde es vor dem Hintergrund des Systemerhalts nicht sinnvoller sein, zwischen Eltern und Kinderlosen zu unterscheiden? Zwischen Potenten und Impotenten sowie Gebährfähigen und Gebährunfähigen? Warum unterscheidet man stattdessen zwischen Frau und Mann? "Sind zwei Geschlechter genug?" (Gildemeister 1992: 59) Und warum folgen aus diesem Dualismus so unendlich viele andere Zuschreibungen an die Geschlechter? Was hat Gesellschaft davon?

Dem Einzelnen ist daran gelegen, eine kohärente Identitätsgeschichte aufzubauen, in der die Geschlechteridentität einen ausschlaggebenden Platz einnimmt. Dazu müssen die vorangegangenen Kommunikationen zu sinnvollen Geschichten (Handlungszusammenhänge) und Diskursen (Kommunikationszusammenhänge) synthetisiert werden. Meines Erachtens ist die unterstellte Geschlechterzugehörigkeit ein wesentliches Kriterium, um über Beiträger und Beiträgerinnen zu entscheiden (s. Kap. 4.1.5). So wird beispielsweise immer wieder beklagt, dass Frauen nicht zu den gleichen Diskursen und Diskurspositionen Zugang haben wie Männer. Das Modell liefert dafür eine Erklärung: Geschlechterzugehörigkeit wird bereits im präkommunikativen Bereich unterstellt, so dass hier erste geschlechtsspezifische Hürden eingebaut sein können. Das verstärkt die Geschlechtsspezifik der Diskurse, da nur diejenigen teilnehmen können, die über die entsprechende unterstellte Geschlechterzugehörigkeit verfügen. Aufgrund der sich anschließenden Erwartungs-Erwartungen läuft auch der Kommunikationsprozess geschlechtsspezifisch ab. Die Geschlechterzugehörigkeit stellt eine Regel "der Zuordnung und Zugehörigkeit dar" (Wobbe 1994: 196) und steht für "asymmetrische Gegenbegriffe mit einer hierarchisierten Oppositionsstruktur." (Ebd.)

Was hier zunächst unter restriktiven Aspekten beschrieben wurde, lässt sich aber auch positiv deuten. Wie in Kapitel 4.1.3 dargelegt, funktioniert die soziale Orientierung nur, wenn es für die kognitiv autonomen Individuen sozial verbindliche Strukturen gibt. Zweigeschlechtlichkeit bietet solche Regeln, denn ‚Frau/Mann' ist eine überaus tradierte Unterscheidung, die mit Hilfe des Kulturprogramms so attribuiert ist – körperliche Merkmale, Kleidung, Auftreten uvm. –, dass jeder jedem problemlos ein Geschlecht unterstellen kann. Gesellschaft, als gemeinsamer Vollzug der Bezugnahmen auf Wirklichkeitsmodell und Kulturprogramm (vgl. Schmidt 2004b: 28), ist nur mit Hilfe solcher kollektiven Regeln möglich.

Zweigeschlechtlichkeit wirkt integrativ, weil sich jedes Gesellschaftsmitglied dieser dualistischen Ordnung beugen muss. Ist das Geschlecht erst einmal festgestellt (besser: unterstellt), dann hat das Gegenüber schon einmal einen identitätspolitischen Anhaltspunkt. Die Erwartungssicherheit steigt, weil mit der geschlechtsspezifischen Zuschreibung weitere Attribute einhergehen. Das Individuum wird gewissermaßen simplifiziert. Reflexivität ist der dafür verantwortliche Modus, wie sich in den reflexiven Erwartungs- sowie Unterstellungsstrukturen zeigt. Die Erwartungssicherheit kann sich nur deshalb etablieren, weil der Einzelne im Regelfall gemäß seiner von anderen unterstellten Geschlechterzugehörigkeit handelt (s. Kap. 5.1.4). Das Geschlecht fungiert folglich als Ortsbestimmung oder Platzanweiser, "weil es geschlechtlich definierte, stereotyp und spezifisch attribuierte Erwartungen bündelt." (Weinbach 2003: 165)

Das Individuum mit der Geschlechterunterstellung zu ‚simplifizieren‘, ist für den Vollzug einer gemeinsamen Wirklichkeit durchaus dienlich. Meines Erachtens betont die feministische Theorie diesen positiven Aspekt des Geschlechterdualismus zu wenig.[143] Denn, sich für eine gleichberechtigtere Existenzweise einzusetzen, muss nicht heißen, den Blick davor zu verschließen, wie nutzbringend die Geschlechterkategorie in sozialen wie auch individuellen Prozessen sein kann.

Diesbezüglich konstatiert Pasero, dass "der Wechsel zur Frage nach Sinn und Geltung der Geschlechterdifferenz selber längst eingesetzt" (1994: 267) hat. Obgleich der Begriff ‚Sinn‘ hier ‚Nutzen‘ suggeriert, werden im Anschluss doch

---

[143] Wohlgemerkt ist dieser soziale Nutzen von den sozialen Benachteiligungen, die sich für Frauen und für Männer aus dem rigiden Geschlechterdualismus ergeben können, zu trennen.

nur Regeln der Zweigeschlechtlichkeit aufgezählt, die rigide und deterministisch auf die Gesellschaftsmitglieder einwirken (vgl. ebd.: 268). Der ‚nützliche‘ Aspekt der Geschlechterkategorie wird ignoriert. Immerhin sieht Pasero den Geschlechterdimorphismus in einem "entlastenden Kontext [...]: als Entlastung von der Thematisierung der jeweiligen gesamten menschlichen Existenz der Beteiligten in jedem sozialen Kontext" (ebd.: 269). Bedauerlicherweise folgen dazu keine weiteren Ausführungen. Nutzen und Gewinn – zwei Begriffe, die positiv konnotiert sind – werden von der feministischen Theorie nicht mit Geschlecht zusammengebracht. Vermutlich wird dieser Aspekt aus ideologischen Gründen abgelehnt oder zumindest ausgeblendet.

Ich schlage allerdings vor, Geschlecht *soziologisch* als erfolgreiches und zuverlässiges soziales Ordnungsprinzip zu konzipieren.

5.2.3 Das Begehren der Geschlechter

Für Luhmann leben wir in einer "polykontextural konstituierten Welt" (2005c: 191), was bedeutet, dass unser Handeln immer vom Kontext abhängt. Diese Kontextabhängigkeit bezieht sich für Luhmann auch auf die individuelle Sexualität. Dazu stellt Luhmann fest, "daß es relativ unwahrscheinlich ist, daß Mann und Frau im Sexualbereich gleichsinnig erleben" (ebd.). Es scheint, als würde er diese Annahme nicht aus sozialen Aspekten der Geschlechter ableiten, sondern eher aus biologischen und natürlichen. Erneut schimmern hier Luhmanns Vorbehalte gegenüber feministischen Postulaten durch, schließlich sind es Feministen, die auf den *sozial*konstruierten Zusammenhang von Geschlecht und Begehren verweisen. Sie stellen klar, dass Geschlecht und Begehren nicht zwangsläufig korrelieren und Sexualität deshalb auch nicht geschlechtsspezifisch ist. (Vgl. Butler 1991: 45). Die ‚Frau/Mann‘-Unterscheidung muss sexuell nicht unbedingt in einem antipodischen Begehren der Geschlechter ausgelebt werden. Heterosexualität ist nicht die einzige Begehrensform. Luhmann stellt Begehren jedoch als geschlechtsspezifisch und für die beiden Geschlechter sogar als unvereinbar dar. Ein ähnliches sexuelles Erleben für Frau und Mann ist für ihn nur dann möglich, wenn "kulturelle Programme ihre Erlebnisweisen deformieren." (Luhmann 2005c: 191) Leider führt Luhmann diese gewagte These nicht weiter aus. So muss man ihn kritisieren: *Immer* formen kulturelle Programme Sexualität. Das Verb ‚deformieren' impliziert, dass etwas verändert und abgewandelt wird. Es scheint für Luhmann folglich eine normierte (vielleicht sogar: normale) Sexualität zu geben, die sich kulturell zwar verformen lässt, dabei aber stets auf die Norm rekurriert. Das offenbart einen kritischen Punkt, der sich aus der Unterscheidung der Zweigeschlechtlichkeit vermeintlich ‚ergibt': den Heterosexismus (sensu Butler). Dazu erscheint es hilfreich, Luhmanns Konzepte von Sexualität, Begehren und Liebe aufzugreifen, ohne jedoch die Einzelheiten seiner Codierung der Intimität (vgl. 1983) darzulegen.

Liebe ist für Luhmann ein symbolisch generalisiertes Kommunikationsmedium, "nach dessen Regeln man Gefühle ausdrücken, bilden, simulieren, anderen unterstellen, leugnen und sich mit all dem auf die Konsequenzen einstellen kann, die es hat, wenn entsprechende Kommunikation realisiert wird." (1983: 23) Danach ist Liebe kein Gefühl, sondern ein Code, der die Antizipation und Internalisierung einer anderen Weltsicht ermöglicht. Lieben bedeutet, mit Bezug auf einen und unter Berücksichtigung eines anderen Menschen zu handeln: die Weltsicht des anderen zu kennen, mit einzuplanen und schließlich entsprechend zu handeln (vgl. ebd.: 29f). Dazu benötigt es einen intimen und zweisamen Bereich, der ausschließlich den zwei Liebenden vorbehalten ist. Die "Mitsymbolisierung des Körperbezugs" (ebd.: 31) nennt Luhmann "symbiotische Symbole oder symbiotische Mechanismen" (ebd.). Sie ermöglichen einen solchen Ort des Rückzugs. Damit nämlich Liebe das einzig aktuale Kommunikationsmedium ist, müssen diese symbiotischen Mechanismen aktiv sein. Körperlichkeit schafft Intimität und rückt Liebe situativ in den Mittelpunkt des Geschehens. Das symbiotische Symbol im Fall der Liebe ist also Sexualität, die sich als reflexives und rekursives Begehren zwischen den Liebenden ereignet. Reflexivität sorgt dafür, dass das eigene Begehren, ausgelebt und erfüllt in der Sexualität, auch dem anderen unterstellt wird. Beide Partner wollen begehrt werden und den anderen begehren. Aufgrund dieses reflexiven

Begehrens "durchbricht die Sexualität den Schematismus von Egoismus/Altruismus" (ebd.: 33). Und außerdem macht sie "die Hierarchisierung menschlicher Beziehungen nach dem Schema Sinnlichkeit/Vernunft" (ebd.) obsolet. Folglich stehen Sexualität, Begehren und Liebe für Luhmann in einem engen Zusammenhang: Liebe ist das Kommunikationsmedium der Intimbeziehungen. Sie entfaltet sich im Kontext sexueller Fokussierung auf eine Person. Zusammengefügt mit seiner Annahme, dass Frauen und Männer Sexualität nicht gleichsinnig erleben, – außer, die Kultur deformiert die geschlechtsspezifische Sexualität (vgl. 2005c: 191) – stellt sich die Frage, ob Männer und Frauen überhaupt zueinander passen. Wenn Männer und Frauen Sexualität unterschiedlich erleben, Sexualität aber zudem die nötige Nähe zwischen Liebenden schafft, warum ist dann Heterosexualität die Norm? Würden Frauen mit Frauen und Männer mit Männern die für Liebe nötige Intimität nicht viel schneller und intensiver herstellen können? Ist die Fortpflanzung der einzige Grund? Ist Heterosexualität aufgrund der unterschiedlichen sexuellen Empfindung nicht eigentlich denkbar ungeeignet, um eine Liebesbeziehung zu etablieren? Anscheinend ist auch hier das Kulturprogramm von irgendeiner Bedeutung.[144]

Unter Berücksichtigung des vorgelegten Modells und der Distinktionslogik, ist die heterosexuelle Matrix, wie sie beispielsweise Judith Butler beklagt, differenzierter zu betrachten.[145] Konkret heißt das, zwischen der Unterscheidung und dem Prozess des Unterscheidens zu differenzieren.

Frau und Mann bilden eine Komplementarität, die sich Ambiguitäten versperrt. "Vermittels ständiger, erfolgreicher Wiederholung wird das Komplementärmo-

---

[144] Dass Geschlecht und Sexualität der Kultur nicht vorausliegen, konstatieren die Vertreter der Queer Theory. Im Rahmen dieser Arbeit kann auf jene theoretische Strömung nicht umfassend eingegangen werden. Gleichwohl können die folgenden Argumente als Elemente der Queer Theory gelesen werden. Dies gilt insbesondere für Kap. 5.2.4, in dem die Diskontinuität der Trias Geschlecht(eridentität), Sexualität und Begehren dargelegt wird. (Vgl. zur Queer Theory Hark 2005)

[145] Zur Definition von Heterosexualität und Homosexualität: "People are classified as heterosexual or homosexual on the basis of their gender and the gender of their sexual partner(s). When the partner's gender is the same as the individual's, then the person is categorized as

dell dann selbsterklärend bis hin zu trivialen Metaphern wie ‚jeder Topf braucht einen Deckel' und geht somit in den semantischen Formenvorrat der Gesellschaft ein." (Pasero 2005: 56) Dass Frau und Mann zusammen gehören ist eine vermeintliche Selbstverständlichkeit, so wie der Dualismus ‚Frau/Mann' selbst natürlich zu sein scheint. All das beklagen die Feministen – zu Recht.

Denn, differenziert man zwischen der Unterscheidung und dem Prozess des Unterscheidens, stellt sich heterosexuelles Begehren als kontingentes Begehren dar, und so ist Heterosexualität nur noch die *quasi-logische Konsequenz* der Zweigeschlechtlichkeit. Die ‚Frau/Mann'-Unterscheidung ist zunächst in Bezug auf das individuelle Begehren seitenneutral: Frau und Mann, Frau und Frau, Mann und Mann – all das ist möglich. Das ändert sich erst mit der Kulturprogrammatik, die Heterosexualität zur Norm stilisiert. Heterosexualität, verstanden als ‚normale' Begehrensform, ist ein Ergebnis kultureller Programmatik.

Doch nicht nur die heterosexuelle Begehrensform ist kontingent. Nach Tyrell gilt das ebenso für die Liebe. Er legt die "'quantitative Bestimmtheit' der Liebe [...] als eine Sozialbeziehung *zu zweit*, als eine nur zu zweit mögliche Beziehung" (Tyrell 1987: 573; Hervorh. im Org.) fest. Die Liebe funktioniert nur mit Hilfe eines rigiden Präferenzcodes, womit Tyrell auf Luhmann rekurriert (vgl. ebd.: 572). Höchstrelevanz und Präferenz für nur einen Partner sind die Voraussetzungen der romantischen Liebe. So wird die dyadische Struktur der Liebe "schließlich plausibilisiert und getragen durch die an ihr vorausgesetzte Gegen- und Zweigeschlechtlichkeit; sie ist eben Liebe von Mann und Frau und setzt auf die Polarisierung der Geschlechter." (ebd.: 590)[146] Folglich hängen für Tyrell Zweisamkeit, Liebe und Heterosexualität eng zusammen. Er stellt fest, dass "Liebe [.] die wesentliche Beziehung *zwischen* den Geschlechtern" (ebd.; Hervorh. EF) ist.

Das vorgestellte Modell für Geschlecht gibt einen anderen Erklärungsansatz, warum Heterosexualität als Norm gilt: Die Polarisierung der Geschlechter ent-

---

homosexual. When the partner's gender is other than the individual's, then the label 'heterosexual' is applied." (Kessler/McKenna 1978: 15)

steht mittels des aktualen Kulturprogramms und nicht aufgrund der Unterscheidung der Zweigeschlechtlichkeit – auch auf Ebene der individuellen Emotionen. Die Unterscheidung der Zweigeschlechtlichkeit ist zunächst eine symmetrische Unterscheidung. Erst durch den Akt des Unterscheidens, der zugleich geschlechtsspezifische Attribuierungen beinhaltet, wird die Paarbeziehung quasi-logisch zu einer Angelegenheit zwischen Frauen und Männern – sowohl sexuell als auch emotional. Dass sich die Geschlechter ergänzen, "daß eine fundamentale Naturverschiedenheit der Mentalität die Geschlechter trennt sich zugleich aber [...] aneinander verweist" (ebd.) ist im Sinne des Modells als umfassende Kulturleistung zu interpretieren.

Wohlgemerkt bin ich nicht der Ansicht, alle Menschen sind eigentlich homosexuell und trauen sich nur aufgrund des Kulturprogramms nicht, diese Homosexualität zu leben. Auch möchte ich nicht negieren, dass Heterosexualität für den gesellschaftlichen Erhalt wesentlich ist. Heterosexualität ist die Grundlage für eine ‚praktische' Reproduktion der Menschheit – ohne Labortechnik. Allerdings beschneidet das Kulturprogramm anscheinend die Möglichkeiten im Bereich der Sexualität und der Liebe.[147]

Unabhängig von der Gebärfähig und -willigkeit setzen einige Soziologen, wie Tyrell, bei Liebe und Begehren offenbar nach wie vor auf die Unterscheidung ‚Frau/Mann'. Ohne dass ich eine Debatte über Homophobie eröffnen möchte, erscheint es mir doch problematisch und anachronistisch, Sexualität und Liebe auf dem Geschlechterdualismus aufzubauen. Der Geschlechterdualismus ist zwar in Hinblick auf Komplexitätsreduktion schlichtweg ‚praktisch' – im doppelten Sinne: Er ist praktikabel, weil die geschlechtsspezifische Klassifikation tradiert ist und die Unterstellung eines Geschlechts zumeist erfolgreich – heißt: Selbst- und Fremdzuschreibung konkordieren – ist. Der Geschlechterdualis-

---

[146] Dass die dyadische Struktur einer Liebesbeziehung nicht immer galt, zeigen Tyrell 1987 und Luhmann 1983.
[147] Der gesellschaftliche Wandel der letzten sechzig Jahren unterstützt dieses Argument. Homosexualität ist in der modernen westlichen Welt keine geächtete Begehrensform mehr. Bis 1957 stand ‚die Unzucht zwischen Männern' in der Bundesrepublik unter Strafe, heute sind Verpartnerungen möglich (vgl. juraforum.de). In Nigeria wird dieser Tage die Todes-

mus ist zudem hilfreich, weil er interaktionelle Komplexität zuverlässig reduziert, indem die Geschlechterunterstellung geschlechtsspezifische Erwartungen an die Kommunikation stellt. (S. Kap. 5.2.2) All das hat aber zunächst
überhaupt nichts mit Begehren und Liebe zu tun.

Erst das Kulturprogramm lädt die Praktikabilität der Geschlechterunterscheidung mit der Reproduktionsfrage auf, und stilisiert so Heterosexualität zum
normierten und ergo normalen Begehren.[148] Die höchste Norm finden diese
Verknüpfungen in der institutionalisierten Liebe: der Ehe. Hier koppelt das
Kulturprogramm Zweigeschlechtlichkeit mit Reproduktion und Begehren. Liebe
wird zum heterosexuellen Kommunikationsmedium der Institution Ehe und
stabilisiert dieses Zweiersystem – mehr oder weniger erfolgreich.[149]

Der Geschlechterdualismus erreicht in der Heterosexualität eine individuell-
sexuelle Dimension. In unserer Kulturprogrammatik ist Geschlecht *individuell-*
sexuell eine heterosexistische Begehrensnorm.

5.2.4 Exkurs II: die Subversivität der Geschlechter

Die verschiedenen Ansätze der feministischen Theorie und der Geschlechterforschung weisen alle ein kommunikationstheoretisches Defizit auf, dem ich
mich mit dem modellhaften Theorietransfer entgegenstelle. Besonders die dekonstruktivistischen Konzepte, für die Butler steht, tragen einen politischen
Impetus vor sich her, dem diese Arbeit bislang keine Beachtung geschenkt
hat. Dieser Exkurs setzt sich noch einmal mit den radikalen Postulaten des
dekonstruktivistischen Feminismus auseinander. Dabei wird sich zeigen, ob
das entworfene kommunikationstheoretische Modell auch feministische Postulate auffangen kann und somit in einem politischen Kontext zu sehen ist.

---

strafe für Homosexuelle diskutiert. Offenbar gehen Gesellschaften ausgesprochen unterschiedlich mit dem Thema um. Dafür ist das aktuale Kulturprogramm verantwortlich.
[148] Die von mir aufgeworfene Frage, warum nicht ‚Eltern/Kinderlosen‘ oder ähnliche Dualismen die entscheidenden Identitätskategorien sind, kann ich folglich ‚nur‘ mit der Praktikabilität der ‚Frau/Mann‘-Unterscheidung begründen.
[149] Dass das Verhältnis von Liebe, Sexualität und Ehe nicht unproblematisch ist, macht
Schmidt deutlich (vgl. Schmidt bei youtube.de).

Aufgrund der normierten Heterosexualität, als das Ergebnis kulturprogrammatischer Voraussetzungen und Prozesse, können abweichende Lebensstile in
einem subversiven Kontext stehen. Wohlgemerkt muss mit ‚Subversion' kein
strategisches, intentionales Handeln gemeint sein, da Emotionen und Begehren wahrlich nicht der Strategie oder Taktik dienen – das gilt für Heterosexuelle wie für Homosexuelle und Transsexuelle.

Butler spannt in ihren sprechakttheoretischen Ausführungen den Bogen zu
subversiven Konzepten, die den Heterosexismus unterlaufen sollen. Für Subversion ist Performativität das zentrale Kriterium. Der Sprechakt obliegt dem
sprechenden Subjekt, das zwar eigebunden ist in den sozialen Kontext, ihm
aber nicht unterworfen sein muss. Ein politisch rational handelndes Individuum
kann mit diesem Kontext spielen, ihn durchbrechen und ihn letztlich für Resi-
gnifizierungen nutzen. (Vgl. Butler 2006: 69f) Sprache ist folglich kein ge-
schlossenes Deutungssystem, sondern eröffnet im Sprechakt die Möglichkeit,
mit tradierten Kontexten zu brechen – so dass sich der Sprechende gegen die
Herrschaftsverhältnisse stemmen kann. Dies ist "tatsächlich entscheidend für
den politischen Vorgang performativer Äußerungen." (Ebd.: 227) Performativität, Subversivität und politische Handlungen liegen bei Butler demnach nah
beieinander. Weil sie den Fokus auf die Performativität der Sprache legt, lenkt
sie zugleich den Blick auf das Konstruktionspotential des Sprechaktes und bezieht es zugleich auf das Verhältnis der Geschlechter. Sie nimmt

> "gerade jene Aspekte in den Blick [...], durch die sowohl das individuelle ge-
> schlechtliche Selbstverständnis wie auch die strukturellen Geschlechterverhält-
> nisse veränderbar werden *können*, was allerdings nicht einfach der Beliebigkeit
> geschlechtlicher Selbstzuschreibungen Tür und Tor öffnet." (Büchel-Thalmaier
> 2002: 19; Hervorh. im Org.)

Im Folgenden werde ich mit Hinsicht auf das entworfene Modell verschiedene
‚Geschlechtersubversionen' aufzeigen, die nach Butler über das Potential
verfügen, Geschlechterverständnisse und -verhältnisse zu verändern. Dabei
konzentriere ich mich auf Homosexualität, Transsexualität und Travestie, welche die feministische Theorie immer wieder als Beweise für den Konstruktionscharakter von Geschlecht anführt. Da sie von der normierten Heterosexualität
deviieren, bezeichne ich sie zunächst als subversiv. Im Verlauf dieses Exkur-

ses werde ich dann klären, ob ‚Subversion' die treffende Bezeichnung ist, ob also Homosexualität, Transsexualität und Travestie tatsächlich auf die "Destabilisierung der bestehenden gesellschaftlichen Verhältnisse" (Schetsche 2007: 645) abzielen und hinwirken.

5.2.4.1 Homosexualität

Die strikte Dichotomie der Zweigeschlechtlichkeit ist nach Butler verantwortlich für die heterosexuelle Gesellschaftsstruktur. Eine "Matrix der Intelligibilität" (Butler 1991: 39) hält die Trias von Körper, Geschlechtsidentität und Begehren aufrecht. Diese Trias erscheint logisch, kontinuierlich und kohärent. Abweichendes Verhalten kann es dennoch geben, denn die

> "Gespenster der Diskontinuität und Inkohärenz [...] werden ständig von jenen Gesetzen gebannt und zugleich produziert, die versuchen, ursächliche oder expressive Verbindungslinien zwischen dem biologischen Geschlecht, den kulturell konstituierten Geschlechtsidentitäten und dem ‚Ausdruck' oder ‚Effekt' beider in der Darstellung des sexuellen Begehrens in der Sexualpraxis zu errichten." (Ebd.: 38)

Ebenjene Gespenster versuchen, gegen die heterosexuelle Matrix anzukämpfen, um die engen Verbindungen zwischen Körper, Geschlechtsidentität und Begehren zu sprengen und zu dekonstruieren. Dass dabei heterosexuelles Begehren und Geschlechteridentität besonders eng verknüpft sind, ist für Butler problematisch, denn beide stabilisieren sich gegenseitig und erscheinen somit als Natürlichkeit und Norm. (Vgl. ebd.: 45f)

Das vorangegangene Kapitel zeigt auf, dass sowohl Ehe als auch Familie als normierte Lebenspraxis gelten. Beide schützt das Grundgesetz in besonderer Weise (vgl. Art. 6 Abs. 1 GG). Menschen werden in Deutschland vom Staat belohnt, wenn sie Nachwuchs zeugen oder auch nur eine Ehe eingehen. Vorteile bei Steuern, Versicherungen und fiskalen Zuschüssen sind den Eheleuten sicher. Diese Vorteile gelten besonders für heterosexuelle Lebensgemeinschaften. Zwar können sich Homosexuelle mittlerweile als Lebenspartner eintragen lassen, was aber noch längst keine vollständige Gleichstellung mit der Ehe bedeutet. In diesen gesellschaftspolitischen Kontext ist Butlers Begriff des "Heterosexismus" (Butler 1995: 215) einzuordnen.

232 | THEORIETRANSFER: KOMMUNIKATION – IDENTITÄT – GESCHLECHT

Butler hält die "heterosexistische Ökonomie [...], eine Ökonomie, die anfech-
tende Möglichkeiten entmachtet, indem sie sie von Anfang an kulturell un-
denkbar und undurchführbar macht" (1995: 216), für ubiquitär und omnipotent.
Homosexualität wird als verwerfliche Identifizierung in die heterosexistische
Gesellschaftsform integriert, so dass sie letztlich "zu machtlos ist, als daß sie
die Bestimmungen des herrschenden Gesetzes neu formulieren könnte."
(Ebd.)[150] Homosexualität ist für Butler in der heterosexistischen Matrix gefan-
gen.

Bezieht man das vorgelegte Modell an dieser Stelle mit ein, macht es erneut
deutlich, warum die Unterscheidung und der Prozess des Unterscheidens zwei
verschiedene Dinge sind. In Kapitel 5.2.3 skizzierte ich bereits die Notwendigkeit dieser Differenzierung im Fall der Liebe und des heterosexuellen sowie
homosexuellen Begehrens. Hier sei noch einmal darauf hingewiesen, dass die
Normierung und Stilisierung von Heterosexualität kontingent ist und sie sich
nicht aus der Unterscheidung der Zweigeschlechtlichkeit ergibt: Erst die
Aktanten normieren – indem sie das Kulturprogramm anwenden – die ursprünglich seitenneutrale Geschlechterunterscheidung des Wirklichkeitsmodells. Nicht die Unterscheidung der Zweigeschlechtlichkeit ist eine Norm, aus
der sich die Norm der Heterosexualität und daraus die sozial etablierte Norm
der Ehe ableiten. Erst der Wirkungszusammenhang von Wirklichkeitsmodell
und Kulturprogramm attribuiert die Unterscheidung der Zweigeschlechtlichkeit
und begründet daraus die normierten heterosexuellen Lebenspraktiken.
Butlers These, dass Geschlecht nicht in ein vordiskursives Feld abgeschoben
werden kann, ist zuzustimmen. Das vorgelegte Modell stützt sie, indem es
Zweigeschlechtlichkeit bereits im Wirkungszusammenhang von Wirklichkeitsmodell und Kulturprogramm berücksichtigt. Da das Kulturprogramm Heterosexualität als normierte Begehrensform – *vermeintlich* logisch abgeleitet aus
dem Geschlechterdualismus – setzt, ist der Heterosexismus nur schwer zu
‚hintergehen' (im Sinne von: dahinter zurückzugehen). Er ist eine eingeführte

---

[150] Zur Kritik des Konzepts der verwerflichen Identifizierung s. Kap. 3.3.1.2.

Voraussetzung für alle folgenden Prozesse der Kommunikation und Identitäts-bildung. Ob Homosexualität die subversive Wirkkraft entfalten kann, um die normierte Heterosexualität nachhaltig zu erschüttern, halte ich für fraglich. Homosexuelle Lebensstile sind, wie Butler feststellt, zu sehr in den Wirkungs-zusammenhang von Wirklichkeitsmodell und Kulturprogramm, also zu sehr in die heterosexuelle Gesellschaft eingebunden.

5.2.4.2 Transsexualität

Transsexualität ist für die Geschlechterforschung von großer Bedeutung. Mit Hilfe von Studien über transsexuelle Lebensführung zu Partnerschaften, Se-xualität, Geschlechtsumwandlungen uvm. versucht die Forschung, etwaige Diskrepanzen zwischen Anatomie und Geschlechteridentität offenzulegen.

> "Zum einen führt die Perspektive der Transsexualität zu einer produktiven Ver-fremdung von vormals Selbstverständlichem. [...] Des weiteren machen die Erfah-rungen Transsexueller von einer fundamentalen Nichtübereinstimmung zwischen ihrem 'realen' Geschlechtskörper und ihrer Geschlechtsidentität besonders deut-lich, wie fragwürdig es ist, von der körperlichen Geschlechtlichkeit als der natürli-che Basis des Geschlechts auszugehen." (Maihofer 1994b: 240)

Das in dieser Arbeit vorgestellte Modell zeigt, wie voraussetzungsreich Ge-schlechteridentität ist, was die von Maihofer genannte Diskrepanz zwischen Körper und Identität auch theoretisch plausibilisiert. Transsexualität stiftet Verwirrung. Gleichwohl ist dafür nicht allein die (unbeantwortete) Frage ur-sächlich, ob es sich beim Gegenüber um Frau oder Mann handelt. Sexualität und Begehren spielen auch hier eine Rolle.

Kessler und McKenna bieten verschiedene Definitionen von Transsexualität an: "If you know that an individual's gender identity and gender assignment conflict then you know that the person is a transsexual." (1978: 13) Da schließt sich die Frage an, wie die individuelle Geschlechteridentität zu erkennen ist. Auch die qua Geburt zugeteilte Geschlechterzugehörigkeit muss nicht unbe-dingt erkennbar sein.[151] Kessler und McKenna definieren Transsexuelle als

---

[151] Im Englischen unterscheiden Kessler und McKenna zwischen ‚gender attribution' und ‚gender assignment'. Letzteres meint das Zuweisen eines Geschlechts durch den Arzt oder die Hebamme. Das Neugeborene wird zum Mädchen oder Jungen ernannt. ‚Gender attribu-tion' ist dagegen die lebenslange und andauernde Zuordnung eines Geschlechts durch An-dere. Es kann mit Blick auf das Modell mit ‚Geschlechterunterstellung' übersetzt werden.

solche Menschen, die sich bewusst oder unbewusst dem anderen Geschlecht zugehörig fühlen, ohne dabei die eigene geschlechtliche Anatomie zu verneinen. Zudem stellen sie eine Definition auf, die sich auf die Therapie von Transsexuellen bezieht. Transsexuell sind danach jene Menschen, die sich einer Hormonbehandlung sowie einer Geschlechtsumwandlung unterziehen, mit dem Ziel, das Geschlecht unterstellt zu bekommen, das sich von dem qua Geburt zugewiesenen Geschlecht unterscheidet.

Auch wenn Kessler und McKenna ihre ersten Studien bereits in den siebziger Jahren durchführten, sind ihre Ergebnisse bis heute gültig. Die Schwierigkeiten, Transsexualität zu definieren sowie die juristischen Folgeprobleme sind auch heute noch weitgehend ungelöst.[152] Eine Essenz der Studien von Kessler und McKenna ist, dass Transsexuelle ihre Geschlechtsidentität perfekt darstellen. Eine transsexuelle Frau versucht voll und ganz, Frau zu ‚sein‘. Sie selbst kennt ihre Geschlechtsidentität, allerdings kann sie nicht mit Sicherheit davon ausgehen, dass ihr auch andere ebendieses Geschlecht unterstellen. Ihr Geschlecht ist darum für sie selbst immerfort Thema. (Vgl. Kessler/McKenna 1978: 114) Transsexuelle bemühen sich in besonderer Weise, geschlechtsspezifische Stereotype anzunehmen, sie wörtlich zu ‚verkörpern‘. Den Anforderungen und Erwartungen, die mit der Geschlechtszugehörigkeit zusammenhängen, wollen Transsexuelle unbedingt gerecht werden – ohne dass dieses Bemühen auffallen soll. "Thus in order to be a transsexual one must also meet the criteria of being a ‚normal‘ member of one's ‚chosen‘ gender." (Ebd.: 118) Dazu gehört, sich dem qua Geburt zugeordneten Geschlecht entgegengesetzt zu verhalten und das andere Geschlecht lückenlos darzustellen: Mit dem Ziel, dass das Umfeld jenes Geschlecht unterstellt, das der Transsexuelle empfindet – Fremd- und Selbstreferenz müssen übereinstimmen. Dabei kann die Geschlechteranatomie nicht als Voraussetzung fungieren, schließlich weicht sie vom empfundenen Geschlecht ab.

---

[152] Beispielhaft sind dafür die Diskussionen zu einem neuen deutschen Transsexuellen-Gesetz. Bis 2009 wurden Ehen zwangsläufig und ohne Zutun der Eheleute geschieden, wenn einer der beiden Ehepartner sich einer Geschlechtsumwandlung unterzog. Dass dies für die Betroffenen erhebliche Probleme mit sich bringt, ist wohl zweifellos. (Vgl. Bundestags-Drucksache 16/4148)

Seit den sechziger Jahren versuchen Mediziner, Frauen in Männer und Männer in Frauen umzuwandeln.[153] Dies geschieht immer unter der kulturellen Prämisse, dass wir einzelne körperliche Merkmale als geschlechtsspezifisch klassifizieren. Mediziner verändern die als primär und sekundär definierten Geschlechtsmerkmale und aufgrund dieser Behandlungen und Operationen spricht man nun von einer Geschlechts*umwandlung*. Die Umwandlung hebt die Diskrepanz zwischen empfundener Geschlechtszugehörigkeit sowie bestenfalls übereinstimmender Geschlechterunterstellung auf der einen Seite und der anatomisch bedingten Geschlechterzuordnung auf der anderen Seite auf. So trifft man nach einer Behandlung auf einen Menschen, der ganzheitlich als Frau oder Mann erscheint. Daraus folgern Kessler und McKenna, dass "[s]ince genitals can now be changed, gender identity can now be seen as the less flexible criterion." (Ebd.: 120) Damit betonen sie die Relevanz der nicht-körperlichen Seite von Geschlecht: Anatomie kann man ändern, die Geschlechteridentität nicht.

Das Spannungsfeld, in dem sich Transsexuelle bewegen, kann nach Kessler und McKenna folgendermaßen dargestellt werden:

---

[153] Dabei sind die Probleme für Frau-zu-Mann-Transsexuelle allerdings nach wie vor ungelöst. Anders als Kessler und McKenna es in den siebziger Jahren prophezeiten, ist es Medizinern bis heute nicht gelungen, das männliche primäre Geschlechtsmerkmal bei transsexuellen Männern zufriedenstellend nachzubilden.

Geschlechtsempfindung (gender self-attribution)		Geschlechtszuweisung (gender assignment)

Transsexuelle
Geschlechteridentität

Geschlechterunterstellung (gender attribution)		Geschlechteranforderung (gender role)

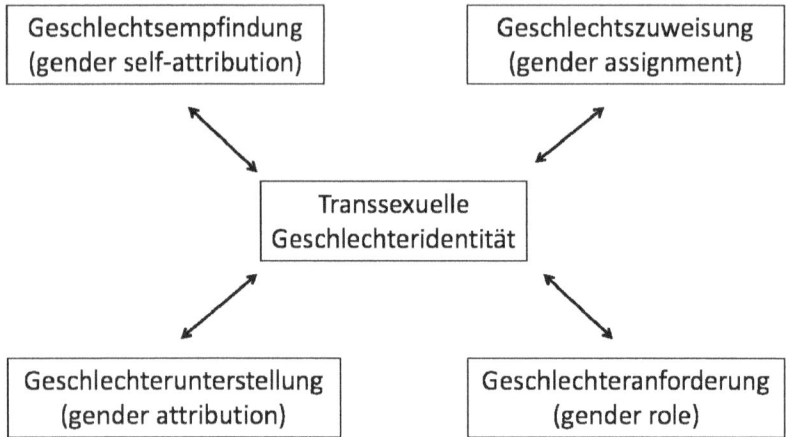

Abb. 9: Transsexualität im sozialen Spannungsfeld [154]

Die Schwierigkeit für Transsexuelle, ihre Geschlechtsidentität lückenlos darzustellen, ergibt sich also aus der Diskontinuität von Geschlechtsempfindung,
Geschlechterunterstellung, Geschlechterzuweisung und Geschlechteranforde-
rung. Transsexuelle machen das bewusst, "what nontranssexuals do ‚natural-
ly'." (Ebd.: 114) Das, was der Transsexuelle tut, soll nicht nur als weiblich oder
männlich gelten, es soll als Frau oder Mann geschehen. Dazu gehört neben
der Kleidung, der Sprachwahl, der Stimmlage, dem Gang, den sichtbaren Körpermerkmalen, die Berufswahl uvm. auch das sexuelle Begehren.

Es scheint zunächst logisch, dass ein transsexueller Mann Frauen begehrt, so
wie das ‚normale' Männer nun mal tun. Ein transsexueller Mann kann die
männliche Rolle beim Sex zwar nicht vollständig ausfüllen, weil eine Peni-
stransplantation o.ä. bis heute kein perfektes Ergebnis liefert. Den aktiven
(sprich: penetrierenden) Part kann er jedoch durchaus übernehmen. Begehren
Frau-zu-Mann-Transsexuelle allerdings Männer, und bevorzugen sie als homosexuelle Transsexuelle auch noch passiven Analverkehr, ist das Motiv der
Umwandlung schwieriger nachzuvollziehen. Schließlich hätten sie "[d]iese Art
von Sexualität [...] auch ohne den Aufwand der Geschlechtsveränderung haben können, aber es geht gerade nicht darum, bloß etwas zu tun, sondern

---

[154] Quelle: eigene Darstellung.

darum, etwas als jemand zu tun." (Lindemann 1993: 11) Etwas als jemand zu tun, bedeutet, dass Handelnder und Handlung konkordieren. Am Beispiel des schwulen transsexuellen Mannes wird deutlich, wie vielfältig das Verhältnis von Geschlechteranatomie, Sexualität (bzw. sexueller Praktiken) und Begehren sein kann. Grund ist – mal wieder – die Reflexivität.

Reflexivität ist der Geschlechterunterscheidung (genauer: der Geschlechterunterstellung sowie Geschlechterunterstellungsunterstellung) inhärent (s. Kap. 5.1.5), wie die Diskrepanz von Handlung und Handelnden deutlich macht: Eine Frau kann einen männlichen Beruf wählen und Maschinenbauerin werden (männliche Handlung), doch macht sie dies als Frau (weibliche Handelnde). Ihre unterstellte Geschlechterzugehörigkeit wirkt auf ihre Tätigkeit zurück. Die Maschinenbauerin kann ihre Geschlechtszugehörigkeit durch ihre Tätigkeit nicht aufbrechen, solange sie ihren Job als Frau ausübt.[155]

Studien zu Transsexualität heben die immanente Reflexivität der geschlechtlichen Identitätspolitik noch auf andere Weise hervor, wofür Garfinkels frühe Studien wegweisend sind (vgl. 1967). Darin studiert er die transsexuelle Frau Agnes, die sich, seitdem sie 17 ist, einer Therapie unterzieht, aus der sie anatomisch als Frau hervorgehen soll. Agnes *lebt* nicht nur wie eine Frau, denn das könnten auch travestierende Männer. Vielmehr stellte Garfinkel bei Agnes fest, dass sie das Resultat ihres Verhaltens ist, sie *ist* eine Frau. Agnes ist sozusagen ihr eigenes Reflexivitätsprodukt. Indem Agnes den Lebensstil anderer Frauen adaptiert, tut sie, was alle Frauen tun. Jede geschlechtliche Darstellung, sei sie bewusst oder unbewusst, funktioniert nur, weil alle anderen Frauen ihre Weiblichkeit in gleicher Weise darstellen.

> "Demnach wäre nicht nur das Frausein der transsexuellen Agnes das Resultat von Darstellungsleistungen, sondern das Geschlecht aller Beteiligten. Bei Transsexuellen wird folglich nur die Reflexivität sichtbar, die auch für das Frau- bzw. Mannsein von Nichttranssexuellen konstitutiv ist." (Lindemann 1993: 11)

Der Unterschied besteht lediglich darin, dass Nichttranssexuelle sich in der Regel ihrer geschlechtlichen Darstellung weniger bewusst sind, als Transsexuelle, die immerfort an ihrer bruchlosen Geschlechterdarstellung arbeiten.

---

[155] Dieser Mechanismus ist für die Frage, ob Emanzipation als subversiv gelten kann, ebenfalls relevant (s. Kap. 5.2.5).

Transsexuelle führen Nichttranssexuellen vor Augen, dass der Geschlechterdualismus in seiner Rigorosität keine Selbstverständlichkeit ist. Transsexualität
macht ergo die Kontingenz der strikten Differenz ‚Frau/Mann' sichtbar. Diese
Kontingenz plausibilisiert zugleich den Konstruktionscharakter von Geschlecht.
Die feministische Theorie nutzt häufig Studien über Transsexualität zur Be-
weisführung, dass Geschlecht eine soziale Konstruktion und damit jegliche
naturhafte Grundlage der Geschlechterunterscheidung abzulehnen ist.

5.2.4.3 Travestie

Wie Transsexualität hat Travestie in der feministischen Theorie ihren festen
Platz. Travestie scheint ebenfalls Beweise zu liefern, dass wir es bei Geschlecht nicht mit einer fixen Eigenschaft zu tun haben, sondern jedes Individuum bei der Darstellung seiner Geschlechtszugehörigkeit über Spielraum
verfügt. ‚Spielraum' ist hier wörtlich zu nehmen, denn für viele feministische
Theoretiker ist Travestie ein Spiel, das sich zu einer politischen Strategie aus-
wachsen kann. Ausgangspunkt ist, "daß die Zweigeschlechtlichkeit ein Gefängnis ist, in dem man sich notgedrungen eingerichtet hat, dessen Mauern
aber dennoch brüchig sind." (Landweer 1994b: 140) Aus diesem Gefängnis
kann man travestierend ausbrechen, so die Idee manch dekonstruktivistischer
Feministen.

Für Butler ist das subversive Potential der Travestie groß, was sie mit ihrem
Performativitätskonzept begründet. Handlungen, Gesten, die gesamte körperliche Darstellung erzeugen danach den Anschein, jedes Individuum verfüge
über einen geschlechtlichen Kern. Gleichwohl ist dieser "organizing gender core" (Butler 1991: 200) nur Suggestion. Tatsächlich schreibt sich Geschlecht
auf der ursprünglich neutralen Körperoberfläche ein. Diese Akte der Einschreibung werden in den vordiskursiven Bereich abgeschoben und so invisibilisiert. Dabei ist Imitation eine wichtige Strategie. Imitierende Akte setzten die
geschlechtliche Einschreibung fort, ohne dass sie sich als solche entlarvt. Was
alle machen, fällt nicht auf. (Vgl. ebd. sowie s. Kap. 3.3.1) Und da wo imitiert
wird, kann nach Butler auch parodiert werden.

Travestie funktioniert für Butler ähnlich wie Parodie und Maskerade. Entsprechend thematisiert sie das Verhältnis von Original und Imitat: Wäre die Parodie nur eine Nachahmung auf das Original, könnte das imitierende Spiel keine subversiven Kräfte entfalten. Das Original würde im Zentrum der Parodie bleiben und sich eher weiter ‚originalisieren' als dekonstruieren. Damit ist Travestie nicht das parodistische Aufführen des Originals, sondern die Parodie des Begriffs vom Original. Nicht das Original, sondern die Vorstellung eines Originals wird parodiert. (Vgl. Stähli 2003: 203)

Butler betont, dass sich Travestie "sowohl über das Ausdrucksmodell der Geschlechtsidentität als auch über die Vorstellung von einer wahren geschlechtlich bestimmten Identität [...] lustig macht." (1991: 201) Damit subvertiert Travestie an zwei Fronten: Sie nutzt Geschlechterstereotype, indem sie diese in einen fremden Kontext setzt, so dass dieselben Stereotype dann etwas anderes ausdrücken. Das lässt sich am Beispiel geschlechtsspezifischer Kleidung verdeutlichen. Eine Schuluniform mit weißer Bluse, Kniestrümpfen und Faltenrock wirkt an einem großgewachsenen und muskulösen Mann sicherlich anders als an einem jungen Mädchen. Zweitens subvertiert Travestie die Vorstellung eines personenimmanenten Kerns der Geschlechtsidentität. Travestie macht den Unterschied zwischen dem biologischen Geschlecht und der Geschlechtsidentität sichtbar und bricht die heterosexuelle Kohärenz auf. Das Publikum unterstellt dem Transvestiten ein Geschlecht, zu dem sich der Transvestit entgegengesetzt verhält. Er widerspricht der geschlechtlichen Kohärenz auf vielen Ebenen: Nicht nur Äußerlichkeiten, wie Kleidung und Körpersprache, sorgen für die Diskontinuität seiner Geschlechtsidentität. Transvestiten thematisieren häufig ihre Sexualität und ihr Begehren, womit sie den Rahmen der heterosexuellen Kohärenz endgültig sprengen. Der Transvestit nutzt bei all dem stets Geschlechterstereotype. Die stereotypen Geschlechteridentitäten werden "durch ihre parodistische Re-Kontextualisierung entnaturalisiert und in Bewegung gebracht." (Ebd.: 203) Travestie parodiert den heterosexuellen Rigorismus.

Travestie subvertiert erstens die Idee von einer originalen geschlechtsspezifischen Geschlechteridentität und legt zweitens die Kontingenz der heterosexuellen Geschlechterstereotype offen.

5.2.4.4 Kritik

Feministische Theoretiker, die in Homosexualität, Transsexualität und Travestie subversives Potential erkennen, argumentieren damit, dass alle drei die heterosexuelle Zweigeschlechtlichkeit hinterfragen: Sie legen die Kontingenz der Geschlechterunterscheidung sowie die Kontingenz der Folgen des Geschlechterdualismus offen. Somit ist heterosexuelles Begehren nicht per se ‚normal', und die Institution der Ehe ist auch nur ein Lebensstil unter vielen.

Auch wenn dies generell nicht zu bestreiten ist, halte ich die Argumentationslinie für nicht gänzlich stimmig. Ich stütze meine Kritik auf Hilge Landweer, welche die Schwachpunkte jener Aspekte der feministischen Theorie klar benennt – wobei sie sich auf Travestie und Transsexualität konzentriert.[156] Landweers These ist, dass beide "die zwei Kernkategorien des Geschlechts (Frau/Mann) voraussetzen und bestätigen." (1994b: 140) Damit stellt sie sich "gegen jene euphorischen feministischen Einschätzungen, die davon ausgehen, daß sich in diesen Phänomenen eine Überwindung der Zweigeschlechtlichkeit andeute." (Ebd.) Ihre Kritik macht zudem einen wichtigen Unterschied zwischen Travestie und Transsexualität deutlich: Travestie spielt mit Brüchen in der Geschlechtszuweisung, Transsexualität ist im Gegensatz dazu auf eine kohärente Geschlechtszuweisung sogar angewiesen.

Travestie funktioniert, indem das unterstellte und das dargestellte Geschlecht divergieren. Einer Person wird ein Geschlecht unterstellt und dieselbe Person nutzt die entgegengesetzte Geschlechterstereotype zur Geschlechterdarstellung – nur so kann Travestie funktionieren. Ein Mann in Männerkleidung ist kein Transvestit, ebenso wenig eine Frau in Frauenkleider.[157]

---

[156] Zur Kritik des Subversivitätspotential von Homosexualität s. Kap. 5.2.4.1.
[157] Voraussetzung ist, dass der Zuschauer weiß, was Frauenkleider sind und wie Männerkleidung im Unterschied dazu aussieht. Gleiches gilt für die Mimik, Gestik usw. So müssen

Dies ist nach Landweer der Grund, warum das Subversionspotential der Travestie von vielen Feministen überschätzt wird. Der Zuschauer mag zwar kurzfristig irritiert sein, aber nur weil, es ungewohnt ist, einen Mann in Frauenkleidung zu sehen. Für die Subversion der Geschlechter reicht das nicht, denn Bedingung dieser Irritation ist ja gerade "das Wissen darum, als wer diese Peron agiert, und daß sie nicht beansprucht, zu ‚sein', was sie darstellt." (Ebd.) Butlers Argument, die Travestie sei nicht die Parodie eines Originals, sondern die Parodie der Idee eines Originals (vgl. 1991: 203), läuft damit ins Leere. Das Spiel mit der Geschlechtsidentität, als das Butler Travestie versteht, bedarf einer Geschlechterunterstellung, die der Geschlechterdarstellung diametral entgegensteht. Nur, wenn das unterstellte Geschlecht – und dabei ist es unerheblich, wie der Transvestit anatomisch tatsächlich ausgestattet ist – und die Geschlechterdarstellung einander widerspricht, kann Travestie gelingen. Der Zuschauer kennt das Original, und nur mit dem Wissen um das Original kann Travestie funktionieren.

In die Sprache meines Modells übersetzt: Die eindeutige Geschlechterunterstellung ist notwendig, damit die daraus resultierenden geschlechtsspezifischen Erwartungen überhaupt abweichen können. Der Bruch liegt folglich nicht in der Geschlechterunterstellung, sondern erst im Folgeschritt: Die an die Geschlechterunterstellung geknüpften Geschlechtererwartungen werden nicht erfüllt. Ergo funktioniert Travestie nur dann, "wenn man weiß, welches Spiel gespielt wird." (Landweer 1994b: 146)

Im Unterschied dazu beruht *Transsexualität* darauf, nicht zu wissen, welches Spiel gespielt wird. So sehr sich der Transvestit bemüht, ein ‚gender-crossing' zu vollziehen, so sehr versucht der Transsexuelle, nur ein Geschlecht zu sein. Das Spiel mit den Geschlechtern ist nur die Aufgabe des Transvestiten. Gelungene Travestie wäre für einen Transsexuellen ein verheerendes Szenario. Dem Transsexuellen wurde qua Geburt ein Geschlecht zugesprochen, dem

---

die Geschlechtsstereotype für Zuschauer und Darsteller selbstverständlich sein, denn nur so kann das parodistische Spiel zwischen Frauen- und Männerdarstellung beginnen. Transvestiten müssen die diametralen Geschlechterstereotype nutzen, denn nur so wird ein Wechselspiel zwischen den beiden Geschlechtern für den Zuschauer begreifbar. (Vgl. Trettin 1994: 218)

sein geschlechtliches Selbstverständnis entgegensteht. Nun ist er darum bemüht, das ihm mit der Geburt zugeschriebene Geschlecht abzulegen und das
andere, das empfundene Geschlecht zu erlangen. Dazu muss er seine Geschlechterdarstellung *ein*deutig auf das ‚neue' Geschlecht ausrichten. Ein
Zweifeln, ein Spiel, so wie in der Travestie, würde alles zunichtemachen. Der
transsexuelle Mann bemüht sich darum, eine männliche Identitätsgeschichte
aufzubauen. Seine Verstrickungen in Geschichten und Diskurse müssen eine
kohärente Identitätsgeschichte erzählen. Brüche sind unerwünscht.[158]
Nun zu der Frage, ob Travestie und Transsexualität die Geschlechterkategorie
tatsächlich subvertieren können.

Eine Möglichkeit der subversiven Strategie wäre das Nicht-Thematisieren, wie
es Hirschauer vorsieht (s. Kap. 3.3.2). Das können sich jedoch Transsexualität
wie auch Travestie nicht leisten, denn beide sind gerade genau das Gegenteil
von De-Thematisierung. Der Transsexuelle und der Transvestit "were never
outside one of the two gender categories." (Kessler/McKenna 1978: 122) Beide thematisieren fortwährend ihr Geschlecht: Der Transvestit spielt das Spiel
der beiden Geschlechter, und der Transsexuelle verbirgt das eine und betont
das andere Geschlecht.
Wie beschrieben, gelingt es Transvestiten, den Zuschauer zu irritieren, indem
sie die Erwartungen, die sich aus der Geschlechterunterstellung ergeben,
nicht erfüllen. Der Bruch liegt in der Nicht-Erfüllung der aus der Geschlechterunterstellung resultierenden Erwartungen. Sobald der Zuschauer dieses
Spiel allerdings durchschaut hat, löst sich die Irritation auf. Ein Mann in Rock
und Stöckelschuhen mag zwar belustigen, abstoßen, vielleicht sogar aufregen;
das gelingt ihm allerdings nur, gerade weil der Zuschauer verstanden hat,
dass ein Mann unter den Frauenkleidern steckt. Der Transvestit wirft also nicht

---

[158] Kessler und McKenna stellen dazu in ihren Studien fest, welche Schwierigkeiten es für
den Einzelnen mit sich bringt, auch seine Vergangenheit gemäß dem angestrebten Geschlecht darzustellen. "Gender is historical. In concrete terms this involves talking in such a
way that we reveal ourselves to have a history as a male or a female." (Kessler/McKenna
1978: 132) So muss sich eine transsexuelle Frau gut überlegen, was sie während ihres Zivil-
dienstes, den sie noch als Mann ableistete, getan haben könnte. Ihr Lebenslauf muss in die-

ernsthaft die Frage auf, zu welchem Geschlecht er gehört. Daher halte ich das subversive Potential der Travestie insgesamt für überschätzt. Ähnliches gilt für die Transsexualität. Gelingt es dem Transsexuellen, seine Identitätsgeschichte kohärent zu erzählen, so dass er durchweg gemäß seinem empfundenen Geschlecht wahrgenommen wird, ist seine Geschlechtszugehörigkeit damit für andere eindeutig und problemlos. Lediglich die Phase, in der sich die Wandlung nach außen offensichtlich gestaltet, ist verwirrend – weibliche Rundungen und Bartstoppeln sind nur schwer zusammenzubringen. Ist die Wandlung aber vollzogen und gelingt es dem Transsexuellen, die geltenden Geschlechtsstereotype zu adaptieren und anzuwenden, so werden auch hier keine Fragen mehr bezüglich der Geschlechtszugehörigkeit gestellt. Dass Transsexualität dennoch Subversion birgt, begründen die entsprechenden feministischen Theoretiker damit, dass die Kontingenz des Geschlechterdualismus in ihr offen zutage tritt. Dies trifft meines Erachtens nicht zu. Ja, der Geschlechterdualismus ist kontingent, wie die wissenschaftshistorischen Analysen belegen (s. Kap 2.1). Beispiele transsexueller Lebensführung sind allerdings keine Belege dafür. Der Transsexuelle kann sich genau nicht aus dem Geschlechterdualismus lösen, er steckt in ihm fest. Ein Transsexueller kennt nur zwei Geschlechter: das von Geburt an zugeschriebene, für ihn das ‚falsche', und das empfundene Geschlecht, das er anstrebt, weil es für ihn das ‚richtige' ist. Es gibt kein drittes oder viertes Geschlecht, sondern nur diese zwei, die unvereinbar sind. Eines der beiden wird abgelehnt, das andere angestrebt. Der Geschlechterdualismus wird dadurch vielmehr gestärkt als subvertiert.

Subversiv könnte Transsexualität nur dann sein, ließe sich Geschlecht auf die Anatomie beschränken. Ein transsexueller Mann, der keine Brüste, eine starke Körperbehaarung und keinen Penis, sondern eine Vagina hat, wäre dann tatsächlich subversiv. Er würde damit ein drittes anatomisches Geschlecht darstellen. Nimmt man aber die sozialen und psychischen Bedingungen für Ge-

---

sen Monaten anderweitig gefüllt werden, weil ansonsten der Geschlechterbruch offenbar würde.

schlecht ernst, bleibt vom Subversivitätspotential der Transsexualität nicht viel übrig. Transsexuelle sind dem Geschlechterdualismus verhaftet.[159]

Es liegt noch ein weiterer, recht trivialer Grund vor, warum Homosexualität, Transsexualität und Travestie nicht *die* (einzigen) Möglichkeiten sein können, um eine "Destabilisierung der bestehenden gesellschaftlichen Verhältnisse" (Schetsche 2007: 645) zu erreichen. Sicherlich nur wenige Gesellschaftsmitglieder können etwas mit diesen vermeintlich subversiven Geschlechterstrategien anfangen. Nicht jeder kann und möchte selber Erfahrungen in Homosexualität, Transsexualität und Travestie machen. Die Feministen, die sich davon subversives Potential erhoffen, lassen völlig offen, wie Heterosexuelle, Nicht-Transsexuelle und Nicht-Transvestiten den heterosexistischen Rahmen sprengen können. Ist Emanzipation eine Antwort?

5.2.5 Exkurs III: die Emanzipation der Geschlechter

Dieser Exkurs geht der Frage nach, ob Emanzipation subversiv ist. Wohlgemerkt geht es mir nicht um ein feministisches Statement, sondern darum die feministische Forderung nach Emanzipation in das vorgelegte Modell zu integrieren – sofern dies möglich ist. Können die erkenntnistheoretischen und kommunikationstheoretischen Begriffe und Konzepte Emanzipation erklären? Ist anhand des Modells einzuschätzen, ob und wie Emanzipation subversiv ist? Lassen sich Modell und politische Postulate vereinbaren? "Wieviel analytische Differenzierung verträgt politische Radikalität" (Knapp 1988: 267), und wie viel politische Radikalität verträgt Wissenschaft?

Die feministische Theorie weist immer wieder darauf hin, dass der Geschlechterdualismus zwangsläufig gewisse Machtverhältnisse mit sich führt.

---

[159] Speziell auf den Körper bezogen heißt dies: Nicht die anatomische Geschlechtswandlung offenbart die subversive Kontingenz. Wird aber deutlich, dass es ein Ergebnis sozialer Prozesse ist, dass wir ganz bestimmte Geschlechtsmerkmale als geschlechtsspezifisch ausmachen und mit deren Hilfe Frauen von Männern unterscheiden, wird die Kontingenz dieser grundlegenden Zuordnung sichtbar. Was anatomisch als weiblich oder männlich gilt, ist kontingent. (S. Kap. 2.2) Wenn das deutlich ist, liegt subversives Potential vor. Die anatomische Veränderung allein von dem, was wir weiblich oder männlich nennen, ist nicht subversiv.

Die Annahme, es gibt zwei – und nur zwei – Geschlechter, geht im Alltag mit konkreten Hierarchien und repressiven Strukturen einher. (Vgl. Hagemann-White 1988: 30) Butler betont diesbezüglich, dass Geschlecht performativ entsteht, und es somit Normen, Wissen, Sanktionen usw. impliziert. Die performative Wiederholung formt Geschlecht gemäß aktualer sozialer Regeln, und so spiegelt sich die herrschende Deutungsmacht im Geschlechterverhältnis wider. (Vgl. Butler 1995: 211) Die Geschlechteridentität ist demnach das Ergebnis performativer Prozesse, die allesamt unter dem Einfluss aktualer Herrschaftsverhältnisse stattfinden. Identität ist "Teil einer dynamischen Landkarte der Macht, in der Identitäten gebildet und/oder ausgelöscht, eingesetzt und/oder lahmgelegt werden." (Ebd.: 222)

Mit dem Modell gesprochen: Die Voraussetzungen, die durch Wirklichkeitsmodell und Kulturprogramm vorgegeben sind, stellen die Weichen für die geschlechtliche Identitätspolitik. Außerdem ist entscheidend, welche Schemata wie angewendet werden, Über die Kommunikationsprozesse entsteht schließlich die Geschlechteridentität. Begibt man nun sich auf das Terrain des Feminismus, stellt sich die Frage, ob und wie diese Weichen anders gestellt und somit Geschlechterdualismus sowie Geschlechterordnung überwunden werden könnten. Dass Homosexualität, Transsexualität und Travestie das nicht leisten können, wurde in Kap. 5.2.4 dargelegt.

Eine Überwindung des Geschlechterdualismus halte ich für unmöglich. Schließlich ist Geschlecht eine dominante Kategorie in unserem Wirklichkeitsmodell und von großem Nutzen, um Gesellschaft zu vollziehen (s. Kap. 5.2.2). Schon ein Aufbrechen des Geschlechterdualismus dürfte sich schwierig gestalten. Der Grund ist ein in dieser Arbeit schon oft beschworener Modus – Reflexivität.

Wir erinnern uns: Reflexivität ist für die Unterstellungen und Erwartungen verantwortlich, die in den Kommunikations- und Identitätsprozessen entstehen. Und auch das der Gesellschaft zur Verfügung stehende Wissen hat sich als operative Fiktion anhand dieses Modus' herausbilden können. Reflexivität ist der Motor sozialer und kollektiver Prozesse. Indem Reflexivität stabile und zuverlässige common-sense-Strukturen organisiert, die jedem Gesellschaftsmit-

glied zur Verfügung stehen, bietet sie Orientierung. Das gilt auch für das kollektive Wissen über die Geschlechter (s. Kap. 5.1).

Der Annahme folgend, dass es einer Reihe Prozesse bedarf, bis Geschlecht
als Geschlechteridentität emergiert, ist es plausibel, auch im Fall der Subversion bei den Voraussetzungen anzusetzen. Kann Emanzipation die Voraussetzungen von Wirklichkeitsmodell und Kulturprogramm verändern?
Um diese Frage zu beantworten, braucht es eine Vorstellung von Emanzipation und einige Gedankenspiele, die ein solcher Exkurs gestattet.

Zunächst bezieht sich Emanzipation auf das "Entlassenwerden vom Gewalt-
habenden aus Gewaltverhältnissen, die im sozialen Kontext als ‚natürlich'
gelten" (Rammstedt 2007: 159) und zielt vorerst gar nicht auf die Geschlechterfrage ab. Die Aufklärung erweitert den Begriff Emanzipation um die "revolu-
tionären Topoi Gleichheit und Freiheit" (ebd.), die "als normative Setzung der
Gleichheit aller als Ziel und die Freiheit als Befreiung aus ökonomisch, politisch und sozial bedingten Ungleichheiten" (ebd.) gelten. Heute versteht man
Emanzipation primär als die Gleichstellung von Frauen und Männern, womit
"die Bestrebungen von Frauen, aus der traditionellen Frauenrolle mit allen Be-
schränkungen der aktiven Teilnahme am öffentlichen, gesellschaftlichen und
kulturellen Leben auszubrechen und [...] und soziale Unabhängigkeit zu erlangen" (Kahlert 2002: 80), gemeint ist. Es handelt sich um Emanzipation,
wenn sich Frauen für gleiche Löhne einsetzen, wenn Väter ihre Elternmonate
beim Vorgesetzten durchsetzen, wenn Frauen auf Vorstandssesseln Platz
nehmen und Männer auch als Kindergärtner soziale Anerkennung finden.
Eine derartige Gleichstellungspolitik kann die Geschlechterordnung sowie das
Verständnis von den Geschlechtern meines Erachtens durchaus verändern.
Mit den Begriffen des vorgelegten Modells: Gelebte Gleichstellungspolitik
überwindet nicht die prinzipielle Unterscheidung der Zweigeschlechtlichkeit.
Unter (den richtigen) Umständen können sich aber die semantischen Differen-
zierungen verändern, die mit Frau bzw. Mann einhergehen. Beide Seiten der
Unterscheidung ‚weiblich/männlich' sind mit weiteren Differenzierungen lo-
gisch verknüpft und spiegeln sich in den verschiedenen Geschlechtersche-

mata wider. Mit ‚weiblich' assoziiert man andere semantische Differenzierungen als mit ‚männlich'. Und die Unterscheidung ‚weiblich' ist in anderen Unterscheidungen implizit als die Unterscheidung ‚männlich'. (S. Abb. 7) Diese jeweiligen semantischen Differenzierungsbündel nehmen Einfluss auf den
Kommunikationsverlauf und schließlich auf die Identitätsausbildung. Handlungen, die solchen geschlechtsspezifischen Unterscheidungsbündeln entgegen-
stehen, können langfristig ebenjene semantischen Bündel verändern.

Dies klingt zunächst so, als läge es nah an der Argumentation der feministischen ‚Subversion-durch-Travestie-Anhänger'. Ein nur vordergründiger Verdacht, denn jene Theoretiker sehen in der Travestie eine Überwindung der
Geschlechterdifferenz, ein Aufbrechen der Zweigeschlechtlichkeit – das sehe
ich nicht. Travestie bricht nicht den Geschlechterdualismus auf. Sie sorgt nur
für einen Bruch, wenn die Geschlechterdarstellung von der Geschlechterunterstellung abweicht (s. Kap. 5.2.4.4). Genauso überwindet auch die Emanzipation nicht den Geschlechterdualismus, denn weiterhin gilt:

> "Solange Männer als Männer schwanger werden und Frauen sich als Frauen et-
> wa in die kämpfenden Truppenteile einer Armee integrieren, halten sich die Ver-
> stöße gegen die Geschlechterordnung in Grenzen. Eine reflexiv gewordene Ge-
> schlechterunterscheidung vermag auch die größte Aufsässigkeit noch sinnvoll
> auf die Geschlechterdifferenz beziehen, solange nicht zur Disposition steht, als
> wer man etwas tut. [...] Das Emanzipationspathos, mit dem solche ‚Subversio-
> nen' oft ausgeführt werden, schließt es geradezu aus, daß das Geschlecht der
> Aufsässigen in Frage gestellt wird. Im Gegenteil: Ein Jemand will ja gerade als
> Mann all das tun, was bisher in die Domäne von Frauen fiel." (Lindemann 1999:
> 9)

Eine Atomphysikerin übt ihren Beruf als Frau und nicht als Mann oder irgendetwas Drittes aus. Sie lässt Geschlecht nicht verschwinden und kann den
Geschlechterdualismus auch nicht überwinden. Doch was als ‚weiblich' oder
‚männlich' gilt, könnte sich verändern. Ergreifen Männer erst einmal häufiger
den Beruf des Grundschullehrers und erlangen Frauen vermehrt Vorstandspo-
sten, kann das die semantischen Unterscheidungsbündel öffnen und diversifi-
zieren.

Ein kurzfristiges ‚Abschaffen' der Geschlechterkategorie mit ihrer semantischen Differenzierung ist weder möglich noch überhaupt wünschenswert. Dazu ist sie dem Einzelnen eine viel zu große soziale Orientierungshilfe (s. Kap.

5.2.2). Vielmehr ist eine, wie Schmidt es nennt, kreative Anwendung des Kulturprogramm erstrebenswert.

> "Ich verstehe hier unter Kreativität Formen der Unterbrechung von Kommunikation, die neue Fortsetzungsmöglichkeiten erzeugen. Diese Formen der Kommunikationsunterbrechung sind zunächst unkommunikativ (daher auffällig), und ihr Unterbrecherpotential ist unterschiedlich und wird unterschiedlich aufgezehrt - durch Kommunikation. Die kognitive Voraussetzung von Kreativität ist im Extremfall eine Umperspektivierung im Wirklichkeitsmodell einer sozialen Gruppe oder einer ganzen Gesellschaft, die innovative Unterscheidungen und Beobachtungen erlaubt, im Normalfall die Entwicklung einer neuen Variante vom Programmanwendung." (Schmidt 1992: 441f)

Folglich ist der Aktant dem Kulturprogramm keineswegs hilflos ausgeliefert, es handelt sich nicht um Kulturdeterminismus.[160]

Meine These zu emanzipatorischen Strategien, im Sinne der Gleichstellungspolitik, ist: Emanzipation öffnet die Kategorie Geschlecht langfristig für weitere semantische Differenzierung. Dann sind Männer nicht mehr nur stark, strikt und stolz, sondern zudem noch empathisch, einfühlsam und emotional – gleiches gilt für Frauen. Dehnt sich die Geschlechterkategorie soweit, dann wird dies auch Folgen für Kommunikationsprozesse und Identitätsbildung haben. Das wirkt sich wiederum auf das Wirklichkeitsmodell und das Kulturprogramm aus usw. usf.

Ob dadurch die Unterscheidung der Zweigeschlechtlichkeit ad absurdum läuft, bezweifele ich allerdings. Sicherlich aber können damit Wege zu mehr Gleichberechtigung beschritten werden. Wie immer gilt: "Es gibt keinen voraussetzungslosen Anfang, weder für einzelne Menschen noch für Gesellschaften. […] Man kann an mehr oder minder willkürlichen Punkten beginnen, eine Geschichte zu erzählen, doch immer nimmt die Geschichte Voraussetzungen in Anspruch." (Zierold 2006: 1) Wir können uns also andere Voraussetzungen schaffen, die dann andere Geschichten bedingen. Schon längst wird Emanzipation gelebt und ihr Postulat wurde bereits vor langer Zeit ausgerufen. Aber

---

[160] Eine weiterführende Frage lautet, ob Emanzipation als Subkultur gelten kann. Jede Subkultur benötigt zwangsläufig ein (Sub)Kulturprogramm, das längerfristig auch Eingang in das dominierende, gesellschaftliche (Haupt)Kulturprogramm finden kann. So könnten gleichstellungspolitische Strategien, die heute noch eher einer feministischen Subkultur zuzuordnen wären, zukünftig Teil des aktuellen Kulturprogramms sein. Dabei ist aber stets zu beachten, dass Kulturprogramme nur langfristig lernfähig sind. (Schmidt 2003a: 39)

alle Beteiligten sollten sich bewusst sein, wie voraussetzungsreich und lang dieser Weg ist.

5.3 Zwischenstand III

In diesem Kapitel wurden Bausteine der feministischen Theorie auf ein erkenntnis- und kommunikationstheoretisches Fundament gesetzt. Ergebnis ist ein sowohl begriffliches als auch grafisches Modell für Geschlecht, das auf konstruktivistischen und insbesondere kulturtheoretischen Prämissen fußt. Dennoch fällt es schwer, sämtliche Was-Fragen in Wie-Fragen zu verwandeln. Das Modell nimmt die konstruktivistischen Grundannahmen zwar ernst und fragt: Wie wird Geschlecht? Wie laufen die basalen Prozesse dazu ab? Wie entstehen die Voraussetzungen für Geschlecht? Es bleibt aber die Frage: Was nun ist Geschlecht? Wie ist der Satz ‚Geschlecht ist...‘ zu beenden? Darauf gibt es für mich so viele Antworten, wie das Modell Ebenen aufweist:

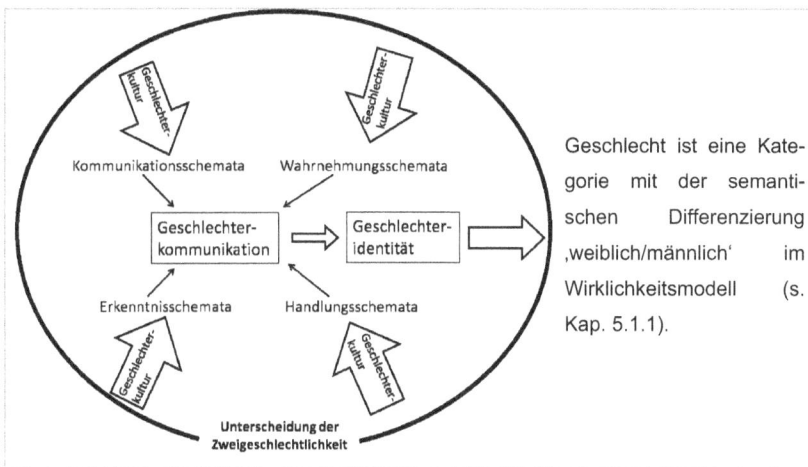

Geschlecht ist eine Kategorie mit der semantischen Differenzierung ‚weiblich/männlich‘ im Wirklichkeitsmodell (s. Kap. 5.1.1).

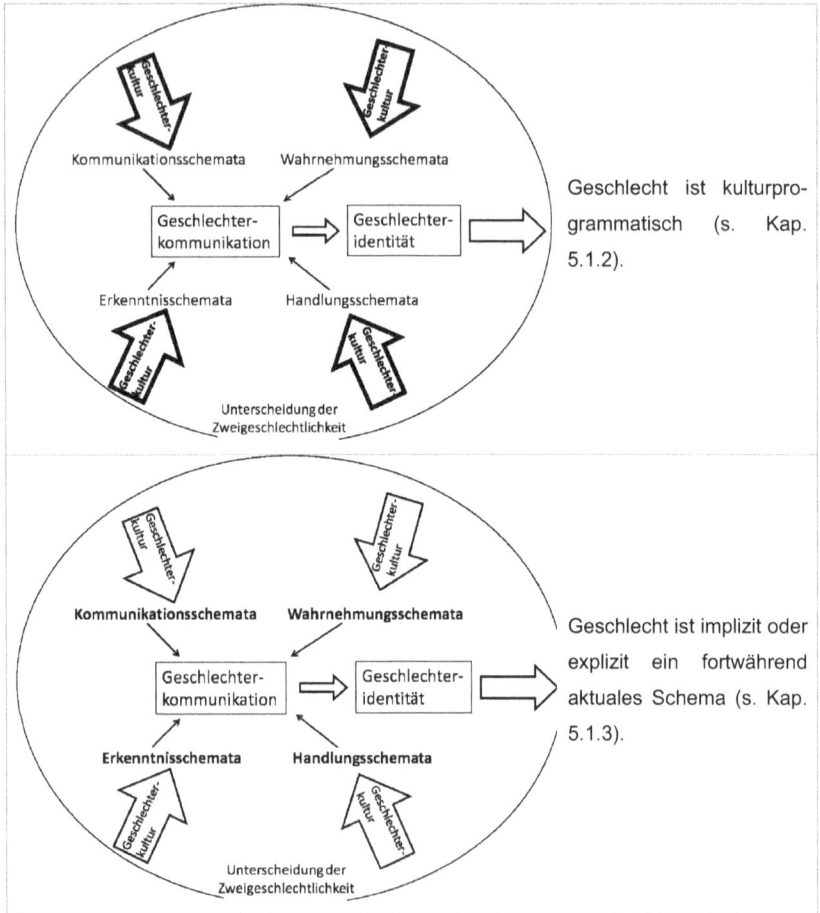

Geschlecht ist kulturpro-grammatisch (s. Kap. 5.1.2).

Geschlecht ist implizit oder explizit ein fortwährend aktuales Schema (s. Kap. 5.1.3).

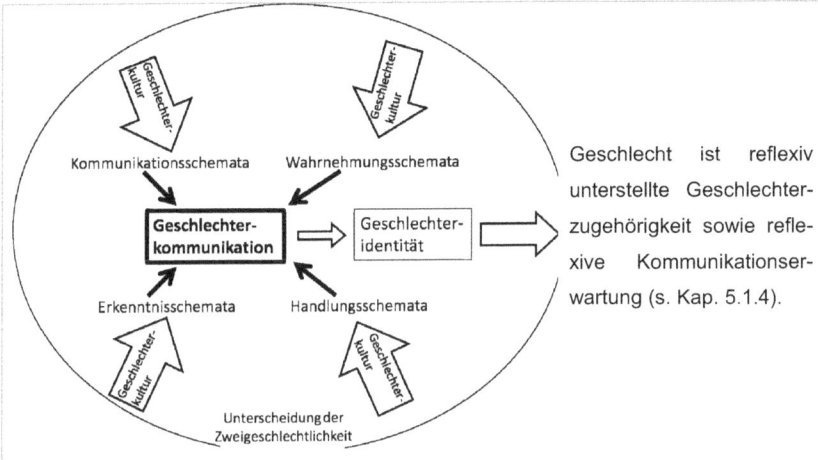

Geschlecht ist reflexiv unterstellte Geschlechterzugehörigkeit sowie reflexive Kommunikationserwartung (s. Kap. 5.1.4).

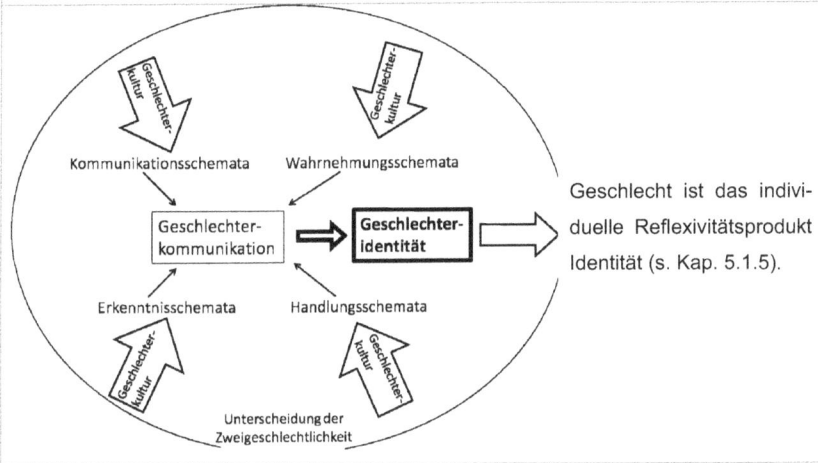

Geschlecht ist das individuelle Reflexivitätsprodukt Identität (s. Kap. 5.1.5).

Tab. 3: Geschlecht ist [161]

Geschlecht ist demnach Vieles und hat viele Namen; es hängt vom Standpunkt und Blickwinkel der Beobachtung ab. Das konstruktivistische Credo – alles, was beobachtet wird, wird von einem Beobachter beobachtet – macht diese vielen Antworten darauf, was Geschlecht ist, zumindest für Konstruktivisten erträglich.

Das Modell verdeutlicht, wie voraussetzungsreich Geschlecht ist. Von diesen Voraussetzungen ausgehend, habe ich die Kategorie ‚Geschlecht' genauer umrissen und dabei drei Ebenen unterschieden (s. Kap. 5.2.1 bis 5.2.3):

---

[161] Quelle: eigene Darstellung.

Geschlecht als...

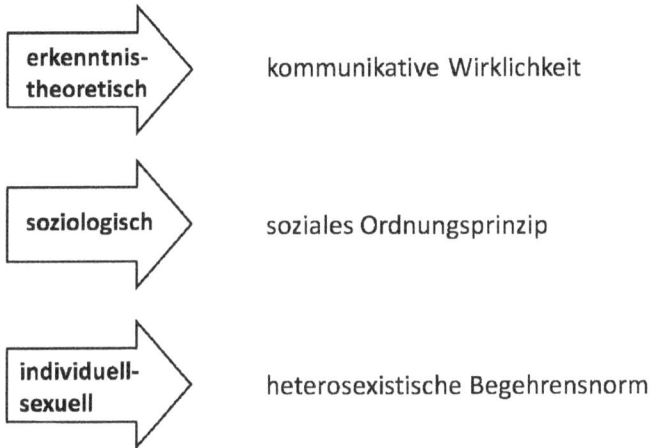

erkenntnis-theoretisch →	kommunikative Wirklichkeit
soziologisch →	soziales Ordnungsprinzip
individuell-sexuell →	heterosexistische Begehrensnorm

Abb. 10: Geschlecht als [162]

Wohlgemerkt, diese Antworten auf die Frage, als was Geschlecht gilt, ergeben sich aus dem vorgelegten Modell. Wenn die erkenntnis- und kommunikationstheoretischen Voraussetzungen im Fokus der Analyse stehen, zeigt sich der soziale Nutzen, der sich aus der Kategorie Geschlecht ergibt. Geschlecht schafft soziale Orientierung und ist weitestgehend [sic!] mit anderen semantischen Differenzierungen verknüpft, so wie vermutlich kaum eine andere Kategorie des Wirklichkeitsmodells.

Die Frage nach der sozialen Relevanz von Geschlecht habe ich bislang noch nicht systematisch beantwortet. Intuitiv ist Geschlecht *die* Basiskategorie der individuellen Identitätspolitik. Schmidt bietet eine Systematik an, welche die Relevanz der Geschlechterkategorie klärt.

Kultur ist das Programm, das die Kategorien und semantischen Differenzierungen des Wirklichkeitsmodells affektiv sowie normativ besetzt und gewichtet (vgl. 2004a: 88). Diese Bewertung und Gewichtung geschieht nach Schmidt unter drei Aspekten (vgl. ebd.: 88f). Überprüft man die Kategorie ‚Geschlecht'

---

[162] Quelle: eigene Darstellung.

anhand dieser Aspekte ergibt sich eine weitere Zusammenfassung des vorangegangenen Kapitels.

Erstens kann eine Kategorie nach der Differenz ‚zentral/peripher' gewichtet
werden. Im Falle Geschlecht lässt sich davon ausgehen, dass es sich um eine
zentrale Kategorie handelt. Im Rahmen des vorgelegten Modells sorgen die
beiden ersten ‚Kulturleistungen' dafür, dass wir Geschlecht zum einen nur als
Dualismus kennen sowie akzeptieren und es außerdem mit Körperlichkeit assoziieren. Genauer: Wir verbinden bestimmte, und nur ganz bestimmte, körperliche Merkmale mit jeweils einem der beiden Geschlechter. Der Körper als
unser Identitätsgarant etabliert Geschlecht als zentrales Element im Wirklichkeitsmodell (s. Kap. 2.3).

Zweitens ist jede einzelne Kategorie in unterschiedlicher Weise mit anderen
Kategorien verknüpft. Genau genommen sind die semantischen Differenzierungen als gesetzte Unterscheidungen mit anderen Unterscheidungen in un-
terschiedlichem Maße verbunden. Einige sind mit relativ wenigen anderen
Unterscheidungen semantisch assoziiert, andere weisen zahlreiche Verbindungen auf. Das Modell beschreibt mit dieser dritten ‚Kulturleistung' das Unterscheidungsbündel, aus dem sich Geschlecht zusammensetzt. Sowohl
‚weiblich' als auch ‚männlich' weisen viele dieser assoziativen Verknüpfungen
auf, die sich zudem verhältnismäßig stabil und rigoros gestalten.

Damit ist das dritte Kriterium angesprochen, nach dem sich die Kategorien im
Wirklichkeitsmodell gewichten lassen: Flexibilität. Ob und wie veränderbar die
Kategorien mit ihren Ausprägungen sind, ist dafür ausschlaggebend. Geschlecht bzw. seine semantische und duale Differenzierung ‚weiblich/männlich'
sind vergleichsweise stabil. Das belegen die geschlechtsspezifischen Stereotype. Frauen sind in den meisten Kulturräumen das schöne, das schwache,
das emotionale Geschlecht – gestern wie heute und wie vermutlich auch noch
morgen. Der Wandel hin zu einem anderen Unterscheidungsbündel für Frauen
und Männer gleicht einem steinigen und mäandernden Weg. Er ist dank
emanzipatorischer Strategien zu bewältigen, aber mühsam.

Geschlecht ist gemäß diesen drei Kriterien im Zusammenhang von Wirklichkeitsmodell und Kulturprogramm eine relevante Kategorie.

Etwas kryptisch, dieses Kapitel dennoch zutreffend zusammenfassend: Geschlecht ist vieles und das ständig.

6 Zum Schluss

*"Whether someone is a man or a woman
is determined in the course of interacting."*

(Kessler/McKenna 1978: 17)

Vorurteile, Stereotype und Bilder, die wir von Männern und Frauen haben, sie
alle resultieren nach meinem Modell aus dem aktualen Kulturprogramm: Frau-
en sind empathischer, weil uns die Kultur es so vorschreibt. Männer verhalten
sich kompetitiver, weil sie es so gelernt haben. Gehen wir hierbei von langfri-
stigen und langwierigen gesellschaftlichen Prozessen aus, die jedes einzelne
Gesellschaftsmitglied zwangsläufig adaptiert und anwendet, so überrascht es
nicht, dass wir ebendiese Fakten [sic!] beobachten und erfassen können. Die
Unterschiede zwischen den Geschlechtern sind allgegenwärtig, benennbar
und selbstverständlich. Man kann sie sogar in Zahlen darstellen: in geschlechtsspezifischen Verkehrsstatistiken, Angaben zu Frauen in Führungs-
positionen und bei Untersuchungen zur Partnerwahl. Für uns existieren geschlechtsspezifische Unterschiede. Sie sind wirklich. Es gibt sie.
Dass Kultur und Sozialisation für diese Unterschiede (mit)verantwortlich sind,
ist ein altbekanntes Argument der feministischen Theorie, die sich damit häufig
in die ‚Kultur/Natur'-Debatte verstrickt. Das in dieser Arbeit vorgelegte Modell
nimmt von einer Debatte um Kultur und Natur der Geschlechter Abstand. Vielmehr schärft das Modell den Blick für die Voraussetzungen von Geschlecht
und löst so die ‚Kultur/Natur'-Diskussion ab. Das Thematisieren biologischer
Geschlechterunterschiede wird nämlich obsolet, indem man erkennt, dass
auch dieser Blick aus der Perspektive eines Beobachters kommt, der immer in
die Kulturprogrammatik eingebunden ist.

Damit verneine ich keinesfalls die anatomischen Unterschiede der Geschlechter. Ich bewerte sie aber auch nicht über. Ich stelle schlichtweg fest,
dass uns erst die Anwendung des Kulturprogramms Frauen und Männer anhand anatomischer Insignien unterscheiden lässt. Ein Geschlecht zu haben,
ein Geschlecht zu sein, ist nur mit Kultur möglich. Denn Kultur verrät uns, was
Frauen und was Männer überhaupt sind. Die Natur, was oder wie das auch
immer sein soll, liefert dazu keine zufriedenstellende Definition. Mein Modell
ersetzt das verminte Feld der ‚Kultur/Natur'-Debatte mit den Prozessen und
Modi, die Geschlecht entstehen lassen. Dabei sind Reflexivität und Komplementarität sowie Kultur und Kommunikation die Schlüsselbegriffe, mit denen
ich Geschlecht konzeptualisiere.

Zumeist wird die Debatte um die Geschlechter – Geschlechterunterschiede,
Geschlechterverhältnisse, Geschlechterordnung uvm. – überaus emotional,
ideologisch aufgeladen und häufig auch politisch instrumentalisiert geführt.
Selten klaffen theoretisches Reflexionsniveau und Alltagsverständnis so weit
auseinander wie bei der Causa Geschlecht: Jeder hat eins, jeder ist Experte.
Wissenschaft und Lebenswirklichkeit prallen hier aufeinander.

Diese Diskrepanz kennt auch die Kommunikationswissenschaft, denn jeder
kommuniziert und das ständig. Eine theoretische Auseinandersetzung mit einem ubiquitären und identitätsstiftenden Phänomen muss sich gegen viele
selbsternannte Experten und Allgemeinplätze durchsetzen. Fügt man nun
ausgerechnet Kommunikation und Geschlecht zusammen, dürfte dieses Problem noch anwachsen. Doch der Versuch lohnt sich. Schließlich plausibilisiert
der Transfer aus feministischer Theorie und Kommunikationstheorie den Konstruktionscharakter von Geschlecht. Mein Modell stellt dar, welche Prozesse
ablaufen, bevor und damit Geschlecht als Identitätsgarant entsteht. Wenn man
Geschlecht im Zusammenhang von Erkenntnis-, Kultur- und Kommunikationstheorie sieht, kann es *wirklich* sein, ohne dass man eine ‚Natur der Geschlechter' heranziehen muss. Kognitive und kommunikative Prozesse schaffen die dafür nötige Essentialisierung von Geschlecht, und letztlich kommt es
uns als Selbstverständlichkeit und Natürlichkeit vor.

Die Autologie der Geschlechterforschung, dass sie nämlich das benennt, was sie eigentlich dekonstruieren will, ist für den mit dem Modell erreichten Theorietransfer kein Problem bzw. kein Thema mehr. Eine Dekonstruktion des Geschlechterdualismus ist aus soziologischer Sicht keine Option. Die sozialen Konsequenzen, die sich aus der Geschlechterunterscheidung ergeben, sind zwar sicherlich teilweise zu bekämpfen, nicht aber die ‚Frau/Mann'-Unterscheidung selbst. Geschlecht fungiert als kulturprogrammatische Voraussetzung in kognitiven wie auch kommunikativen Prozessen. Es bietet Stabilität in der sozialen Orientierung und ist bei jeder Identitätspolitik zuverlässiger Kontingenzbearbeiter. Gesellschaft braucht Geschlecht als soziales Ordnungsprinzip. Gesellschaft ist allerdings nicht darauf angewiesen, anachronistische Geschlechterverhältnisse aufrechtzuerhalten. Diese Arbeit will diesen Unterschied plausibel darstellen, um das soziale Phänomen Geschlecht in seiner Breite zu erfassen – seine positiven wie seine negativen Aspekte und Folgen.

Wie die letzten beiden Exkurse belegen, kann das Modell feministische Postulate durchaus integrieren. Allerdings bietet es ausschließlich die Erklärungen an, die sich aus den erkenntnis-, kultur- und kommunikationstheoretischen Prämissen ableiten lassen. Dabei kann es auch gesellschaftspolitische Fragen zu Homosexualität und Emanzipation beantworten. So gesehen: Mein Modell für Geschlecht hat eine politische Meinung – wenn erwünscht.

Für mich ist das Modell feministische Kommunikationstheorie. Ausgehend von Prämissen einer konstruktivistischen Erkenntnistheorie zeichnet es die Genese von Geschlecht nach und hebt seine soziale Relevanz hervor. Dabei ist das Modell undogmatisch und kann gleichzeitig geschlechterpolitische Fragen beantworten. Die Ungleichheiten der Geschlechter auf biologische Unterschiede zurückzuführen, bringt uns keinen Schritt weiter. Konzentrieren wir uns aber auf Kommunikation und ihre Voraussetzungen, besteht die Chance, neue Wege aus der Geschlechtermisere zu finden.

Schon Virginia Woolf schreibt: "Alles ist möglich, wenn das Frausein aufgehört hat, eine beschützte Tätigkeit zu sein" (Englische Erstauflage "A Room of One's Own" 1929, hier zitiert nach 1981: 48). Diese Arbeit betont immer wieder: Geschlecht ist das Resultat von Kommunikation und die läuft stets unter kulturprogrammatischen Prämissen ab. Nun ist das Kulturprogramm langfristig lernfähig. Vielleicht ist also eines Tages in Sachen Geschlecht wirklich alles oder zumindest vieles möglich.

7 Anhang

7.1 Abbildungsverzeichnis

7.2 Tabellenverzeichnis

7.3 Internetquellen

Bundestag-Drucksache 16/4148: Entwurf eines Gesetzes zur Reform des Gesetzes über die Änderung der Vornamen und die Feststellung der Geschlechtszugehörigkeit in besonderen Fällen (Transsexuellengesetz –
TSG). URL: http://dip21.bundestag.de/dip21/btd/16/041/1604148.pdf
(Stand: 31.07.2009).

Bundestag-Drucksache 16/7076: Entwurf eines Gesetzes zur Neuordnung und
Modernisierung des Bundesdienstrechts (Dienstrechtsneuordnungsge-
setz – DNeuG). URL: http://dip21.bundestag.de/dip21/btd/16/070/
1607076.pdf (Stand: 31.07.2009).

fu-berlin.de: ZE zur Förderung von Frauen- und Geschlechterforschung:
Genderprofessuren an deutschen Universitäten – systematisiert nach
Fachdisziplinen. URL: http://www.zefg.fu-berlin.de/datensammlung/gen
derprofessuren/tabellarische_zusammenfassungen/tabelle_III_universita
euni.html (Stand: 11.01.2010).

Grundgesetz für die Bundesrepublik Deutschland. URL: http://www.bundestag.
de/parlament/funktion/gesetze/grundgesetz/gg.html (Stand: 31.07.2009).

juraforum.de: Als Homosexualität noch strafbar war: "§ 175 StGB – Unzucht
zwischen Männern". URL: http://www.juraforum.de/jura/specials/special
/id/15965/ (Stand: 08.01.2010).

Kapp, Ernst (1877): Grundlinien einer Philosophie der Technik. Zur Entste-
hungsgeschichte der Cultur aus neuen Gesichtspunkten. URL: http://vlp.
mpiwgberlin.mpg.de/library/data/lit39532/index_html?pn=1&ws=1.5
(Stand: 04.02.2010).

Krauel, Torsten (2000): Was ist "deutsche" Leitkultur? Leitartikel. URL: http://www.welt.de/print-welt/article539521/Was_ist_deutsche_Leitkultur. html (Stand: 20.12.2009).

Schmidt, Siegfried J.: Liebe. URL: http://www.youtube.com/watch?v=c6u008 plLWM (Stand: 08.01.2010).

Terkessidis, Mark (2007): Feministischer Kreuzzug. Wie sich Konservative und Frauenrechtlerinnen gegen Muslime verbünden. URL: http://www.tages spiegel.de/meinung/kommentare/art141,2425158 (Stand: 30.09.2009).

7.4 Literatur

Baecker, Dirk (2003): Männer und Frauen im Netzwerk der Hierarchie. In: Pasero, Ursula/Weinbach, Christine (Hrsg.): Frauen, Männer, Gender Trouble. Systemtheoretische Essays. Frankfurt am Main: 125-143.

- (2005): Form und Formen der Kommunikation. Frankfurt am Main.

Bauman, Zygmunt (1997): Flaneure, Spieler und Touristen. Essays zu post-modernen Lebensformen. Hamburg.

Beauvoir, Simone de (2008): Das andere Geschlecht. Sitte und Sexus der Frau. Reinbek bei Hamburg [1949].

Bechdolf, Ute (2006): Verhandlungssache Geschlecht: Eine Fallstudie zur kulturellen Herstellung von Differenz bei der Rezeption von Musikvideos. In: Hepp, Andreas/Winter, Rainer (Hrsg.): Kultur – Medien – Macht. Cultural Studies und Medienanalyse. Wiesbaden: 425-437.

Becker-Schmidt, Regina (1993): Geschlechterdifferenz – Geschlechterverhältnis. Soziale Dimension des Begriffs "Geschlecht". In: Hark, Sabine (2007) (Hrsg.): Dis/Kontinuitäten: Feministische Theorie. Lehrbuch zur sozialwissenschaftlichen Frauen- und Geschlechterforschung. Wiesbaden: 115-127.

Becker-Schmidt, Regina/Knapp, Gudrun-Axeli (2003): Feministische Theorien. Zur Einführung. Hamburg.

Bemmer, Ariane/Keller, Claudia (2007): "In Washington gibt es zu viel Testosteron". Ein Interview mit Louann Brizendine. In: Tagesspiegel Sonntag. Jg. 62, Nr. 19: 1.

Bette, Karl-Heinrich (1987): Wo ist der Körper. In: Baecker, Dirk (Hrsg.): Theorie als Passion. Frankfurt am Main: 600-628.

Bierhoff, Hans-Werner (2002): Einführung in die Sozialpsychologie. Weinheim/Basel.

Bierhoff, Hans-Werner/ Herner, Michael Jürgen (2002): Begriffswörterbuch Sozialpsychologie. Stuttgart.

Blech, Jörg (2003): Wunder Gehirn. Der kleine Unterschied. In: Spiegel special. Jg. 3, Nr. 4: 31.

Braun, Christina von/Stephan, Inge (2005): Gender@Wissen. In: ebd. (Hrsg.): Gender@Wissen. Ein Handbuch der Gender-Theorien. Köln: 7-45.

Bredow, Rafaela von (2007): Das gleiche Geschlecht. In: Der Spiegel. Jg. 60, Nr. 6: 142–149.

Breger, Claudia (2005): Identität. In: Braun, Christina von/Stephan, Inge (Hrsg.): Gender@Wissen. Ein Handbuch der Gender-Theorien. Köln: 47–65.

Brown, George Spencer (1997): Laws of Form. New York.

Büchel-Thalmaier, Sandra (2002): Sex, Gender und die Frage nach der Geschlechtsidentität. In: Bowald, Béatrice et al. (Hrsg.): KörperSinnE. Körper im Spannungsfeld von Diskurs und Erfahrung. Bern/Wettingen: 17–23.

Budde, Jürgen (2003): Die Geschlechterkonstruktion in der Moderne. Einführende Betrachtungen zu einem sozialwissenschaftlichen Phänomen. In: Luca, Renate (Hrsg.): Medien. Sozialisation. Geschlecht. Fallstudien aus der sozialwissenschaftlichen Forschungspraxis. München: 11–25.

Butler, Judith (1991): Das Unbehagen der Geschlechter. Frankfurt am Main.

- (1995): Phantasmatische Identifizierung und die Annahme des Geschlechts. In: Hark, Sabine (2007) (Hrsg.): Dis/Kontinuitäten: Feministische Theorie. Lehrbuch zur sozialwissenschaftlichen Frauen- und Geschlechterforschung. Wiesbaden: 221-224.

- (2004): Undoing Gender. New York.

- (2006): Hass spricht. Zur Politik des Performativen. Frankfurt am Main.

Cameron, Deborah (1995): Verbal Hygiene for Women: Performing Gender Identity. In: Pasero, Ursula/Braun, Friederike (Hrsg.): Konstruktion von Geschlecht. Frauen. Männer. Geschlechterverhältnisse. Pfaffenweiler: 143-152.

Cassirer, Ernst (1930): Form und Technik. In: Orth, Ernst Wolfgang/Krois, John Michael (Hrsg.) (1985): Symbol, Technik, Sprache. Aufsätze aus den Jahren 1927-1933. Hamburg: 39-90.

Demmer, Ulrike et. al (2008): Halbe Männer, ganze Frauen. In: Der Spiegel, Jg. 61, Nr. 26: 42-53.

Dorer, Johanna (2002a): Diskurs, Medien und Identität. Neue Perspektiven in der feministischen Kommunikations- und Medienwissenschaft. In: Dorer, Johanna/Geiger, Brigitte (Hrsg.): Feministische Kommunikations- und Medienwissenschaft. Ansätze, Befunde und Perspektiven der aktuellen Entwicklung. Wiesbaden: 53–78.

- (2002b): Entwicklung und Profilbildung feministischer Kommunikations- und Medienwissenschaft. In: Dorer, Johanna/Geiger, Brigitte (Hrsg.): Feministische Kommunikations- und Medienwissenschaft. Ansätze, Befunde und Perspektiven der aktuellen Entwicklung. Wiesbaden: 22–32.

Dorer, Johanna/Geiger, Brigitte (2002): Feminismus - Kommunikationswissenschaft - feministische Kommunikationswissenschaft. In: Dorer, Johanna/Geiger, Brigitte (Hrsg.): Feministische Kommunikations- und Medienwissenschaft. Ansätze, Befunde und Perspektiven der aktuellen Entwicklung. Wiesbaden: 9–20.

Dorn, Thea (2007): Die neue F-Klasse. Wie die Zukunft von Frauen gemacht wird. München.

Duden, Barbara (1991a): Geschichte unter der Haut. Ein Eisenacher Arzt und seine Patientinnen um 1730. In: Hark, Sabine (2007) (Hrsg.): Dis/Kontinuitäten: Feministische Theorie. Lehrbuch zur sozialwissenschaftlichen Frauen- und Geschlechterforschung. Wiesbaden: 39-54.

- (1991b): Geschlecht, Biologie, Körpergeschichte. Bemerkungen zu neuer Literatur in der Körpergeschichte. In: Feministische Studien 9. Stuttgart: 105-122.

Eickelpasch, Rolf (2001): Hierarchie und Differenz. Anmerkungen und Anfragen zur "konstruktivistischen Wende" in der Analyse sozialer Ungleichheit. In: Rademacher, Claudia/Wiechens, Peter (Hrsg.): Geschlecht – Ethnizität – Klasse. Zur sozialen Konstruktion von Hierarchie und Differenz. Opladen: 53–63.

- (2002): Grundwissen Soziologie. Ausgangsfragen. Schlüsselthemen. Herausforderung. Stuttgart/Düsseldorf/Leipzig.

Eickelpasch, Rolf/Rademacher, Claudia (2004): Identität. Bielefeld.

Ernst, Waltraud (2002): Zur Vielfältigkeit von Geschlecht. Überlegungen zum Geschlechterbegriff in der feministischen Medienforschung. In: Dorer, Johanna/Geiger, Brigitte (Hrsg.): Feministische Kommunikations- und Medienwissenschaft. Ansätze, Befunde und Perspektiven der aktuellen Entwicklung. Wiesbaden: 33–52.

Esposito, Elena (2003): Frauen, Männer und das ausgeschlossene Dritte. In: Pasero, Ursula/Weinbach, Christine (Hrsg.): Frauen, Männer, Gender Trouble. Systemtheoretische Essays. Frankfurt am Main: 63-79.

Feld, Tobias (2006): "Die Natur bietet eine üppige Fülle". In: Dummy. Frauen. Jg. 4, Nr. 11: 16-18.

Fiske, John (2006): Populäre Texte, Sprache und Alltagskultur. In: Hepp, Andreas/Winter, Rainer (Hrsg.): Kultur – Medien – Macht. Cultural Studies und Medienanalyse. Wiesbaden: 41-60.

Flecken, Eva (2009): Geschlechtergerechtigkeit. In: Friedrich-Ebert-Stiftung (Hrsg.): Sozialstaat und Soziale Demokratie. Lesebuch der Sozialen Demokratie 3. Bonn: 16-17.

Foerster, Heinz von (1993): KybernEthik. Berlin.

Foerster, Heinz von/Pörksen, Bernhard (2002): "In jedem Augenblick kann ich entscheiden, wer ich bin". Heinz von Foerster über den Beobachter, das dialogische Leben und eine konstruktivistische Perspektive des Unterscheidens. In: Pörksen, Bernhard (Hrsg.): Die Gewissheit der Ungewissheit. Gespräche zum Konstruktivismus. Bonn: 19-45.

- (^{4}2001): Wahrheit ist die Erfindung eines Lügners. Gespräche für Skeptiker. Heidelberg [1998].

Galindo, Jorge (2006): Zwischen Notwendigkeit und Kontingenz. Theoretische Selbstbeobachtung der Soziologie. Wiesbaden.

Garfinkel, Harold (1967): Studies in Ethnomethodology. Englewood Cliffs, N.J.

Gildemeister, Regine (1992): Die soziale Konstruktion von Geschlechtlichkeit. In: Hark, Sabine (2007) (Hrsg.): Dis/Kontinuitäten: Feministische Theorie. Lehrbuch zur sozialwissenschaftlichen Frauen- und Geschlechterforschung. Wiesbaden: 55–72.

- (2001): Soziale Konstruktion von Geschlecht: Fallen, Missverständnisse und Erträge einer Debatte. In: Rademacher, Claudia/Wiechens, Peter (Hrsg.): Geschlecht – Ethnizität – Klasse. Zur sozialen Konstruktion von Hierarchie und Differenz. Opladen: 65–87.

Giuliani, Regula (2001): Das leibliche Selbst – Grenzen der Konstruktion des Geschlechts. In: Waniek, Eva/Stoller, Silvia (Hrsg.): Verhandlungen des Geschlechts. Zur Konstruktivismusdebatte in der Gender-Theorie. Wien: 205-218.

Glasersfeld, Ernst von (1996): Die Welt als ‚Black Box'. In: Braitenberg, Valentin/Hosp, Inga (Hrsg.): Die Natur ist unser Modell von ihr. Forschung und Philosophie. Das Bozner Treffen 1995. Reinbek bei Hamburg: 15-25.

Goffman, Erving (1977): The Arrangement between the Sexes. In: Theory and Society. Jg. 4, Nr. 3: 301-331.

Griesebner, Andrea/Lutter, Christina (2000): Geschlecht und Kultur. Ein Definitionsversuch zweier umstrittener Kategorien. In: ebd. (Hrsg.): Geschlecht und Kultur. Beiträge zur historischen Sozialkunde. Sonderheft Nr. 2. Wien: 58–64.

Hagemann-White, Carol (1984): Sozialisation: Weiblich - männlich? Opladen.
- (1988): Wir werden nicht zweigeschlechtlich geboren. In: Hark, Sabine (Hrsg.): Feministische Theorie. Lehrbuch zur sozialwissenschaftlichen Frauen- und Geschlechterforschung. Wiesbaden: 27-37.

Hark, Sabine (2005): Queer Studies. In: Braun, Christina von/Stephan, Inge (Hrsg.): Gender@Wissen. Ein Handbuch der Gender-Theorien. Köln: 285-303.
- (2007): Symbolisch-diskursive Ordnungen: Geschlecht und Repräsentation. In: Hark, Sabine (Hrsg.): Feministische Theorie. Lehrbuch zur sozialwissenschaftlichen Frauen- und Geschlechterforschung. Wiesbaden: 165-171.

Heintz, Bettina (2001): Geschlecht als (Un-)Ordnungsprinzip. Entwicklungen und Perspektiven der Geschlechtersoziologie. In: ebd. (Hrsg.): Geschlechter-Soziologie. Kölner Zeitschrift für Soziologie und Sozialpsychologie. Sonderheft 41. Wiesbaden: 9–29.

Hejl, Peter M. (1994): Soziale Konstruktion von Wirklichkeit. In: Merten, Klaus/Schmidt, Siegfried J./Weischenberg, Siegfried (Hrsg.): Die Wirklichkeit der Medien. Eine Einführung in die Kommunikationswissenschaft. Opladen: 43-59.

- (⁸2005): Konstruktion der sozialen Konstruktion. Grundlinien einer konstruktivistischen Sozialtheorie. In: Gumin, Heinz/Meier, Heinrich (Hrsg.): Einführung in den Konstruktivismus. München: 109-146 [1992].

Hellmann, Kai-Uwe (1996): Einleitung. In: ebd. (Hrsg.): Niklas Luhmann. Protest. Systemtheorie und soziale Bewegungen. Frankfurt am Main: 7–45.

- (2004): 1988 - und was nun? Eine Zwischenbilanz zum Verhältnis von Systemtheorie und Gender Studies. In: Kampmann, Sabine/Karentzos, Alexandra/Küpper, Thomas (Hrsg.): Gender Studies und Systemtheorie. Studien zu einem Theorietransfer. Bielefeld: 17–46.

Hirschauer, Stefan (1993): Dekonstruktion und Rekonstruktion. Plädoyer für die Erforschung des Bekannten. In: Feministische Studien, Jg. 11, Nr. 2: 55–67.

- (1994): Die soziale Fortpflanzung der Zweigeschlechtlichkeit. In: Kölner Zeitschrift für Soziologie und Sozialpsychologie, Jg. 46, Nr. 4: 668–692.

- (2001): Das Vergessen des Geschlechts. Zur Praxeologie einer Kategorie sozialer Ordnung. In: Heintz, Bettina (Hrsg.): Geschlechter-Soziologie. Kölner Zeitschrift für Soziologie und Sozialpsychologie. Sonderheft 41. Wiesbaden: 208–235.

Hoff, Dagmar von (2005): Performanz/Repräsentation. In: Braun, Christina von/Stephan, Inge (Hrsg.): Gender@Wissen. Ein Handbuch der Gender-Theorien. Köln: 162–179.

Hohlfeld, Ralf/Neuberger, Christoph (1998): Profil, Grenzen und Standard der Kommunikationswissenschaft. Eine Inhaltsanalyse wissenschaftlicher Fachzeitschriften. In: Rundfunk und Fernsehen. Jg. 46, Nr. 2-3: 313-332.

Holtz-Bacha, Christina (2008): Stereotype? Frauen und Männer in der Werbung. Wiesbaden.

Honegger, Claudia (1989): "Weiblichkeit als Kulturform". Zur Codierung der Geschlechter in der Moderne. In: Hark, Sabine (2007) (Hrsg.): Dis/Kontinuitäten: Feministische Theorie. Lehrbuch zur sozialwissenschaftlichen Frauen- und Geschlechterforschung. Wiesbaden: 197-210.

- (1991): Die Ordnung der Geschlechter. Die Wissenschaften vom Menschen und das Weib 1750-1850. Frankfurt/New York.

Hornscheidt, Antje (2005): Sprache/Semiotik. In: Braun, Christina von/Stephan, Inge (Hrsg.): Gender@Wissen. Ein Handbuch der Gender-Theorien. Köln: 220–238.

Jahraus, Oliver (2003): Autoreflexivität. In: Jahraus, Oliver/Ort, Nina (Hrsg.): Theorie – Prozess – Selbstreferenz. Systemtheorie und transdisziplinäre Theoriebildung. Konstanz: 69-106.

Jakobs, Monika (2002): Leib konstruiert Geschlecht. Überlegungen zur These Gesa Lindemanns und zum Konstruktivismus in der Gender-Debatte. In: Bowald, Béatrice et al. (Hrsg.): KörperSinnE. Körper im Spannungsfeld von Diskurs und Erfahrung. Bern/Wettingen: 134–153.

Jensen, Heike (2005): Judith Butler: Gender Trouble. In: Löw, Martina/Mathes, Bettina (Hrsg.): Schlüsselwerke der Geschlechterforschung. Wiesbaden: 254–266.

Jensen, Stefan (1999): Erkenntnis – Konstruktivismus – Systemtheorie. Einführung in die Philosophie der konstruktivistischen Wissenschaft. Opladen/Wiesbaden.

Jordan, Kirsten et al. (2002): Women and men exhibit different cortical activation patterns during mental rotation tasks. In: Neuropsychologia, Jg. 40, Nr. 13: 2397-2408.

Jünger, Sebastian (2002): Kognition, Kommunikation, Kultur. Aspekte integrativer Theoriearbeit. Wiesbaden.

Kahlert, Heike (2002): Emanzipation/Emanze. In: Kroll, Renate (Hrsg.): Gender Studies Geschlechterforschung. Ansätze – Personen – Grundbegriffe. Stuttgart. Weimar: 80-81.

Kampmann, Sabine/Karentzos, Alexandra/Küpper, Thomas (2004): Einleitung: Gender Studies und Systemtheorie. In: ebd.(Hrsg.): Gender Studies und Systemtheorie. Studien zu einem Theorietransfer. Bielefeld: 9–16.

Kessler, Suzanne J./McKenna, Wendy (1978): Gender. An Ethnomethodological Approach. Chicago/London.

Klaus, Elisabeth (2001): Ein Zimmer mit Ausblick? Perspektiven kommunikationswissenschaftlicher Geschlechterforschung. In: Klaus, Elisabeth/Röser, Jutta/Wischermann, Ulla (Hrsg.): Kommunikationswissenschaft und Gender Studies. Wiesbaden: 20–40.

- (2005): Kommunikationswissenschaftliche Geschlechterforschung. Zur Bedeutung der Frauen in den Massenmedien und im Journalismus. Wiesbaden.

- (2006): Verschränkungen: Zum Verhältnis von Cultural Studies und Gender Studies. In: Hepp, Andreas/Winter, Rainer (Hrsg.): Kultur – Medien – Macht. Cultural Studies und Medienanalyse. Wiesbaden: 201–218.

Klaus, Elisabeth/Röser, Jutta/Wischermann, Ulla (2001): Kommunikationswissenschaft und Gender Studies. Anmerkungen zu einer offenen Zweierbeziehung. In: ebd. (Hrsg.): Kommunikationswissenschaft und Gender Studies. Wiesbaden: 7–18.

- (2006): Frauen- und Geschlechterforschung: Zum Gesellschaftsbezug der Publizistik und Kommunikationswissenschaft. In: Holtz-Bacha, Christina et al. (Hrsg.): Fünfzig Jahre Publizistik. Sonderheft 5. Wiesbaden: 354–369.

Klawitter, Nils et. al (2008): Die Natur der Macht. In: Der Spiegel, Jg. 61, Nr. 39: 52-60.

Klinger, Cornelia (2000): Die Kategorie Geschlecht in der Dimension der Kultur. In: Griesebner, Andrea/Lutter, Christina (Hrsg.): Geschlecht und Kultur. Beiträge zur historischen Sozialkunde. Sonderheft Nr. 2. Wien: 3–8.

Knapp, Gudrun-Axeli (1988): Die vergessene Differenz. In: Hark, Sabine (2007) (Hrsg.): Dis/Kontinuitäten: Feministische Theorie. Lehrbuch zur sozialwissenschaftlichen Frauen- und Geschlechterforschung. Wiesbaden: 263-284.

- (1994): Politik der Unterscheidung. In: Institut für Sozialforschung Frankfurt (Hrsg.): Geschlechterverhältnisse und Politik. Frankfurt am Main: 263-286.

- (2001): Grundlagenkritik und stille Post. Zur Debatte um einen Bedeutungsverlust der Kategorie "Geschlecht". In: Heintz, Bettina (Hrsg.): Geschlechter-Soziologie. Kölner Zeitschrift für Soziologie und Sozialpsychologie. Sonderheft 41. Wiesbaden: 53–74.

Knoblauch, Hubert (2006): Erving Goffman, Die Kultur der Kommunikation. In: Moebius, Stephan/Quadflieg, Dirk (Hrsg.): Kultur. Theorien der Gegenwart. Wiesbaden: 157-169.

Kolshorn, Maren/Brockhaus, Ulrike (2002): Feministisches Ursachenverständnis. In: Bange, Dirk/Körner, Wilhelm (Hrsg.): Handwörterbuch Sexueller Missbrauch. Göttingen: 55-60.

Konnertz, Ursula (2005): Simone de Beauvoir: Das andere Geschlecht. Sitte und Sexus der Frau. In: Löw, Martina/Mathes, Bettina (Hrsg.): Schlüsselwerke der Geschlechterforschung. Wiesbaden: 26–58.

Kossek, Brigitte (2000): Herausforderungen des Postkolonialismus für die feministische Geschichtsforschung. In: Griesebner, Andrea/Lutter, Christina (Hrsg.): Geschlecht und Kultur. Beiträge zur historischen Sozialkunde. Sonderheft Nr. 2. Wien: 14–21.

Krippendorff, Klaus (1994): Der verschwundene Bote. Modelle und Metaphern der Kommunikation. In: Merten, Klaus/Schmidt, Siegfried J./Weischenberg, Siegfried (Hrsg.): Die Wirklichkeit der Medien. Eine Einführung in die Kommunikationswissenschaft. Opladen: 79-113.

Kübler, Hans-Dieter (2003): Kommunikation und Medium. Münster/Hamburg: 22-25.

Labouvie, Eva (2004): Leiblichkeit und Emotionalität: Zur Kulturwissenschaft des Körpers und der Gefühle. In: Jaeger, Friedrich/Rüsen, Jörn (Hrsg.): Handbuch der Kulturwissenschaften. Themen und Tendenzen. Band 3. Stuttgart/Weimar: 79-85.

Landweer, Hilge (1994a): Generativität und Geschlecht. Ein blinder Fleck in der sex/gender-Debatte. In: Lindemann, Gesa/Wobbe, Theresa (Hrsg.): Denkachsen. Zur theoretischen und institutionellen Rede vom Geschlecht. Frankfurt am Main: 147-176.

- (1994b): Jenseits des Geschlechts? Zum Phänomen der theoretischen und politischen Fehleinschätzung von Travestie und Transsexualität. In: Institut für Sozialforschung (Hrsg.): Geschlechterverhältnisse und Politik. Frankfurt am Main: 139-167.

Laqueur, Thomas (1992): Auf den Leib geschrieben. Die Inszenierung der Geschlechter von der Antike bis Freud. Frankfurt am Main/New York.

Lindemann, Gesa (1993): Das Paradoxe Geschlecht. Transsexualität im Spannungsfeld von Körper, Leib und Gefühl. Frankfurt am Main.

- (1994): Die Konstruktion der Wirklichkeit und die Wirklichkeit der Konstruktion. In: Lindemann, Gesa/Wobbe, Theresa (Hrsg.): Denkachsen. Zur theoretischen und institutionellen Rede vom Geschlecht. Frankfurt am Main: 115-146.

- (1996): Zeichentheoretische Überlegungen zum Verhältnis von Körper und Leib. In: Hark, Sabine (2007) (Hrsg.): Dis/Kontinuitäten: Feministische Theorie. Lehrbuch zur sozialwissenschaftlichen Frauen- und Geschlechterforschung. Wiesbaden: 73-100.

- (1999): Doppelte Kontingenz und reflexive Anthropologie. In: Zeitschrift für Soziologie, Jg. 28, Heft 3: 165-181.

Lippmann, Walter (1949): Public Opinion. New York.

Lorber, Judith/Farrell, Susan A. (1991): Preface. In: Lorber, Judith/Farrell, Susan A. (Hrsg.): The Social Construction of Gender. Newbury Park/London/New Delhi: 7-11.

Luca, Renate (2003): Einleitung. In: ebd. (Hrsg.): Medien. Sozialisation. Geschlecht. Fallstudien aus der sozialwissenschaftlichen Forschungspraxis. München: 7–10.

Lünenborg, Margret (2002): Journalismusforschung und Gender Studies. Eine kritische Bilanz der aktuellen Kommunikatorforschung. In: Neverla, Irene/Grittmann, Elke/Pater, Monika (Hrsg.): Grundlagentexte der Journalistik. Konstanz: 521-553.

Luhmann, Niklas (1971): Universalität und Begründbarkeit. In: Habermas, Jürgen/Luhmann, Niklas (Hrsg.): Theorie der Gesellschaft oder Sozialtechnologie - Was leistet die Systemforschung? Frankfurt am Main: 378-398.

- (^{3}1983): Liebe als Passion. Zur Codierung von Intimität. Frankfurt am Main [1982].

- (1988a): Erkenntnis als Konstruktion. Bern.

- (1988b): Frauen, Männer und George Spencer Brown. In: Pasero, Ursula/Weinbach, Christine (Hrsg.): Frauen, Männer, Gender Trouble. Systemtheoretische Essays. Frankfurt am Main: 15-62.

- (^{4}2005a): Soziologische Aufklärung 3. Soziales System, Gesellschaft, Organisation. Wiesbaden [1981].

- (³2005b): Soziologische Aufklärung 5. Konstruktivistische Perspektiven. Wiesbaden [1990].

- (²2005c): Soziologische Aufklärung 6. Die Soziologie und der Mensch. Wiesbaden [1995].

Lutter, Christina (2001): Feministische Forschung, Gender Studies und Cultural Studies – Eine Annäherung. In: Waniek, Eva/Stoller, Silvia (Hrsg.): Verhandlungen des Geschlechts. Zur Konstruktivismusdebatte in der Gender-Theorie. Wien: 21-32.

M'charek, Amâde (2005): Genetic Sex. In: Essed, Philomena/Goldberg, David Theo/Kobayashi, Audrey (Hrsg.): A Companion to Gender Studies. Malden/Oxford/Carlton: 87-101.

Maihofer, Andrea (1994a): Geschlecht als Existenzweise. Einige kritische Anmerkungen zu aktuellen Versuchen zu einem neuen Verständnis von ‚Geschlecht'. In: Institut für Sozialforschung Frankfurt (Hrsg.): Geschlechterverhältnisse und Politik. Frankfurt am Main: 168-186.

- (1994b): Geschlecht als hegemonialer Diskurs. Ansätze zu einer kritischen Theorie des ‚Geschlechts'. In: Wobbe, Theresa/Lindemann, Gesa (Hrsg.): Denkachsen. Zur theoretischen und institutionellen Rede vom Geschlecht. Frankfurt am Main: 236-263.

Maturana, Humberto (1982): Erkennen: Die Organisation und Verkörperung von Wirklichkeit. Ausgewählte Arbeiten zur biologischen Epistemologie. Braunschweig.

Maturana, Humberto/Pörksen, Bernhard (2002): Vom Sein zum Tun. Die Ursprünge der Biologie des Erkennens. Heidelberg.

Maturana, Humberto R./Varela, Francisco J. (1987): Der Baum der Erkenntnis. Die biologischen Wurzeln menschlichen Erkennens. Bern/München.

Mead, Margaret (1949): Male and Female. A Study of the Sexes in a Changing World. London.

Merten, Klaus (1976): Reflexivität als Grundbegriff der Kommunikationsforschung. In: Publizistik. Jg. 21, Nr. 2: 171-179.

- (1977): Kommunikation. Eine Begriffs- und Prozessanalyse. Opladen.

- (1994): Evolution der Kommunikation. In: Merten, Klaus/Schmidt, Siegfried J./Weischenberg, Siegfried (Hrsg.): Die Wirklichkeit der Medien. Eine Einführung in die Kommunikationswissenschaft. Opladen: 141-162.

- (1999): Einführung in die Kommunikationswissenschaft. Münster/Hamburg.

- (2005): Reaktivität und Reflexivität: Sozialwissenschaftliche Datenerhebung als interferierende Kommunikationsprozesse. In: Wienand, Edith/Westerbarkey, Joachim/Scholl, Armin (Hrsg.): Kommunikation über Kommunikation. Theorien, Methoden und Praxis. Festschrift für Klaus Merten. Wiesbaden: 102-128.

Moebius, Stephan/Quadflieg, Dirk (2006): Kulturtheorien der Gegenwart – Heterotropien der Theorie. In: ebd. (Hrsg.): Kultur. Theorien der Gegenwart. Wiesbaden: 9-13.

Moser, Sibylle (2003): Feministische Medientheorien. In: Weber, Stefan (Hrsg.): Theorien der Medien. Von der Kulturkritik bis zum Konstruktivismus. Konstanz: 224–252.

Müller, Marion (2003): Geschlecht und Ethnie. Historischer Bedeutungswandel, interaktive Konstruktion und Interferenzen. Wiesbaden.

Nassehi, Armin (2003a): Geklonte Debatten. Über die Zeichenparadoxie der menschlichen (Körper-)Natur, die Theologie des Humangenoms und die Ästhetik seiner Erscheinung. In: Jahraus, Oliver/Ort, Nina (Hrsg.): Theorie – Prozess – Selbstreferenz. Systemtheorie und transdisziplinäre Theoriebildung. Konstanz: 219-238.

- (2003b): Geschlecht im System. Die Ontologisierung des Körpers und die Asymmetrie der Geschlechter. In: Pasero, Ursula/Weinbach, Christine (Hrsg.): Frauen, Männer, Gender Trouble. Systemtheoretische Essays. Frankfurt am Main: 80-104.

Neverla, Irene/Kanzleiter, Gerda (1984): Journalistinnen. Frauen in einem Männerberuf. Frankfurt am Main/New York.

Nicholson, Linda (1994): Was heißt ‚gender'. In: Institut für Sozialforschung Frankfurt (Hrsg.): Geschlechterverhältnisse und Politik. Frankfurt am Main: 188-220.

Pasero, Ursula (1994): Geschlechterforschung revisited: konstruktivistische und systemtheoretische Perspektiven. In: Lindemann, Gesa/Wobbe, Theresa (Hrsg.): Denkachsen. Zur theoretischen und institutionellen Rede vom Geschlecht. Frankfurt am Main: 264-296.

- (1995): Dethematisierung von Geschlecht. In: Pasero, Ursula/Braun, Friederike (Hrsg.): Konstruktion von Geschlecht. Frauen. Männer. Geschlechterverhältnisse. Pfaffenweiler: 50-66.

- (2003): Gender, Identity, Diversity. In: Pasero, Ursula/Weinbach, Christine (Hrsg.): Frauen, Männer, Gender Trouble. Systemtheoretische Essays. Frankfurt am Main: 105-124.

Pörksen, Bernhard (1995): "Ich weiß, daß ich die Wahrheit nicht weiß". Bernhard Pörksen im Gespräch mit Paul Watzlawick. In: Universitas. Zeitschrift für interdisziplinäre Wissenschaft. Jg. 50, Nr. 7: 1-8.

- (2002): Die Gewissheit der Ungewissheit. Gespräche zum Konstruktivismus. Heidelberg.

- (2006): Die Beobachtung des Beobachters. Eine Erkenntnistheorie der Journalistik. Konstanz.

Pöttker, Horst (2006): Reflexivität. In: Bentele, Günter/Brosius, Hans-Bernd/Jarren, Otfried (Hrsg.): Lexikon Kommunikations- und Medienwissenschaft. Wiesbaden: 243.

Pürer, Heinz (2003): Publizistik und Kommunikationswissenschaft. Ein Handbuch. Konstanz.

Pusch, Luise (1984): Das Deutsche als Männersprache. Aufsätze und Glossen zur feministischen Linguistik. Frankfurt am Main.

Rademacher, Claudia (2001): Geschlechterrevolution – rein symbolisch? Judith Butlers Bourdieu-Lektüre und ihr Konzept einer ‚subversiven Identitätspolitik'. In: Rademacher, Claudia/Wiechens, Peter (2001) (Hrsg.): Geschlecht – Ethnizität – Klasse. Zur sozialen Konstruktion von Hierarchie und Differenz. Opladen: 31-52.

Rademacher, Claudia/Wiechens, Peter (2001) (Hrsg.): Geschlecht – Ethnizität – Klasse. Zur sozialen Konstruktion von Hierarchie und Differenz. Opladen.

Rammstedt, Otthein (2007): Emanzipation. In: Fuchs-Heinritz, Werner et. al (Hrsg.): Lexikon zur Soziologie. Wiesbaden: 159 [1973].

Rickens, Christian (2007): Die neuen Spießer. Von der fatalen Sehnsucht nach einer überholten Gesellschaft. Berlin.

Rusch, Gebhard (1994): Kommunikation und Verstehen. Die Wirklichkeit des Beobachters. In: Merten, Klaus/Schmidt, Siegfried J./Weischenberg, Siegfried (Hrsg.): Die Wirklichkeit der Medien. Eine Einführung in die Kommunikationswissenschaft. Opladen: 60-78.

- (2002): Kommunikation. In: ebd. (Hrsg.): Einführung in die Medienwissenschaft. Konzeptionen, Theorien, Methoden, Anwendungen. Wiesbaden: 69-117.

Schetsche, Michael (^{4}2007): Subversion. In: Fuchs-Heinritz, Werner et. al (Hrsg.): Lexikon zur Soziologie. Wiesbaden: 645 [1973].

Scheufele, Bertram (2006): Stereotyp. In: Bentele, Günter/Brosius, Hans-Bernd/Jarren, Otfried (Hrsg.): Lexikon Kommunikations- und Medienwissenschaft. Wiesbaden: 271.

Schmerl, Christiane (1980): Frauenfeindliche Werbung. Sexismus als heimlicher Lehrplan. Berlin.

Schmidt, Siegfried J. (1986): Selbstorganisation Wirklichkeit Verantwortung. Der wissenschaftliche Konstruktivismus als Erkenntnistheorie und Lebensentwurf. Wiesbaden.

- (1992): Medien, Kultur: Medienkultur. Ein konstruktivistisches Gesprächsangebot. In: ebd. (Hrsg.): Kognition und Gesellschaft. Der Diskurs des Radikalen Konstruktivismus 2. Frankfurt am Main: 425–449.

- (1994a): Die Wirklichkeit des Beobachters. In: Merten, Klaus/Schmidt, Siegfried J./Weischenberg, Siegfried (Hrsg.): Die Wirklichkeit der Medien. Eine Einführung in die Kommunikationswissenschaft. Opladen: 3-19.

- (1994b): Konstruktivismus in der Medienforschung: Konzepte, Kritiken, Konsequenzen. In: Merten, Klaus/Schmidt, Siegfried J./Weischenberg, Siegfried (Hrsg.): Die Wirklichkeit der Medien. Eine Einführung in die Kommunikationswissenschaft. Opladen: 592–623.

- (2000): Kalte Faszination. Medien, Kultur, Wissenschaft in der Mediengesellschaft. Weilerswist.

- (2002): Medienwissenschaft und Nachbardisziplinen. In: Rusch, Gebhard (Hrsg.): Einführung in die Medienwissenschaft. Konzeptionen, Theorien, Methoden, Anwendungen. Wiesbaden: 53-68.

- (2003a): Geschichten & Diskurse. Abschied vom Konstruktivismus. Reinbek bei Hamburg.

- (³2003b): Kognitive Autonomie und soziale Orientierung. Konstruktivistische Bemerkungen zum Zusammenhang von Kognition, Kommunikation, Medien und Kultur. Münster [1994].

- (2004a): Kultur als Programm – jenseits der Dichotomie von Realismus und Konstruktivismus. In: Friedrich, Jaege/Straub, Jürgen (Hrsg.): Handbuch der Kulturwissenschaften. Paradigmen und Disziplinen. Band 2. Stuttgart, Weimar: 85-100.

- (2004b): Zwiespältige Begierden. Aspekte der Medienkultur. Freiburg im Breisgau.

- (2005a): Die Nobilitierung der Reflexivität und die Folgen. In: Wienand, Edith/Westerbarkey, Joachim/Scholl, Armin (Hrsg.): Kommunikation über Kommunikation. Theorien, Methoden und Praxis. Festschrift für Klaus Merten. Wiesbaden: 15–34.

- (2005b): Lernen, Wissen, Kompetenz, Kultur. Vorschläge zur Bestimmung von vier Unbekannten. Heidelberg.

- (2008): Die Selbstorganisation der menschlichen Kommunikation. In: Breuninger, Renate (Hrsg.): Selbstorganisation. Interdisziplinäre Schriftenreihe Humboldt-Studienzentrum Universität Ulm. Ulm: 77-94.

Schmidt, Siegfried J./Weischenberg, Siegfried (1994): Mediengattungen, Berichterstattungsmuster, Darstellungsformen. In: Merten, Klaus/Schmidt, Siegfried J./Weischenberg, Siegfried (Hrsg.): Die Wirklichkeit der Medien. Eine Einführung in die Kommunikationswissenschaft. Opladen: 212-236.

Schmidt, Siegfried J./Zurstiege, Guido (2000): Orientierung Kommunikationswissenschaft. Was sie kann, was sie will. Reinbek bei Hamburg.

Stäheli, Urs (2003): "134 - Who is at the Key?" - Zur Utopie der Gender-Indifferenz. In: Pasero, Ursula/Weinbach, Christine (Hrsg.): Frauen, Männer, Gender Trouble. Systemtheoretische Essays. Frankfurt am Main: 186-216.

Trettin, Käthe (1994): Braucht die feministische Wissenschaft eine "Kategorie"? In: Wobbe, Theresa/Lindemann, Gesa (Hrsg.): Denkachsen. Zur theoretischen und institutionellen Rede vom Geschlecht. Frankfurt am Main: 208-235.

- (2001): Neuer Ärger mit dem Geschlecht. Kritische Bemerkungen zum Konstruktivismus und Antirealismus in der feministischen Philosophie. In: Waniek, Eva/Stoller, Silvia (Hrsg.): Verhandlungen des Geschlechts. Zur Konstruktivismusdebatte in der Gender-Theorie. Wien: 173-192.

Tyrell, Hartmann (1986): Geschlechtliche Differenzierung und Geschlechterklassifikation. In: Neidhardt, Friedhelm/Lepsius, M. Rainer (Hrsg): Kölner Zeitschrift für Soziologie und Sozialpsychologie. Jg. 38, Nr. 3: 450-489.

- (1987): Romantische Liebe – Überlegungen zu ihrer ,quantitativen Bestimmtheit'. In: Baecker, Dirk (Hrsg.): Theorie als Passion. Frankfurt am Main: 570-599.

Villa, Paula-Irene (2007): Soziale Konstruktion: Wie Geschlecht gemacht wird. In: Hark, Sabine (Hrsg.): Dis/Kontinuitäten: Feministische Theorie. Lehrbuch zur sozialwissenschaftlichen Frauen- und Geschlechterforschung. Wiesbaden: 19–26.

Voigt, Claudia (2008): Sex ist nur Sex. In: Der Spiegel. Jg. 61, Nr. 14: 168-170.

Waniek, Eva (2001): Bedeutung in der Gender Theorie. Ein Beitrag zur Klärung eines Grundlagenproblems. In: Waniek, Eva/Stoller, Silvia (Hrsg.): Verhandlungen des Geschlechts. Zur Konstruktivismusdebatte in der Gender-Theorie. Wien: 147-172.

Watzlawick, Paul/Bavelas, Janet Beavin/Jackson, Jon D. (⁵1980): Menschliche Kommunikation. Formen, Störungen, Paradoxien. Bern/Stuttgart/Wien [1969].

Watzlawick, Paul (⁴2007): Wenn Du mich wirklich liebtest, würdest du gern Knoblauch essen. Über das Glück und die Konstruktion der Wirklichkeit [2006].

Weber, Stefan (2000): Jenseits der Science Wars. Ein non-dualistisches Modell von Natur und Kultur als Antwort auf wieder erstarkte Essentialismen. In: Jahraus, Oliver/Ort, Nina (2003) (Hrsg.): Theorie – Prozess – Selbstreferenz. Systemtheorie und transdisziplinäre Theoriebildung. Konstanz: 11-24.

Weinbach, Christine (2003): Die systemtheoretische Alternative zum Sex-und-Gender-Konzept: Gender als geschlechtsstereotypisierte Form "Person". In: Pasero, Ursula/Weinbach, Christine (Hrsg.): Frauen, Männer, Gender Trouble. Systemtheoretische Essays. Frankfurt am Main: 144-185.

- (2004a): Systemtheorie und Gender: Geschlechtliche Ungleichheit in der funktional differenzierten Gesellschaft. In: Kampmann, Sabine/Karentzos, Alexandra/Küpper, Thomas (Hrsg.): Gender Studies und Systemtheorie. Studien zu einem Theorietransfer. Bielefeld: 47–76.

- (2004b): Systemtheorie und Gender. Das Geschlecht im Netz der Systeme. Wiesbaden.

Weinbach, Christine/Stichweh, Rudolf (2001): Die Geschlechterdifferenz in der funktional ausdifferenzierten Gesellschaft. In: Heintz, Bettina (Hrsg.): Geschlechter-Soziologie. Kölner Zeitschrift für Soziologie und Sozialpsychologie. Sonderheft 41. Wiesbaden: 31–51.

West, Candace/Zimmerman, Don H. (1991): Doing Gender. In: Lorber, Judith/Farrell, Susan A. (Hrsg.): The Social Construction of Gender. Newbury Park/London/New Delhi: 13-37.

Wilke, Helmut (1987): Strategien der Intervention in autonome Systeme. In: Baecker, Dirk (Hrsg.): Theorie als Passion. Frankfurt am Main: 333-361.

Winter, Thomas (1999): Theorie des Beobachters. Skizzen zur Architektonik eines Metatheoriesystems. Frankfurt am Main.

Wobbe, Theresa (1994): Die Grenzen der Gemeinschaft und die Grenzen des Geschlechts. In: Wobbe, Theresa/Lindemann, Gesa (Hrsg.): Denkachsen. Zur theoretischen und institutionellen Rede vom Geschlecht. Frankfurt am Main : 177–207.

Woolf, Virginia (1981): Ein Zimmer für sich allein. Frankfurt am Main.

Zierold, Martin (2006): Gesellschaftliche Erinnerung. Eine medienkulturwissenschaftliche Perspektive. Berlin.

www.ingramcontent.com/pod-product-compliance
Lightning Source LLC
Chambersburg PA
CBHW022303280326

41932CB00010B/965